禁毒
社会工作实务

Jindu Shehui Gongzuo Shiwu

广东省禁毒社会工作人才培育基地（岭南师院）、深圳市龙岗区彩虹社会工作服务中心 联合编写

主　编　吴金凤
副主编　宋红源　石圆圆
编　委　冯山　张静　梁永剑　杜平原　李晓兰
　　　　郭月媛　高玉婷　钟加明　谢思岚　甘海波

武汉大学出版社

图书在版编目(CIP)数据

禁毒社会工作实务/吴金凤主编. —武汉：武汉大学出版社,2021.4
(2022.4 重印)
　ISBN 978-7-307-22067-6

Ⅰ.禁… Ⅱ.吴… Ⅲ.禁毒—社会工作—中国 Ⅳ.D669.8

中国版本图书馆 CIP 数据核字(2020)第 273016 号

责任编辑：胡　艳　　责任校对：汪欣怡　　版式设计：马　佳

出版发行：**武汉大学出版社**　（430072　武昌　珞珈山）
（电子邮箱：cbs22@whu.edu.cn　网址：www.wdp.com.cn）
印刷：武汉邮科印务有限公司
开本：787×1092　1/16　印张：17　字数：400 千字　插页：1
版次：2021 年 4 月第 1 版　　2022 年 4 月第 2 次印刷
ISBN 978-7-307-22067-6　　定价：55.00 元

版权所有，不得翻印；凡购我社的图书，如有质量问题，请与当地图书销售部门联系调换。

前　言

出版《禁毒社会工作实务》一书的初衷源自我们在教学及督导社工时，发现社工学生、一线社工存在"谈毒色变"的现象，对禁毒社会工作表示害怕，这可能会从一定程度上浇灭社会工作者投身禁毒领域的热情。在实务工作中，禁毒社会工作者持证比例远低于其他社会工作领域，这进一步限制了禁毒社会工作人才专业化的发展。由此，引发对一些问题的思考：社会工作教育应如何满足禁毒领域的人才培养需要？社会工作实务应如何回应深度参与不同阶段的禁毒工作？禁毒社会工作是存在一定风险的实务性工作领域，但是社会环境变化快速，社会工作应积极满足社会发展需求，大力发展禁毒社会工作，既是形势所迫，亦是社会责任。上海推行禁毒社会工作制度后，广东等地也积极推动禁毒社会工作，这10年来，广东积累的很多创新的禁毒社会工作实务经验值得借鉴。我们认为，禁毒社会工作需要更丰富、更多元的实务呈现，消除禁毒社会工作的神秘色彩，让禁毒社会工作教育具有可操作性，让从事禁毒的社会工作者有方法可循。

岭南师范学院社会工作专业于2006年开办，一直致力于培养优秀的社会工作人才，2013年获批首批"民政部社会工作专业人才培训基地"，2014年获批广东省专业综合改革试点项目，2015年获批"广东省青少年社会工作大学生实践教学基地"，已有两项省级教学质量工程项目顺利通过评估验收，在2019年建立了"广东省禁毒社会工作人才培育基地（粤西）"。深圳市龙岗区彩虹社会工作服务中心在禁毒社会工作服务方面已有12年的实务经验，在禁毒社会工作中形成了其独特的服务理念及一套完善的干预策略、方法及技巧，非常有必要将禁毒服务经验进一步沉淀，以便有效指导有志于从事禁毒社会工作的大学生、一线社会工作者以及从事相关禁毒工作的广大读者。基于此，我们整合彼此的优势，依托高校教学研究的优势以及社会工作机构丰富的实务经验，编写并出版这本围绕如何开展实务的禁毒社会工作书籍。

本书分为四篇，共十章，概述篇主要介绍禁毒的基础知识，包括禁毒社会工作基础介绍及毒品知识；毒品预防篇侧重于介绍预防工作的开展，包括禁毒教育服务及早期干预服务；戒毒服务篇主要介绍不同场所戒毒过程的干预措施，包括自愿戒毒服务、社区戒毒服务、强制戒毒服务；社区康复篇主要介绍戒毒康复人员服务，包括社区康复服务、社会回归服务及社会融合服务。其中，章节安排大体包含陈述服务对象及需求、理念及理论、社会工作干预策略、方法及技巧，以及社会工作干预案例。最后，在附录中介绍禁毒社会工作三大手法应用及流程指引、各类禁毒社会工作服务套表，以进一步满足读者需求。

本书的编委包含高校学者、自愿戒毒医院心理咨询师、社工机构高管、禁毒社工督导以及资深一线社会工作者，他们具有多学科背景，其专业涵盖社会工作、心理学、法学以及禁毒学，实务经验丰富，其中三名成员是广东省社区戒毒社区康复实务专家，超过一半的成员有十年以上的社工实务经验。各编委除了撰写各自负责的部分以外，还交叉检查、校对各个章节，在此向所有编委的辛勤付出表达崇高的敬意。本书的编写分工如下：第一、二章由张静、冯山编写；第三章由杜平原、宋红源、梁永剑编写；第四章由石圆圆、吴金凤编写；第五章由宋红源、甘海波编写；第六章由郭月媛编写；第七章由石圆圆编写；第八章由李晓兰编写；第九章由钟加明、吴金凤编写；第十章由高玉婷、谢思岚编写。全书由吴金凤统稿。在此，衷心感谢对本书的编写提供了支持的各位朋友。感谢广东省禁毒社会工作人才培育基地（粤西）、岭南师范学院、深圳市龙岗区彩虹社会工作服务中心等单位对本书出版的大力支持，感谢张会营先生、刘静林教授对本书的推荐，感谢康进、杨健等人最后对文字进行的校对工作。

书中难免有纰漏，恳请同行及读者指正。

编　者

2021 年 1 月

推荐语（一）

作为全国首批社工机构，也是首批专注于禁毒社会工作的社工机构，2020年是深圳彩虹社会工作中心（以下简称"彩虹社工"）提供禁毒社会工作服务的第11个年头，其服务足迹遍布深圳全市。目前，彩虹社工拥有近三百名禁毒社工，自主研发的禁毒服务产品"反毒大篷车"在全国20个城市落地实施，彩虹社工禁毒社会工作服务模式已先后被河南、山西等省市引进，彩虹社工禁毒服务先后荣获国家、省、市、区等各级荣誉上百项，得到了政府、行业和社会的广泛好评。

回顾彩虹社工11年的禁毒服务之路，可谓"筚路蓝缕，以启山林"，全程参与并见证了深圳禁毒社会工作从无到有、从有到优、从优到特的发展历程。值得欣喜的是，彩虹社工在扎实开展禁毒社会工作服务的同时，不忘总结和梳理禁毒社工实务工作经验，不忘提炼和创新专业服务理论。2011年主持编写《深圳市宝安区禁毒社工实务手册》，2013年又承接了"深圳市禁毒社会工作服务指标指引"课题，2014年主笔《龙岗区禁毒社会工作服务指引手册》，2015年正式出版《彩虹社工服务标准化组织系统（CSO）》（含禁毒社会工作），2017年和2019年先后主笔《深圳市禁毒社会工作服务指南》地方标准和团体标准，2018年被评定为深圳市禁毒社会工作服务指南试点单位，2019年又参与民政部《禁毒社会工作服务指南》行业标准的起草工作。如今，在岭南师范学院的支持下，我们进一步梳理禁毒社会工作的经验教训，并编撰成书。这将进一步推动本土禁毒社会工作的发展，为解决禁毒这一世界难题贡献彩虹社工人的智慧。

当前，全球毒品问题持续升级，我国禁毒形势也十分严峻。习近平总书记指出，禁毒工作事关国家安危、民族兴衰、人民福祉，毒品一日不除，禁毒斗争就一日不能松懈。本书编委积极响应党和政府的号召，紧扣社会发展形势，结合社工实务经验，分概述篇、毒品预防篇、戒毒服务篇、社区康复篇四个篇章，依次从禁毒教育、早期干预、自愿戒毒、社区戒毒、强制戒毒、社区康复、社会回归以及社会融合等方面进行阐述，既有理论高度，又有实践深度，非常贴近禁毒社会工作者的工作实际，相信对开展禁毒社会工作服务会有很强的指导作用。

希望通过本书，将第一代禁毒社工人在十年的摸爬滚打中积累的经验和知识沉淀下来，并无私地予以分享和传习！

张会营

彩虹社工创办人，民政部社会工作专业领军人才

推荐语（二）

毒品问题是当今世界面临的严重社会问题，为破解这一全球性难题，各国投入了巨大的人力、物力和财力。为有效应对这一难题，从2008年以来，我国相继颁布了《中华人民共和国禁毒法》《戒毒条例》等法律法规和《关于加强社区戒毒社区康复工作的意见》（禁毒办通〔2013〕5号）、《全国社区戒毒社区康复工作规划（2016—2020）》（禁毒办通〔2015〕97号）、《关于加强禁毒社会工作者队伍建设的意见》（禁毒办通〔2017〕2号）等一系列文件，提出了禁毒工作社会化、禁毒工作全民化，要求从营造共建、共治、共享的社会治理格局的战略高度来整治毒品问题，要求各级党政部门、公安等司法机关、群团组织、大中小学校、科研院所、企业组织、社会组织、志愿服务组织等协同发挥作用。

过往经验及相关研究成果显示，吸毒人员无论是吸食传统毒品还是新型毒品，其吸毒原因越来越多地受到经济社会、文化制度、个体家庭等方面的影响，这些因素相互交织，致使吸毒人员需求与存在问题在宏观和微观角度均呈现出复杂性、多元性，这无疑给禁毒工作提出了更加严峻的挑战。作为一支专业的禁毒社会化服务力量，禁毒社工充分利用所掌握的社会工作专业价值理念、理论和方法技巧，对戒毒人员从多方面、多层面、多环节积极介入，取得了良好成效。禁毒社工在毒品治理中发挥的积极作用越来越得到国家层面、社会层面，以及家庭层面，尤其是戒毒人员及其家属的广泛认可与高度肯定。

但是，与此同时，我国接受过系统社会工作专业教育的禁毒人才相当匮乏，适用于禁毒工作者学习的本土化的学习资料也非常有限。基于此，岭南师范学院吴金凤老师和深圳彩虹社工总干事宋红源等社会工作专业人士及其团队积极回应社会关切和专业发展需要，总结、提炼彩虹社工过去十余年积累的工作经验，形成此书，以吸毒者成瘾的不同阶段需求为主线，将禁毒社会工作实务划分为禁毒教育、早期干预、自愿戒毒、社区戒毒、强制戒毒、社区康复、社会回归以及社会融合八个环节，涵盖了预防教育、救治帮扶和潜力发展三大功能，具有较强的系统性。更难能可贵的是，本书将理论与实践相融合，将案例与技巧相结合，从理念—策略—技巧—案例四个层面逐层剖析，同时把禁毒社会工作的服务范畴从传统的强制隔离戒毒、美沙酮门诊戒毒、社区禁毒康复拓展到医疗、社团以及家庭三种场所的自愿戒毒模式，这是一个大胆的实践探索，更是一种理论创新的尝试。

专业的发展需要多元化的实践探索、多种类的声音以及持续的开拓创新，作为专业社会工作重要实务领域之一的禁毒社会服务工作更是如此!

如果有志于成为一名专业的禁毒社会工作者,那么本书就是你迈出第一步的强有力的支持!

刘静林
广东工业大学政法学院教授

目 录

第一篇 概 述 篇

第一章 禁毒社会工作概述 ··· 3
    第一节 禁毒工作 ··· 3
    第二节 禁毒社会工作 ·· 9
    第三节 禁毒社会工作者 ··· 18

第二章 禁毒知识 ·· 23
    第一节 毒品 ·· 23
    第二节 成瘾机制 ·· 29

第二篇 毒品预防篇

第三章 禁毒教育服务 ·· 43
    第一节 对象及需求 ··· 43
    第二节 理念及理论 ··· 44
    第三节 干预策略 ·· 45
    第四节 方法及技巧 ··· 46
    第五节 项目案例：反毒大篷车——青少年移动禁毒教育基地 ········· 55

第四章 早期干预服务 ·· 61
    第一节 对象及需求 ··· 61
    第二节 理念及理论 ··· 69
    第三节 干预策略 ·· 71
    第四节 方法及技巧 ··· 75
    第五节 早期介入个案 ·· 82

第三篇 戒毒服务篇

第五章 自愿戒毒服务 ·· 87
    第一节 对象及需求 ··· 87
    第二节 理念及理论 ··· 90

第三节　干预策略 ………………………………………………………… 91
　　第四节　方法及技巧 ………………………………………………………… 95
　　第五节　自愿戒毒案例 ……………………………………………………… 101

第六章　社区戒毒服务 ………………………………………………………… 106
　　第一节　对象及需求 ………………………………………………………… 106
　　第二节　理念及理论 ………………………………………………………… 108
　　第三节　干预策略 …………………………………………………………… 109
　　第四节　方法及技巧 ………………………………………………………… 110
　　第五节　案例：预防复吸技能在戒毒康复个案中的运用 ………………… 124

第七章　强制戒毒服务 ………………………………………………………… 134
　　第一节　对象及需求 ………………………………………………………… 134
　　第二节　理念及理论 ………………………………………………………… 136
　　第三节　干预策略 …………………………………………………………… 137
　　第四节　方法及技巧 ………………………………………………………… 142
　　第五节　案例：戒毒康复回归社会预备小组 ……………………………… 148

第四篇　社区康复篇

第八章　社区康复服务 ………………………………………………………… 153
　　第一节　社区康复概念 ……………………………………………………… 153
　　第二节　对象及需求 ………………………………………………………… 155
　　第三节　理念及理论 ………………………………………………………… 156
　　第四节　干预策略、方法及技巧 …………………………………………… 158
　　第五节　案例：防复吸技能训练小组 ……………………………………… 168

第九章　社会回归服务 ………………………………………………………… 175
　　第一节　对象及需求 ………………………………………………………… 175
　　第二节　理念及理论 ………………………………………………………… 180
　　第三节　干预策略 …………………………………………………………… 183
　　第四节　方法及技巧 ………………………………………………………… 185

第十章　社会融合服务 ………………………………………………………… 192
　　第一节　对象及需求 ………………………………………………………… 192
　　第二节　理念、理论、干预策略及方法技巧 ……………………………… 195

附录一　禁毒社会工作三大手法应用及流程指引 ……………………………… 204

附录二　禁毒社会工作服务套表 …………………………………………………… 212

参考文献 ………………………………………………………………………………… 259

第一篇 概 述 篇

第一章　禁毒社会工作概述

第一节　禁毒工作

一、我国毒品问题的由来

相传在魏晋时期，上流社会有名士喜棉麻料宽衫大袖着装，袒胸露乳，犹如浪荡子一般，实则因服食五石散，为了散热。所谓五石散，乃中药散剂，可治疗伤寒，如非治病服用，则脸色发红、浑身发热、精力旺盛，甚至出现幻觉，长期服食可中毒丧命。魏晋有何晏，率先服用五石散，带动五石散广为流传，其可算中国历史上嗑药第一人，据《寒食散考》记载，自魏至唐，因食五石散死者达数十百万，唐代孙思邈呼吁"遇此方，即须焚之，勿久留也"。

虽然早在一千多年前，就有人开始嗑药（现称"吸毒"），但严格意义上讲，我国最早出现的毒品应当是鸦片，鸦片在我国历史上造成了非常重大的影响，相比五石散，鸦片对当时的政治、经济、文化、军事等各个方面都造成了巨大的负面影响。在《中华人民共和国刑法》（以下简称《刑法》）第357条关于毒品的界定中，鸦片排在首位①。

鸦片于唐朝进入我国，那时鸦片是一种珍贵的药材，是由未成熟的罂粟果用刀割裂后渗出的果浆经晒干或加工而得的膏状物。由于罂粟花朵艳丽，因此有一个非常美丽的名字，叫"阿芙蓉"。唐朝初期，鸦片由阿拉伯人传入，有人种植罂粟做观赏用。进入宋代后，医生开始用罂粟治病。到了金元时期，人们已普遍用罂粟主治咳嗽及泻痢，但同时元代的名医也发现了罂粟的副作用，用"其止病之功虽急，杀人如剑，宜深戒之"来形容，可见其毒之烈。元初，蒙古人远征印度，因当时印度盛产鸦片，蒙古人大胜后将其作为战利品，带回了大量鸦片，一时间"士农工贾无不嗜者"，从此中国社会流行服食鸦片。直至清朝末年，随着外国鸦片的大量流入，毒品问题在我国愈演愈烈，引起严重的社会危机，清政府不得不开始禁烟，后历经两次鸦片战争。在外国列强的逼迫下，我国进入了禁烟、泛滥、再禁烟的反复循环中。

中华人民共和国成立后，周恩来总理于1950年签发了《严禁鸦片毒品的通令》，经

---

① 《中华人民共和国刑法》第357条"毒品的范围及毒品数量的计算"：本法所称的毒品，是指鸦片、海洛因、甲基苯丙胺（冰毒）、吗啡、大麻、可卡因以及国家规定管制的其他能够使人形成瘾癖的麻醉药品和精神药品。

过3年轰轰烈烈的禁毒禁烟运动，毒品在我国彻底消失，创造了世界禁烟史上的奇迹。

到了20世纪80年代，随着国际毒潮的泛滥，境外贩毒集团将目光瞄准了中国市场，他们利用滇缅边境的特殊条件，打开了中国的毒品入境通道，同时，国内非法制贩毒活动也日益猖獗，在中国大地上绝迹了30多年的毒品又卷土重来，并呈现出新的变化：首先，毒品来源由境外输入变为国内种植、生产，甚至是输出毒品；其次，毒品种类呈现出多样化，从传统毒品到新型毒品，再到伪装毒品，让人猝不及防；再次，吸毒群体从普通百姓到娱乐明星乃至政府工作人员；最后，吸毒场所隐蔽性增强，由酒吧、KTV等娱乐场所向私人会所、宾馆、居家转移，这些新的变化无疑为新一轮的禁毒斗争增加了许多的挑战。

根据国家禁毒办发布的数据，2015年我国登记在册吸毒人员为234.5万人，2016年上升至250.5万人，2017年为255.3万人，吸毒人员增长速度开始下降。2018年我国现有吸毒人数占全国总人数的0.18%，并首次出现下降的情况，表明我国治理毒品滥用取得了一定的成效，但是毒品滥用人数规模依然较大，根据《2018年中国毒品形势报告》，截至2018年年底，我国现有吸毒人员240.4万人（不含戒断3年未发现复吸人数、死亡人数和离境人数），查获复吸人员滥用总人次50.4万人次。从以上数据可以看出，我国毒品问题很严峻，任重而道远。

二、我国禁毒工作方针的演变

"禁毒"，从字面上看，有禁止毒品，不允许毒品存在之意。自1729年雍正皇帝颁布第一道禁烟令，我国禁毒战争已经有290年的历史了，然而，"彻底禁绝毒品"的目的依然没有达到，所以"禁毒"不能简单从字面意义上去理解。结合世界各国禁毒尝试和努力，"禁毒"应该定义为"控制毒品及涉毒行为"，而"禁绝毒品"则是禁毒的终极目标。

在禁毒工作实践中，如何达到控制毒品及涉毒行为的目的，需要有禁毒工作方针的指导，禁毒工作方针来源于禁毒工作实践，而又必须高于禁毒工作实践，所以两者是相互影响、相互促进的关系，前者可以检验禁毒工作方针的适应性，后者可以为前者提供指引与方向，因此，禁毒工作方针具有动态稳定性的特征。我国禁毒工作方针的演变如图1-1所示。

（一）首次提出

20世纪80年代，伴随着改革开放，毒品再次流入我国，使得曾经绝迹数十年的毒品问题死灰复燃。党和政府高度重视毒品问题，秉持严厉禁毒的一贯立场，将禁毒作为一项基本政策纳入国民经济和社会发展规划。为使全国禁毒工作有章可循，1991年，在第一次全国禁毒工作会议中，国家禁毒委员会在总结了十多年禁毒工作实践的宝贵经验基础上首次提出我国的禁毒工作方针（以下简称"91禁毒"工作方针），即"禁吸、禁贩、禁种并举，堵源截流，严格执法，标本兼治"，以作为今后一段时期内我国禁毒工作的指导准则。

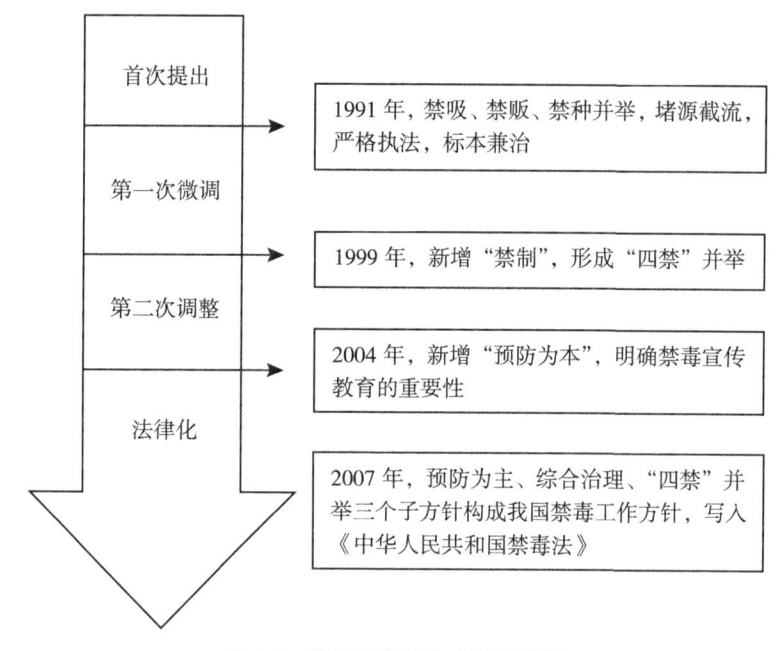

图 1-1 我国禁毒工作方针演变图

(二) 第一次微调

20世纪80、90年代，许多不法分子利用中国西南地区特殊而相对便利的边境条件，借道我国进行贩毒。而且这一时期的毒品主要是鸦片类毒品，在我国境内虽有种植罂粟等毒品原植物以提炼毒品的现象，但相较境外毒品渗透而言，其规模和数量均微乎其微，所以"91禁毒"工作方针确实是反映了当时毒品形势的特点，能满足当时禁毒工作的需要。

随着毒情形势的变化，20世纪90年代后期发生了一个重要变化：新型毒品问题日趋严重。与传统鸦片类毒品不同的是，新型毒品是利用化学合成予以制造的，制造更加方便快捷，我国开始出现新型毒品地下加工厂。面对毒情形势新变化，1999年，毒品政策适时调整为"禁吸、禁贩、禁种、禁制并举，堵源截流，严格执法，标本兼治"（以下简称"99禁毒"工作方针），将"禁制"纳入禁毒工作方针内容，确立了"有毒必肃、贩毒必惩、吸毒必戒、种毒必究"的禁毒原则。

(三) 第二次调整

无论是"91禁毒"工作方针，还是"99禁毒"工作方针，其重点均是以打击毒品违法犯罪为主，体现在实践中则是更多地依赖禁毒执法部门开展禁毒工作，且偏向于毒品违法犯罪的事后性禁止。曾文远（2011）[①] 认为，禁毒工作方针之所以存在这种鲜明特征，原因在于人们对禁毒工作的认识片面，虽然我国毒品问题在20个世纪70、80年代逐渐严

---

① 曾文远. 论社区戒毒的基本理念 [J]. 广西警官高等专科学校学报, 2011 (4): 16-20.

峻，但是尚未成为滋扰一般公民正常生活的现实或者潜在威胁因素，利益的直接不相干导致普通民众在禁毒工作中的缺位。但是随着禁毒工作日渐科学和深入地开展，我国认识到毒品问题的真正解决必须更加注重事先性预防，这才是禁毒工作的根本。

另外，禁毒工作是系统性的工程，不能仅靠打击和严禁手段，更需要综合应用社会的、经济的、文化的等各个方面的力量，形成多元禁毒主体共同参与的新局面。在此形势下，2004 年召开的第四次全国禁毒工作会议上发布了《2004—2008 年禁毒工作规划》，对"99 禁毒"工作方针予以调整，加入"预防为本"，确定了"禁吸、禁贩、禁种、禁制并举，预防为本，严格执法，综合治理"的禁毒工作方针（以下简称"04 禁毒"工作方针），明确了禁毒宣传教育的重要性。

(四) 法律化

我国禁毒工作方针提出由来已久，但在很长时期内只是扮演着政策导向的角色，故对其内涵的界定往往缺乏必要的标准。2017 年 12 月 29 日，第十届全国人大常委会第三十一次会议审议通过《中华人民共和国禁毒法》（以下简称《禁毒法》），《禁毒法》对于"04 禁毒"工作方针做了顺序上的调整，将"预防为本"放在了首位，"综合治理"紧随其后，形成了"预防为本，综合治理，禁种、禁制、禁贩、禁吸并举"的工作方针，一直运用至今。

《禁毒法》的制定和实施使禁毒工作方针上升至法律层面，更具指导力，同时也体现着我国当前以及今后相当长时期内禁毒工作的基本精神和方向。突出预防、强调综合治理的"04 禁毒"工作方针抓住了毒品问题的中心所在，是讲求禁毒工作科学性和有效性的，《禁毒法》对这一方针予以了充分肯定，并在此基础上做了调整，使其更加符合禁毒工作的规律。所以，禁毒工作方针的法律化是我国禁毒工作发展的必然。

三、我国禁毒工作现状分析

我国真正意义上的禁毒，是从清朝开始的。从清朝早期开始，就多次发布禁烟令，但由于外国鸦片商人的阻挠及清政府官员的纵容，禁烟令并未取得什么成效。辛亥革命胜利后，民国政府继续推行禁烟政策，但遗憾的是，由于政府腐败、内战、外患等多种原因交织，毒品问题依然没有得到很好的解决，但至少各时期政府在禁毒工作上做出了努力与尝试。中华人民共和国成立后，党和政府用不到 3 年的时间，通过发布禁毒通令、社会改革运动、禁毒运动等，彻底根绝了烟患，中华大地上开始了超过 30 年的无毒时代。直到 20 世纪 70、80 年代，受国际毒潮的影响，我国再次进入与毒品问题的斗争中，《禁毒法》的颁布，标志着党和政府把禁毒工作依法纳入到了经济社会协调发展的大局；标志着我国禁毒工作由此进入到依法全面推进的新的历史阶段；标志着我国禁毒斗争已经站在了新的历史起点上。新时期我国禁毒工作面临着巨大挑战，呈现出一些不足。

(一) 我国禁毒工作挑战

1. 毒品来源多样化

中华人民共和国成立之初，我国处于一种封闭状态，毒品来源相对简单，并且当时的计划经济体制使得整个国家的人、财、物都处于严格的计划控制之中,因此,禁毒工作开展容易得多。1978年十一届三中全会之后,我国开始实行改革开放,随各种新资源而来的还有毒品。当前,我国毒品来源有:①

(1) 境外毒品来源

① "金三角"毒品渗透加剧,合成毒品入境增多。2018年至2019年生长季,缅北、老北地区罂粟种植面积共56.3万亩,可产鸦片500多吨,缅北地区在保持大规模海洛因和冰毒片剂产量的同时,开始大量贩制冰毒和氯胺酮等合成毒品。2018年,我国共缴获"金三角"各类毒品共计29.6吨。

② "金新月"毒品产量保持高位。2018年,阿富汗种植罂粟面积达394.5万亩,可产鸦片6400吨。我国在2018年缴获"金新月"海洛因67.8千克,虽查获量较少,但发现境外毒品一直在尝试开辟从新疆边境地区直接渗透或迂回中东、西南亚、非洲国家通过航空渠道"点对点"入境广东的渗透渠道和路线。

③ 南美大宗可卡因过境中转情况突出,缴获量增长迅猛。2018年,中国缴获南美可卡因1.4吨,此外,南美可卡因经海路从东南沿海港口贩运入境后再采取"蚂蚁搬家"等方式贩往我国香港,以及欧洲、澳大利亚、新西兰等地。

④ 北美大麻走私入境明显上升,对我国构成新的威胁。2018年,我国破获大麻案件125起,缴获大麻及各类大麻制品55千克。嫌疑人多为在华外籍留学生、留学归国人员或者有境外工作经历的人员,也有部分不法分子利用境外网站学习大麻种植技术,进行非法种植。

(2) 国内毒品来源

① 国内制毒能力大幅削弱,在持续打压下制毒活动出现萎缩。2018年,我国共破获制毒案件412起,捣毁制毒窝点268个,缴获毒品14.7吨,分别同比下降30.8%、15.5%和37%。经过持续严打整治,国内之毒贩毒活动受到重创,传统制毒重点省份广东出现源头性收缩,制毒活动向其他管控薄弱地区,如西北、东北地区转移。

② 制毒物品流失风险依然很大。2018年,全国共破获制毒物品案件1157起,缴获各类制毒物品1.1万吨,分别同比上升1.6倍和3.5倍,国内非法生产、买卖、运输和走私制毒物品违法犯罪活动依然活跃。

2. 吸毒群体低龄化趋势

2010年7月5日,广西灌阳县初中一年级学生,因吸食毒品而死亡,后经调查得知,在该学校存在涉毒行为的学生至少还有8人,这一案例震惊全国;2011年1月24日,重庆市涪陵区11名学生(9人为高中生)寒假聚会集体吸毒被抓,一件件在校中学生吸毒事件向我们敲响了警钟。截至2018年年底,我国登记在册吸毒人员中,不满18岁的有1万人,占0.4%;18~35岁的有125万人,占52%,庞大的未成年人及青少年吸毒,是对我国禁毒工作的挑战。青少年是国家的未来和希望,当毒品的魔爪伸向他们时,我们需要不断加强禁毒工作的力度来遏制这一形势。

---

① 节选自2019年6月17日国家禁毒委办公室发布的《2018年中国毒品形势报告》。

3. 毒品种类日趋多元化

在社会大众的印象中，毒品就是鸦片、白粉，事实上毒品种类远不止这两种。近年来，随着娱乐业的发展和毒品市场的变化，新型毒品在我国出现，且蔓延势头较猛。鸦片、白粉属于传统毒品，所谓新型毒品，是指人工化学合成的致幻剂、兴奋剂类毒品，包括冰毒、麻古、摇头丸、K粉等。此外，为了迷惑公众，一些毒贩不断翻新毒品花样，变换毒品包装形态，比如借用奶茶包装、茶叶包装、咖啡包装等，有的甚至造成曲奇饼干模样，极具伪装性和时尚型，对青少年吸引力极强，给监管执法带来了较大的难度。

4. 毒品贩运渠道多样化，隐蔽性越来越强

随着互联网、物流运输业等的迅猛发展，贩毒分子开始运用现代技术手段，全方位利用海陆空渠道走私贩运毒品，渠道多样化，隐蔽性增强：一是"互联网+物流"已成为贩毒活动的主要方式。不法分子通过互联网发布、订购、销售毒品和制毒工具，网上物色运毒"马仔"，或通过物流寄递等渠道运毒，收寄不用真名，联络都使用暗语、隐语，采用线上支付，可以做到交易"两头不见人"；二是海上大宗毒品走私贩运增多，海运运毒量大、隐蔽性好、机动性强，成为大宗毒品走私贩运的主要途径；三是贩毒人员流窜境外走私毒品入境增多。外流贩毒团伙在缅北地区，以高额回报为诱饵，通过网络招募无案底年轻人，以恐吓、敲诈等手段强迫其体内藏毒或者携带毒品运往国内。通过这些方式贩运毒品，导致发现和打击贩毒非常困难，无疑增加了禁毒工作的难度。

（二）当前我国禁毒工作中存在的问题

1. 禁毒机制有待完善

首先，对禁毒工作的重要性和必要性认识不足，有些人片面认为禁毒工作是公安政法机关的事情，而对禁毒工作支持、配合不够，出现公安机关单打独斗、孤掌难鸣的局面，使得一些地方综合治理毒品问题的工作格局尚未形成。

其次，禁毒委成员单位职能分工不明确。成员单位禁毒工作职能优势未充分发挥，部门之间缺乏协作配合，齐抓共管、综合治毒的力度不够，影响了禁毒工作的整体效果。

再次，考核评估体系不够完善，缺少具体、刚性的禁毒工作任务和要求，政绩评价体系尚未形成，禁毒工作的目标、任务和措施不能真正落实。

2. 禁毒防控体系薄弱

（1）禁毒宣传成效有待加强

当前，禁毒宣传不再仅限于分发宣传资料、贴标语、挂横幅、做宣传栏等传统方式，还包括仿真毒品模型展示、吸毒VR体验、禁毒晚会、禁毒骑行、禁毒游戏体验等各种形式，已取得了一定的成效，但是仍有较大的提升空间；此外，各地虽都建了禁毒教育基地，但是社会大众主动来参观学习的却很少，使用率较低；禁毒新闻报道、相关禁毒专题片被安排在非黄金时段播出，收视率不高，没有发挥出应有的效果，导致社会禁毒氛围不够浓厚，群众广泛参与禁毒意识有待进一步提高。

（2）管理上存在漏洞

由于制度上的不足和工作上的疏忽，出现了管理上的漏洞。例如，一些处方药属于国家管制药品，但有的药店可以买到，而不需要处方，不问用处；一些房屋出租手续简单，

房东也不对承租者进行登记,更有甚者,连承租人的基本情况都不知道,让吸毒人员有了较为隐蔽的藏身之处。

(3) 社会帮教不力

吸毒人员控制率、戒断率低,失控率、复吸率高,绝大部分乡镇对吸毒人员的帮教工作还没有全面开展,监管措施不力,缺乏有效的帮教措施,社区戒毒(康复)也大多停留在档案上。

(4) 打击力度和装备投入尚需加强

公安机关对歌舞娱乐场所、宾馆、酒吧、网吧等易涉毒场所的管理不同程度上还留有死角,且反弹压力持续存在。对教唆、引诱、欺骗他人吸毒以及容留他人吸毒等犯罪的打击力度有待进一步加大。毒品犯罪手段不断更新,集团化、暴力化明显增加,利用网络等高科技手段犯罪也趋势明显,我国目前的缉毒科技装备还无法适应当前缉毒侦查工作的需要。

3. 禁毒工作人员专业化水平较低

我国禁毒工作人员的专业化水平较低,主要表现在如下几方面:

一是人员素质参差不齐。很大一部分工作人员缺乏专业知识,也没有接受相关的训练。

二是培训远远不足。毒品问题在不断发生变化,需要不断更新知识,才能跟得上形势的变化,然而,大部分基层禁毒工作人员很少有相关培训,影响禁毒工作成效。

三是硬件保障不到位。由于基层政府财力有限,对于禁毒办案人员的设备投入等严重不足,很多地方仍然使用原始的工具开展禁毒斗争,这与越来越严峻的禁毒形势不相适应,也无法将禁毒工作推向深入。

第二节 禁毒社会工作

一、禁毒社会工作的产生与发展

(一) 禁毒社会工作的产生

1. 法律政策的推动

近年来,受国际毒潮的影响,我国毒情形势再次严峻起来,《禁毒法》于 2008 年 6 月 1 日起正式实施。《禁毒法》对禁毒宣传教育、戒毒措施做出了明确的规定,包括"国家鼓励公民、组织开展公益性的禁毒宣传活动",首次明确提出"以社区戒毒(康复)为主体,强制隔离戒毒与自愿戒毒为补充"的戒毒新模式,这对于禁毒社会工作而言,是一个标志性的事件,推动了禁毒社会工作的制度化和法制化。

《禁毒法》颁布实施后,2011 年 6 月 26 日颁布实施了《戒毒条例》,规定了"县级以上人民政府应当建立政府统一领导,禁毒委员会组织、协调、指导,有关部门各负其责,社会力量广泛参与的戒毒工作体制",及"采取自愿戒毒、社区戒毒、强制隔离戒毒、社区康复等多种措施,建立戒毒治疗、康复指导、救助服务兼备的工作体系",并从财政上给予戒毒工作大力的支持,同时,1995年1月12日发布的《强制戒毒办法》废止。《戒毒条例》的颁布一方面表明强制隔离戒毒并非唯一帮助吸毒成瘾人员解除毒瘾的方式方法,这种单一的戒毒模式存在诸多有待完善的地方;另一方面吸毒成瘾人员在选择摆脱成瘾问题上有了更多的选择,这也为禁毒社会工作的发展提供了契机,推动了禁毒社会工作的快速发展。

2015年8月31日,国家禁毒委启动社区戒毒社区康复"831"工程,开始大力发展社区戒毒、社区康复。2017年1月20日,国家禁毒办、中央综治办、公安部、教育部等12部门联合印发了《关于加强禁毒社会工作者队伍建设的意见》,里面提及"到2020年,建立较为完善的禁毒社会工作者队伍建设运行机制、工作格局和保障体系,禁毒社会工作者总量达到10万人,建成一批有影响力的禁毒社会工作服务机构,实现禁毒社会工作服务在城乡、区域和领域的基本覆盖,禁毒社会工作者队伍的专业作用和服务成效不断增强",接下来,我国禁毒社会工作进入白热化阶段。

2. 吸毒人员"受害者"属性的推动

禁毒社会工作者的出现及发展,除了在严峻的毒情形势下国家法律法规及政策的推动外,还有一个重要的原因,即吸毒人员"受害者"属性逐渐被接受。除此之外,吸毒人员还存在"违法者"与"病人"的属性,如图1-2所示。

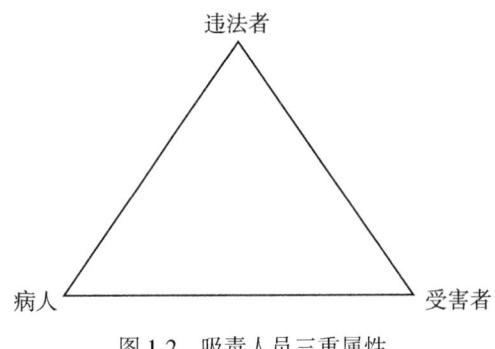

图1-2 吸毒人员三重属性

(1)"违法者"属性

在我国,吸毒是一种违法行为,因此,"违法者"属性下对待吸毒人员的态度是以限制其行为的惩罚性措施为主,如定期尿检、定期报到、动态管控、强制隔离戒毒等措施。

(2)"病人"属性

随着对毒品成瘾机理认识的深入,毒品成瘾被认为是一种慢性复发脑病,吸毒人员被认定为"病人",所以,出现了戒毒医疗机构,通过医疗干预帮助戒毒康复者戒毒。

(3)"受害者"属性

近年来,随着对吸毒行为的研究越来越多,人们发现,吸毒不仅仅是因为个人原因,很多时候,家庭及社会也有不可推卸的责任,吸毒人员"受害者"属性开始逐渐被关注。2013年6月,南京两女童被饿死事件,女童的母亲(一位吸毒人员)被推到了风口浪尖,但这位母亲的身世也被公之于众,非婚生,跟着爷爷长大,10岁才解决户口问题上小学,在学校被人嘲笑，14岁离家出走，16岁染上毒瘾，从来没有得到过父母的爱，她又何尝不是受害者呢？基于吸毒人员"受害者"属性下所采取的对应策略为各类救助及福利服务，比如职业技能培训、就业安置等，及禁毒社会工作的介入。因为吸毒行为源自未获得满足的心理需求和未能调适的精神压力，及个体与社会环境互动失调，而这些正是社会工作所要解决的。所以说，吸毒人员"受害者"属性提供了禁毒社会工作产生的必要性与可行性。

（二）禁毒社会工作的发展

上海自2003年开始在禁毒领域引入社会工作的理念和方法，通过政府购买社会组织服务的方式，在国内率先进行了禁毒社会工作者制度创新。2003年8月，上海在浦东、徐汇、卢湾、闸北四个区进行禁毒社会工作者服务试点，同年12月，上海成立了我国首家专门从事禁毒服务的社工机构——上海市自强社会服务总社。2004年8月，禁毒社会工作者服务在上海市19个区县全面推开，禁毒社会工作者按照"政府主导推动、社团自主运作、社会多方参与"的思路，积极探索禁毒服务，协助戒毒康复者恢复和改善社会功能，回归社会。禁毒社会工作者的出现，标志着禁毒工作从单纯的政府行为转变为社会行为。

2007年10月25日，深圳市委、市政府出台了《关于加强社会工作人才队伍建设推进社会工作发展的意见》和7个配套文件（简称"1+7"文件），通过在禁毒部门设置社会工作专业岗位，由政府购买岗位的形式进行禁毒社会工作者服务尝试。2008年11月，深圳市首批12名禁毒社会工作者正式上岗。2009年，受宝安区和龙岗区政法委委托，深圳彩虹社工机构派驻14名禁毒社工在两个区提供专业社工服务。经过10年的发展，截至2018年7月，共有14家专业社工机构开展禁毒社工服务，超过850余名社工长期深入一线，从事专业禁毒社会工作服务。

2010年5月，东莞市也开始了禁毒社会工作的试点，随着社区戒毒（康复）的不断深入推进，全国禁毒社会工作迅速发展。截至2016年年底，我国有禁毒社会组织700余家，禁毒社会工作者达2.9万人。

二、禁毒社会工作的定义

禁毒社会工作是社会工作的重要组成部分，在我国是一个充满活力的全新的事物，在禁毒实践中，将社会工作引入禁毒工作中，是一种制度创新。关于禁毒社会工作的定义，范志海（2011）[1] 提出"所谓禁毒社会工作，即将社会工作的理论和方法应用于禁毒工作领域，由具有一定禁毒和社会工作科学知识、方法和技能的社会工作者，对服务对象提供社会关心、戒毒康复帮助、就业指导、法律咨询服务和行为监督的一种工作过程。"莫关耀、曲晓光（2017）[2] 提出"禁毒社会工作是禁毒工作的组成部分，是坚持'助人自

---

[1] 范志海. 禁毒社会工作发展现状、问题及趋势 [J]. 中国社会工作，2011 (7): 21-23.
[2] 莫关耀，曲晓光. 禁毒社会工作 [M]. 北京：中国人民公安大学出版社、群众出版社，2017: 9-10.

助"价值理念,遵循专业伦理规范,运用社会工作专业知识、方法和技能预防和减轻毒品危害,促进吸毒人员社会康复,保护公民身心健康的专门化社会服务活动。"

概括起来,狭义的禁毒社会工作是指具有禁毒和社会工作专业知识与方法的社工为吸毒人员提供生理脱毒、心理康复及社会回归等各方面服务的过程。广义的禁毒社会工作还涵盖社会工作者提供的毒品预防教育、禁毒管理事务。

三、禁毒社会工作的六大核心要素

简而言之,禁毒社会工作就是社会工作的专业理念和工作方法在禁毒工作中的具体应用。在这个过程中,禁毒社会工作虽然是以"嵌入"的方式,融合在禁毒工作中,但其本身还是具有相对的独立性的,这种独立性主要体现在六个方面:禁毒工作政策法规、禁毒社会工作理论、禁毒社会工作实务、禁毒社会工作行政、禁毒社会工作研究、禁毒社会工作教育,以此为基础,构成了禁毒社会工作的核心要素。

这六大核心要素实际上构成了禁毒社会工作的内涵(表1-1),但由于在实践中,每个要素的呈现方式不同,或隐性,或显性,而且在实践中发挥的作用也是不一样的,或直接,或间接,导致人们只关注那些显性的、直接的要素(如禁毒社会工作理论、实务、法规等),往往忽略了那些隐性的、间接的要素(如禁毒社会工作教育、行政、研究等)。

表1-1　　　　　　　　　　　禁毒社会工作内涵

显性的、直接的要素	隐性的、间接的要素
禁毒工作政策法规	禁毒社会工作教育
禁毒社会工作理论	禁毒社会工作研究
禁毒社会工作实务	禁毒社会工作行政

(一) 禁毒工作政策法规

禁毒工作是一个具有多维体系的系统工程。它有自己独特的工作方针、目标、政策、载体、方式等,这些要求通过政策法规的形式固定下来后,为禁毒社会工作的开展指明了方向。比如《禁毒法》首次明确提出"以社区戒毒(康复)为主体,强制隔离戒毒与自愿戒毒为补充"的戒毒新模式,这对于禁毒社工而言,是一个标志性的事件,推动了禁毒社工的制度化和法制化。再比如2011年6月颁布实施的《戒毒条例》,明确提出了"采取自愿戒毒、社区戒毒、强制隔离戒毒、社区康复等多种措施,建立戒毒治疗、康复指导、救助服务兼备的工作体系",无疑给禁毒社工直接指明了工作方向和路径。因此,作为禁毒社会工作者,了解和掌握禁毒工作相关政策法规是第一位的。

(二) 禁毒社会工作理论

禁毒社会工作理论既来源于禁毒社会工作实践活动,又指导禁毒社会工作实践活动,并在禁毒社会工作实践活动中不断完善和发展。社会工作是一门以实操性为主的学科门类，在其初始阶段并没有独立的理论支撑，而是"外借"了很多发展较早且相对成熟的其他学科，比如社会学和心理学等的理论知识。因此，禁毒社会工作从业人员有义务也有需求不断提炼和发展本领域独特的理论体系。

（三）禁毒社会工作实务

这是禁毒社会工作的核心。禁毒社工为服务对象提供心理辅导、行为修正、家庭关系修复、社会环境改善、就业信息提供、技能培训等跟踪帮教服务，以协助他们达到生理、心理脱毒，提升其适应社会生活的能力，顺利回归社会的所有直接或间接的工作和服务，都属于禁毒社会工作的实务范畴。

（四）禁毒社会工作教育

禁毒社会工作教育包含两个方面的内容：一是关于禁毒工作相关的政策法规、知识技巧等；二是关于社会工作的相关价值理念和手法技巧。从当前国内社会工作教育的实际情况看，较少专门开设针对禁毒社会工作的课程。因此，在禁毒社会工作实践中，不少禁毒社工的专业理念及服务技巧是在工作岗位上通过督导、培训、继续教育等途径获得的。禁毒社会工作教育亟待弥补这一短板。

（五）禁毒社会工作行政

社会工作行政是一种间接的工作方法，是将社会政策转化为社会服务的过程，禁毒社会工作行政是指禁毒服务机构的行政管理人员，在专业价值和专业理论的指导下，有效地利用社会资源，通过社会服务机构内部实施的计划、组织、执行与管理、评估等，实现机构的高效运转、输出社会服务的过程。此外，社会工作行政需要结合实践中积累的经验，在社会政策修订的时候提出切实可行的建议。

（六）禁毒社会工作研究

禁毒社会工作包含两个研究取向：一是禁毒社会工作理论；二是禁毒社会工作实践。把握禁毒社会工作研究的智慧和方法，是对禁毒社工的基本要求，也是促进禁毒社会工作不断发展的重要基础。

综上所述，只有我们充分了解了禁毒社会工作的内涵之后，才有可能更全面、更立体地开展和提升禁毒社会工作服务。

四、禁毒社会工作的服务对象

明确服务对象的范围，是禁毒社会工作者开展服务的前提，禁毒社会工作的服务对象包括：

（一）社会大众

社会大众，指社会层面的人的集合体，不分性别、年龄、宗教信仰、学历等，都是禁毒社会工作的服务对象。在禁毒社会工作实践中，面向社会大众提供毒品宣传教育及预防服务，其中，青少年是重点人群。

（二）高危人群

高危人群包括：一是处在吸毒高风险环境（有吸毒人员存在的环境、吸毒严重的社区、酒吧/KTV 等娱乐场所）中的人群；二是错用、误用或者主动尝试过毒品但未成瘾的人群。

（三）自愿戒毒人员

自愿戒毒人员，指通过戒毒医院、民间戒毒组织（如宗教戒毒组织）、家庭等方式戒毒的人员。

（四）社会面吸毒人员

社会面吸毒人员，指在全国禁毒信息系统登记未在监管场所的人员，包括社区戒毒人员、社区康复人员、戒断 3 年内未复吸吸毒人员、戒断 3 年未复吸人员。

（五）在所戒毒人员

在所戒毒人员，指在强制隔离戒毒所的人员。

（六）吸毒人员家属

吸毒行为与家庭有着密不可分的关系，因此，吸毒人员家属也是禁毒社会工作的服务对象。

五、禁毒社会工作的内容

根据禁毒社会工作定义，我们不难发现，禁毒社会工作的服务内容包括戒毒辅导和禁毒宣传教育，涵盖预防、教育及发展三大功能。接下来，本书将结合成瘾过程介绍禁毒社会工作者的具体服务内容。

图 1-3 所示为一个人发展成为成瘾者的成瘾过程。

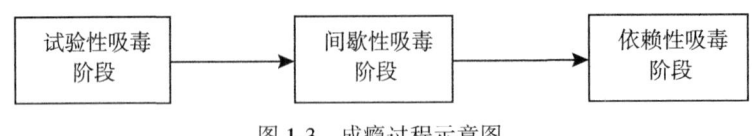

图 1-3　成瘾过程示意图

试验性吸毒阶段：通常指第一次吸毒，多是因为同伴影响、好奇心理、错误认知、情绪因素等原因，抱着"玩玩"的态度，认为"毒品没有那么容易上瘾"。

间歇性吸毒阶段：本阶段是未成瘾到成瘾的过渡阶段，偶尔地吸食毒品，很易导致"量变到质变"的结果。

依赖性吸毒阶段：当偶尔吸食毒品继续发展，就会导致成瘾，从而无法自控，即对毒品产生依赖，也就是毒品成瘾。

在成瘾的不同阶段，禁毒社会工作的内容都会有不同的侧重点，见表1-2。

表1-2　　　　　　　　　　　　禁毒社会工作内容

成瘾阶段	服务对象角色	禁毒社会工作内容
吸毒前	社会大众	禁毒宣传教育
试验性吸毒阶段	高危人群	早期干预
间歇性吸毒阶段		
依赖性吸毒阶段	自愿戒毒人员、在所戒毒人员、社区戒毒（康复）人员	协助自愿戒毒、在所服务、社区戒毒（康复）、社会回归、社会融合

（一）禁毒宣传教育

禁毒宣传教育即在社区层面开展的毒品预防教育服务，对象为社会大众。禁毒宣传教育主要包括三个层次：一是知识层面，对社会大众宣传识毒、拒毒、防毒的知识和技巧，具体包括毒品种类、毒品危害、吸毒原因、拒毒防毒技巧、禁毒法律法规等；二是意识层面，在知识层面的基础上，通过签名、宣誓等仪式类的活动，提升社会大众远离毒品的意识；三是行为层面，在意识层面的基础上，协助社会大众做出拒绝毒品的行动，比如加入禁毒义工队，参加禁毒宣传及戒瘾咨询服务等。

（二）早期干预

早期干预的核心其实就是扁鹊对蔡桓公讲的那句话："君有疾在腠理，不治将恐深。"对于禁毒工作而言，预防的成本远远低于戒毒的成本。早期干预的工作主要包括两个方面的内容：一是重点针对毒品问题严重的社区和高危人群进行预防性的宣传教育和介入，比如娱乐场所人员、城中村等流动人口聚集地人群、职校学生等，都属于易发高危群体，可针对他们提供针对性的宣传教育、咨询、评估等；二是对已尝试过毒品但未成瘾的人员进行早期干预，通过帮教访谈、个案管理等手法，提升和强化其彻底远离毒品的动机和行为，帮助其重新回归健康生活。

（三）协助自愿戒毒

禁毒社工在介入自愿戒毒服务对象时，可以提供以下服务：
① 提升和强化自愿戒毒康复者戒毒动机；
② 引导自愿戒毒康复者选择科学、合理的戒毒方法；
③ 进行心理干预，协助缓解脱毒期的生理、心理压力；
④ 防复吸训练；
⑤ 家庭干预，包括家庭关系修复、家属支持等。

(四) 在所服务

结合我国戒毒所实际工作情况，禁毒社会工作的内容包括：

① 为初入所的强制隔离戒毒康复者进行情绪疏导，协助其适应戒毒场所生活；

② 掌握强制隔离戒毒康复者的需求，协助其从生理、心理上戒除毒瘾或进行康复训练；

③ 协助强制隔离戒毒康复者巩固戒毒成果，养成健康生活方式；

④ 协助强制隔离戒毒康复者掌握改善家庭关系及处理家庭问题的技巧；

⑤ 开展技能类、兴趣类、文艺类等活动，协助强制隔离戒毒康复者培养健康的兴趣爱好，提升其能力；

⑥ 引导强制隔离戒毒康复者发挥自身优势，提升自尊与自信，增加自我接纳；

⑦ 借助社会资源为强制隔离戒毒康复者提供协助或帮扶，包括所外专业（志愿）服务，社会资源捐款或捐物等；

⑧ 制定无缝接轨方案，做好出所衔接，与所外禁毒社会工作者合作，为强制隔离戒毒康复者出所后的工作、生活做好准备，以降低其复吸率。

需要特别注意的是，因为强制隔离戒毒所是在现行法律法规和公安部门、司法部门管理的前提下建立的，因此，在所服务一定要与当地的政策要求相结合，做与不做，做多做少，做深做浅，需要灵活把握，而非一成不变，拘于某一范式。

(五) 社区戒毒（康复）

社区戒毒（康复）工作内容主要包括如下几方面：

① 协助执行社区戒毒（康复），包括协助社区戒毒（康复）人员到执行地报到，签订社区戒毒（康复）协议，并了解协议相关内容；协助社区戒毒（康复）人员定期不定时尿检，完善其档案；协助符合条件的社区戒毒（康复）人员解除社区戒毒（康复）管控。

② 防复吸，包括为社会面吸毒人员提供心理辅导，增强其戒毒动机与信心；协助其提高毒品拒绝技巧、问题解决技能及情绪和压力管理等能力；巩固其戒毒成果，使其养成健康生活方式，防止复吸。

③ 就业支持，包括协助社会面吸毒人员确定个人的生涯发展方向、目标及路径，并采取有效行动达成目标；为社会面吸毒人员提供就业信息咨询、职业技能培训，促进其就业；协助已就业的社会面吸毒人员处理就业压力，增强其职业稳定性。

④ 家庭支持，包括协助社会面吸毒人员处理其与父母、配偶、子女及其他重要相关人员的关系；为社会面吸毒人员提供婚恋咨询和辅导；为社会面吸毒人员提供子女教育咨询和辅导；为社会面吸毒人员家属提供支援服务。

⑤ 社会支持网络构建，包括从社会面吸毒人员自身及其与家庭、朋辈群体、社区、

学校、服务机构等的互动关系中分析其可利用的资源，构建支持网络；强化社会面吸毒人员社会支持网络，包括个人增能与自助、家庭照顾者支持、邻里互助、志愿者链接、增强社区权能等；巩固社会支持网络成效，建立长效机制。

⑥协助替代治疗，为有需要的社会面吸毒人员提供辅导，坚定其服用替代药物的信心、耐心与恒心，降低伤害；协助有需要的社会面吸毒人员制订替代治疗计划，鼓励其稳定后戒断替代药物，最终摆脱毒品困扰；向有需要的社会面吸毒人员家属普及替代药物知识，让家属持续支持长期服用替代药物，建立戒毒康复者在戒毒过程中持续的家庭支持网络，营造良好的家庭环境。

（六）社会回归

社会回归是一个戒毒康复人员再社会化的过程，其目标就是要达到戒毒康复人员与正常社会大众之间的融合。这是成功戒毒流程的最后一步，也是最难的一步，可谓行百里者半九十，稍有不慎，就有可能踏上复吸之路。因此，禁毒社会工作者要重点从以下几方面着手，主动帮助戒毒康复人员回归社会：

①借助社会资源，改善戒毒康复人员的就业就学、娱乐休闲、人际沟通、社会交往等方面的不利状况，帮助他们恢复应有的社会功能；

②通过帮扶救助、就业辅导、技能培训、政策倡导、信息咨询等途径，帮助他们重新规划和建立健康常态的生活，使其成为正常的社会成员；

③创造康复人员社会参与的机会和平台，比如发展其成为志愿者，与其他社会成员一起参与社会服务、志愿服务，或者作为"过来人"向其他戒毒康复者进行现身说法等，提升社会责任感和自我效能感，同时也有利于其获得社会的正面评价，从而巩固健康常态的生活信心。

（七）社会融合

社会融合是社会工作者运用专业知识和技能，帮扶戒毒康复人员，弥补政府公共服务的不足，整合社会资源，减少社会对戒毒康复者的歧视、排斥，促进社会包容性发展，保障戒毒康复人员的基本自由和人权。促进戒毒（康复）人员能够正常的参与到社会、经济以及文化活动中，拥有合法权益，具有社区归属感，不受歧视。具体可从以下几方面着手进行：

①促进家庭对戒毒康复人员的接纳态度及亲密度；

②社工要加强宣传，让社区居民对戒毒康复人员有客观的认识，排除社区环境障碍；安排戒毒康复人员参与社区活动，增强社会参与意识，加强与社区居民的互动，逐渐恢复社会功能；

③通过社会宣导、政策倡议等，倡导政府部门、社会大众接纳戒毒康复人员，降低/消除公众对戒毒康复人员的社会歧视，不要戴有色眼镜去看待这一群体。

第三节 禁毒社会工作者

一、禁毒社会工作者的定义

社会工作者，常称为社工，是指在社会福利、社会救助、社会慈善、残障康复、优抚安置、医疗卫生、青少年服务、司法矫治等社会服务机构中，从事专门性社会服务工作的专业技术人员。对于禁毒社会工作者，目前尚没有一个统一的界定，赵敏、张锐敏（2010）对禁毒社会工作者的界定为："在政府的禁毒部门主导下，对吸毒人员进行管理、教育、服务和行为矫治，并开展禁毒宣传的社会工作者，他们通过自身的工作，对吸毒人员生活上给予关心、行为上给予矫治，加强日常的监督管理，使他们保持操守和防止复吸。"[①] 从上述定义可以看出，我国禁毒社会工作者，与政府相关部门关系紧密，是政府职能转移的一种措施，但随着禁毒社会工作不断发展，本书认为，禁毒社会工作者的专业性有了很大的提升，从管理者、教育者和行为矫治者的角色开始转变成推动者、协助者的角色，即推动、协助吸毒者/戒毒康复者/戒毒康复者改变。

因此，结合已有的概念界定及实际，本书将禁毒社会工作者定义为：推动并协助服务对象摆脱毒品依赖、保持操守和预防复吸，并开展禁毒宣传的社会工作者。禁毒社会工作者具有以下特点：

禁毒社会工作者具有双专业性。一方面，禁毒社会工作者与其他服务领域的社工一样，需要掌握社会工作专业知识、理论、方法和技巧；另一方面，因服务对象的特殊性，禁毒社会工作者还要掌握专业的毒品知识、成瘾机制、戒断症状/稽延性戒断症状、戒毒医学等知识。

禁毒社会工作者的服务对象不仅仅是吸毒人员，还包括社会大众。根据服务场所的不同，禁毒社会工作者可以分为社区禁毒社会工作者和在所禁毒社会工作者（主要指强制隔离戒毒所）。

协助服务对象摆脱成瘾依赖，是禁毒社会工作者服务的重点，但在介入时，侧重于改变/改善服务对象生活、行为及所处的环境，包括家庭、社会环境。

禁毒社会工作者开展服务离不开政府禁毒部门的支持。

二、禁毒社会工作服务的购买模式

2003年上海实施政府购买社会工作服务制度，招收第一批禁毒社会工作者。随后，广州、深圳、苏州、珠海等地陆续开始试点以政府购买服务的形式将社会工作理念与方法引入禁毒工作中。

---

① 赵敏，张瑞敏. 戒毒社会工作基础 [M]. 北京：军事医学科学出版社，2010：149.

所谓政府购买服务，是指将原先由政府直接提供的公共服务，通过立项、招投标等方式转由具有资质的社会服务机构承担。我国理论界根据购买主体间的独立性和购买流程中的竞争性两个维度，将政府购买公共服务的模式分为三种：一是依赖关系非竞争性购买（形式性购买），购买程序是定向和非竞争性的，由政府出资建立或资助，在这种模式下，社会组织不具有独立性，但在起步阶段对扶持社会组织的发展意义重大；二是独立关系非竞争性购买（指定性购买）指定性购买，采用非竞争的方式，选择社会信用良好的社会组织承接服务，区别于形式性购买，该模式下社会组织具有资金、法人代表的独立性；三是独立关系竞争性购买，以公开招投标的方式挑选承接服务的社会组织，政府需综合考虑服务特性、政社合作的现实基础、当地社会组织的发展现状等诸多因素。三种购买模式之间的区别见表1-3。

表1-3　　　　　　　　　　政府购买服务模式对比

购买模式	购买主体独立性	购买竞争性
依赖关系非竞争性购买	不具独立性	定向和非竞争性
独立关系非竞争性购买	具有独立性	非竞争性
独立关系竞争性购买	具有独立性	具有竞争性

在实际操作中，还存在上述三种模式以外的购买模式，以深圳市为例，政府购买禁毒社会工作服务的操作举例如下：

> 禁毒社工小A，2017年入职深圳市某社工机构，被机构派驻龙岗区某街道开展禁毒社会工作服务。
> 禁毒社工小V，2018年由深圳市某劳务派遣公司招聘，派驻宝安区某街道开展禁毒社会工作服务。

社工小A的服务的购买属于独立关系竞争性购买，是深圳市目前主要的禁毒社会工作服务购买模式，具体为：通过社工机构购买社会工作岗位的模式，由民政局、公安分局等相关部门/单位根据实际需求，确定社工岗位数量，按照不同的职级价格标准，统一向社工机构购买其服务，然后派驻到各试点单位开展专业服务，所以小A的管理以社工机构为主。而小V的服务的购买模式则是超出三种模式之外的另一种购买模式，为劳务派遣模式，禁毒社工由指定的劳务派遣公司招聘后派驻相关单位，所以小V的管理以相关单位为主。

除了政府购买模式之外，亦存在其他的模式，比如相关单位或组织自主招聘，在此不详细介绍。

三、禁毒社会工作者的角色

禁毒社会工作者的角色，是指禁毒社会工作者在提供专业禁毒服务中的一整套行为规范，它反映了禁毒社工的责任、权利和义务。在禁毒领域中，禁毒社工的角色[①]包括以下几种：

（一）治疗者

随着人们对成瘾机制认识的不断深入，毒品成瘾被认为是一种慢性复发脑疾病，成瘾后不仅仅对人的生理造成损伤，还表现出心理、行为等方面的偏差，因此，仅仅针对生理进行脱毒治疗是不够的，还应对心理、行为等进行矫正，才能协助戒毒康复者彻底摆脱毒品困扰，减少复发的可能性。

（二）支持者

戒毒康复者在戒毒的过程中，会遭遇各种问题与困难，比如戒毒所带来的身体及心理极度不适、戒毒失败的挫败感、动机不强等，禁毒社工要不断鼓励其坚定信心、克服困难。

（三）使能者

吸毒人员常处于被歧视、被标签化的生活环境中，禁毒社工需激发他们自身能力，使他们重新面对自己、家人、身处的群体乃至整个社会，同时使其在知晓自己基本权益的前提下，努力争取公平待遇。

（四）关系协调者

吸毒会导致家庭关系的破裂、影响吸毒人员与其他人及环境的关系，禁毒社工需通过直接或者间接的服务，帮助服务对象学习处理社会关系的技巧，处理与家人及其他人、环境的关系。

（五）资源链接者

禁毒社工应发挥桥梁的作用，将禁毒服务所需的资源联系起来，借助各方资源并与相关职能部门（禁毒办、派出所、司法部门、强制隔离戒毒所等）合作；在服务对象戒毒过程中，禁毒社工可以为服务对象及其家人提供戒毒资源、就业资源等。

---

① 香港社会服务发展研究中心.禁毒社会工作实务手册[M].广州：中山大学出版社，2013：11-14.

（六）行政管理者

禁毒社工应对禁毒服务过程进行策划，并有效监控服务的实施，同时，统筹和协调相关的资源，以提高服务的成效。

（七）倡导者

禁毒社工应通过不同渠道反映禁毒、吸毒人员的需求，并倡导政策和制度的改变。吸毒人群属于弱势群体，当他们因为法律或者社会制度缺失而未能得到适当保障和帮助时，禁毒社工可与政府部门合作，或以媒体为工具，促进政策的调整和制度的倾斜，从而使他们的权益得到保障。

（八）教育者

禁毒社工应在学校、社区、广场等公共场所，以讲座、活动等形式，宣传毒品知识、毒品危害和拒毒方法，促使社会大众远离毒品。

社工札记

如何成为一个高效能的禁毒社会工作者

在禁毒社工日常工作中，常常会遇到诸多困难和挑战，比如不得不花费大量的精力投入在建立档案、处理数据报表等行政性工作上，从而影响一线实务的投入，缺乏对服务对象需求的积极关注；主管部门的工作理念仍然是重打击、轻帮教，认为社工谈话无用，不认可社工的作用与价值；有的人希望短期内能看到社工干预的明显成效，但服务对象的改变是一个渐进的过程。

上述工作中的困难和挑战，给社工们带来了很多的压力和困扰。专业工作要做，行政工作也不可能不做，事实上，专业工作与行政工作有时候也很难区分，行政工作也是社会工作的一部分，需要平衡专业与行政工作。这就要求禁毒社工既要做好本职工作，做出工作成效，即产出；同时又要保持乐观积极心态，保持自身能力匹配职业发展需求，即产能。在产出与产能之间做好平衡。受美国史蒂芬·柯维博士《高效能人士的七个习惯》的启发，我认为作为一个高效能的禁毒社工，需要具备以下几个条件：

一、积极主动

社工是基于价值观所做出的一种职业选择，需要学会为自己过去、现在和未来的选择负责任，积极地工作需要我们做变化的推动者，而不是受制于情绪或者外在环境的限制。理想的工作环境也会有限制和不足，建立台账，撰写大量文书材料，确实要花费社工大量的时间。在受困和局限环境下，我们仍然也可以采取积极行动，如规范台账和表格，用电子化系统、团队重新分工等手段提高工作效率。

二、以终为始

以戒毒康复人员最终回归社会为出发点，制定确实可行的服务目标，找到合适的介入点，设计服务方案，改变服务对象的负性认知，帮助他们学习沟通技能，改善家庭关系，鼓励他们积极参与社会活动。

三、要事优先

把访谈和专业辅导工作放到最重要的时间去做，做好时间规划和个人管理，把宝贵的时间放到帮助服务对象进行社区戒毒康复的重点工作中去。

四、双赢思维

禁毒社工要杜绝狭隘的专业主义，要有双赢思维，每个人都有自己的专业，打击和帮教都是禁毒工作非常重要的部分，互为补充，共同致力于减轻毒品对社会的伤害。

五、知彼知己

首先，社工能看到不良行为背后的原因，也相信人会有改变的潜能，但是这与公安部门的执法理念和工作方式有很大的差异；其次，社工是一个新生事物，社工的专业性需要慢慢地积累，而后提高，更需要时间的检验；再次，积极主动与主管部门沟通，邀请他们参与我们的工作，让他们了解社工理念和工作方式，然后才会支持我们的工作。

六、统合综效

加强合作，社工机构提前介入服务，医社合作的模式探索等，都是致力于完善戒毒康复模式，达到"1+1>2"的效果，不同专业、不同地域都可以相互借鉴，加强合作。

七、不断更新

禁毒社工工作内容比较复杂，工作难度也很大。禁毒社工要更新自己的认知，不断扩展视野，学习新的干预方法和手段。

（刘传龙）

第二章 禁毒知识

第一节 毒 品

一、毒品相关概念

（一）毒品内涵

毒品英文为"illicit drugs"，又译为"非法药物"，因此，可以把毒品理解为法律禁止的物质，这些物质很多情况同时又属于药物。那到底什么是毒品呢？本书采用《刑法》第356条的规定：毒品，是指鸦片、海洛因、甲基苯丙胺（冰毒）、吗啡、大麻、可卡因、以及国家规定管制的其它能够使人形成瘾癖的麻醉药品和精神药品。根据2013年食品药品监管总局、公安部、（原）国家卫生计生委《关于公布麻醉药品和精神药品品种目录的通知》，我国被列管的麻醉药品共计121种，精神药品（一类精神药品和二类精神药品）共计149种。2015年10月1日实施《非药用类麻醉药品和精神药品列管办法》，增补116种被列管的麻醉药品和精神药品，加上后面陆续补充的被列管的麻醉药品和精神药品。截至目前，我国毒品种类有390余种。

从上述毒品的定义中，不难看出，毒品具有以下三个特点：

① 违法性，根据我国法律规定，毒品为国家管制，任何人不得私自种植毒品原植物，亦不能私自制造、贩卖、吸食毒品，否则会受到法律的惩罚；

② 危害性，毒品会给个人、家庭及社会带来严重的危害；

③ 成瘾性，毒品"能够使人形成瘾癖"。

判断一种物质是否属于毒品，除了法律规定以外，也可以从物质是否同时具备这三个特征来判定，以烟为例，烟的危害性和成瘾性众所周知，但是烟却不属于毒品，因为烟没有违法性的特点。

除此之外，毒品存在双重身份，一为毒品，二为麻醉药品或精神药品，亦毒亦药。两者的区别在于生产、经营、流通、使用，在我国，药品的生产、经营和流通都有严格规定，必须通过相关部门审批方可进行，并且在使用上两者差别较大（表2-1）。

表 2-1　　　　　　　　　　　　　药品和毒品的区别

	药品	毒品
使用目的	医疗使用	非医疗使用
使用程度	用量有严格的规定，用量较小	用量较大
使用结果	改善和恢复生理功能	损害生理功能

案例

　　Y 女士，因车祸留下腿疾，每当天气变化时疼痛难忍。经朋友的介绍，Y 女士开始服用吗啡，止疼效果不错，后转吸海洛因。被抓后，Y 女士心中一直有疑惑，我是为了缓解腿部的疼痛才服用吗啡和海洛因的，这也是为了治病呀，为什么会将我抓起来呢？

如果 Y 女士是你的服务对象，作为禁毒社工，该如何回应服务对象呢？Y 女士之所以会有此困惑，其实是对毒品的规定，以及毒品和药品的区别不太了解，因此，可以向 Y 女士讲解毒品相关规定，以及毒品和药品的区别，协助服务对象用合法、科学的方法去缓解腿部的疾病。

（二）精神活性物质

精神活性物质（psychoactive substances），又称物质或者成瘾物质、药物，是指能够影响人类心境、情绪、行为和改变意识状态，并有致依赖性作用的一类化学物质，人们使用这些物质的目的在于获得或保持某些特殊的生理及心理状态。精神活性物质分类见表 2-2。

表 2-2　　　　　　　　　　　　　精神活性物质分类①

种　　类	举　　例
酒精	啤酒、葡萄酒、白酒、威士忌酒、伏特加酒、杜松子酒
苯丙胺类药物	苯丙胺、右旋苯丙胺、甲基苯丙胺、摇头丸、减肥丸等
咖啡因	咖啡、茶、软饮料、镇痛剂
大麻	四氢大麻酚
可卡因	可卡叶、盐酸可卡因、可卡因碱
致幻剂	LSD、仙人掌毒素
吸入剂	汽油、胶水、油漆、油漆稀释剂
尼古丁	香烟及其他烟制品

---

① 郝伟，赵敏，李锦. 成瘾医学：理论与实践 [M]. 北京：人民卫生出版社，2016.

续表

种 类	举 例
阿片类	海洛因、吗啡、美沙酮、可待因、芬太尼、丁丙诺啡
苯环己哌啶（PCP）及类似物	PCP、氯胺酮
镇静催眠剂	苯二氮卓、巴比妥类
其他	笑气、促合成代谢类固醇

二、毒品分类

毒品种类多，范围广，分类方法也不尽相同，以下主要介绍四种分类方法（图2-1）：

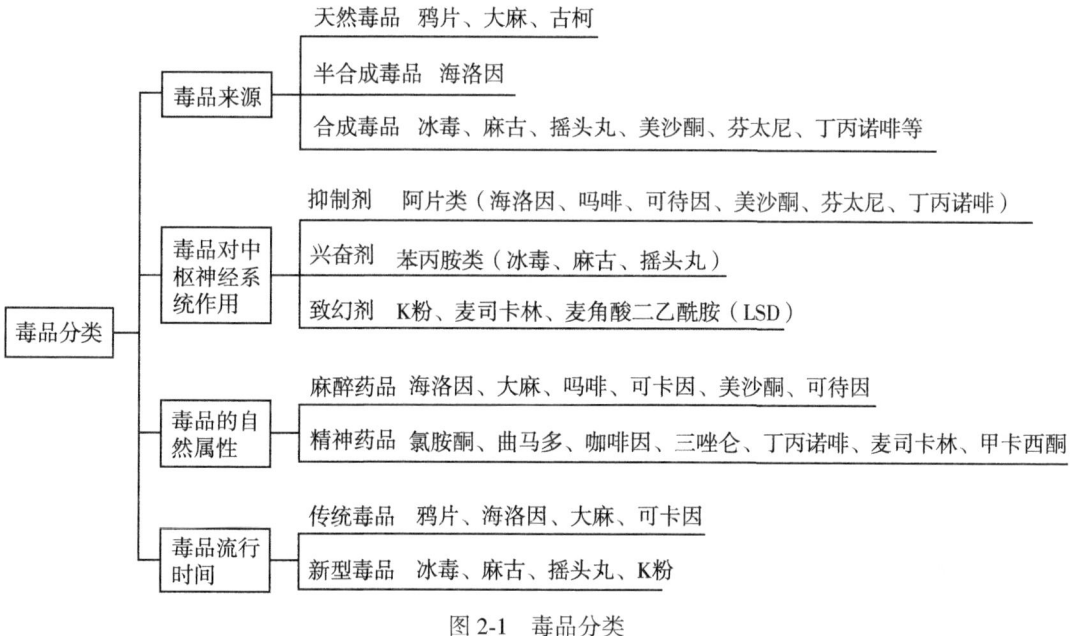

图2-1 毒品分类

（一）依据毒品的来源分类

从毒品的来源来分，毒品可分为天然毒品、半合成毒品和合成毒品，其中，天然毒品指从毒品原植物中制取的毒品，如鸦片；半合成毒品是由天然毒品与化学物质合成而得，如海洛因；合成毒品是完全采用有机合成的方法制造，如冰毒。

（二）依据毒品对中枢神经的作用分类

根据毒品对中枢神经的作用来分，毒品可分为抑制剂、兴奋剂和致幻剂，其中，抑制剂具有抑制中枢神经系统的作用，如阿片类物质（海洛因）、巴比妥类；兴奋剂具有兴奋中枢神经系统作用，如苯丙胺类（冰毒）；致幻剂能改变意识状态或感知觉，如K粉。

（三）依据毒品的自然属性分类

依据毒品的自然属性，毒品可分为麻醉药品和精神药品，麻醉药品包括阿片类、大麻类和可卡因类毒品；精神药品包括镇静催眠类、兴奋剂、致幻剂类毒品。

（四）依据毒品流行的时间分类

依据毒品流行的时间来分，毒品可分为传统毒品和新型毒品，传统毒品包括海洛因、大麻、可卡因等流行较早的毒品；新型毒品是20世纪末、21世纪初开始在娱乐场所流行的毒品，如冰毒、摇头丸等。

三、常见毒品介绍

本书介绍的常见毒品是指目前我国吸食人数较多的毒品，根据《2018年中国毒品形势报告》，在240.4万名现有吸毒者中，滥用冰毒人员135万名，占56.1%，冰毒已取代海洛因成为我国滥用人数最多的毒品；滥用海洛因88.9万名，占37%；滥用氯胺酮6.3万名，占2.6%。大麻滥用继续呈现上升趋势，截至2018年年底，全国滥用大麻人员2.4万名，同比上升25.1%。另外，结合禁毒实践经验，滥用止咳水的人数也在不断增加。接下来，将分别介绍冰毒、海洛因、氯胺酮、大麻、止咳水五种毒品。

（一）冰毒

冰毒，学名甲基苯丙胺，又名去氧麻黄碱或安非他命，吸食者多称之为"猪肉"，属联合国规定的苯丙胺类毒品，主要来源是从野生麻黄草中提炼出来的麻黄素。

冰毒源于日本。1888年，日本药学博士长井氏在研究镇咳成分麻黄碱时，意外发现甲基苯丙胺。在日本曾经使用过冰毒的人数超过200万人，直接滥用者55万人，毒品滥用者用静脉注射，其中有5万人患苯丙胺精神病。1990年首先发现由台湾毒贩进入我国沿海地区制造、贩运出境的冰毒案件。由于静脉注射危险性较大，目前，冰毒吸食方法多为鼻吸、口服。

冰毒形状为白色块状结晶体，形状类似于碎冰，易溶于水，吸食后，会不眠不休，生活完全颠倒，不断重复某一动作（有称刻板行为），这也是"吸食冰毒之后，工作效率会提高"的原因。此外，还会出现幻听、幻觉，导致身体虚弱、清瘦。禁毒社工在一次访谈服务对象时，发现服务对象手腕上缠着纱布，还在渗血，询问服务对象，其告知前几天吸完冰毒后，发现有虫子在皮肤里面咬，所以拿了一把刀把虫子挑出来。这是吸毒者吸食冰毒后产生了幻觉，还出现了一些自残的行为。有一名服务对象告诉社工，最近有人经常潜入他的房间，把他的衣服全部剪破了，还在他的肚子上划了一个口子，他感觉非常奇怪，明明门窗都是好的，那个人不知道是怎么进来的。这名吸毒者产生了被害妄想症状。吸食者会长"冰疮"，这是因为冰毒为化学合成，在吸食过程中，脸部、胳膊等裸露部分接触到化学物质而导致的一种皮肤过敏，皮肤奇痒，用手抓挠导致破皮溃烂。当然，并不是每个人吸食冰毒后都会出现上述症状，会存在个体差异。长期使用可导致永久性失眠，大脑机能破坏、心脏衰竭、胸痛、焦虑、紧张或激动不安，更有甚者，会导致苯丙胺类精神病，剂量稍大便会中毒死亡。

（二）海洛因

海洛因，化学名二乙酰吗啡（Heroin），俗称白粉、白面，来源于鸦片，是鸦片经特殊化学处理后所得的产物，属于合成类麻醉品。迄今为止，海洛因已有一百多年的历史。

毒品市场上的海洛因有多种形态，如粉末状、粒状或凝聚状。根据纯度的不同，海洛因有白色、米色等颜色，虽然俗称"白粉"，但是颜色却是越白，纯度越低。吸食方式有烟吸、烫吸、鼻吸、注射等方式，其中烫吸最为常见，海洛因成瘾后期会采用注射的方式，因为其他方式较难找到感觉。

长期吸食或注射海洛因会破坏人体免疫功能，易感染肝炎（丙肝）、肺脓肿及艾滋病等疾病，所以海洛因与冰毒等新型毒品不一样的地方在于其对身体的伤害较大。海洛因极易成瘾，而且极难戒除，一旦停止吸食，会出现流涎、流泪、哈欠连天、出汗等症状，重者还表现为肌肉痉挛、四肢抽搐、震颤、体毛竖立、瞳孔散大、呕吐不止、剧烈腹痛、血压升高，心跳加快，以及如万蚁噬骨、万箭穿心的皮下奇痒感觉，常常会逼得他们打滚、撞墙、揪头发。这些戒断症状是常人难以忍受的，所以海洛因成瘾后戒瘾成功概率较低。

（三）氯胺酮

氯胺酮，俗称K粉，又称"开他敏"或"凯他敏"，是一种非巴比妥类静脉全麻药，由美国药剂师于1962年合成，1965年被发现是一种有效的麻醉药。K粉滥用已有30余年，近年来，K粉在我国主要流行于一些通宵跳舞的娱乐场所，如狂欢舞会中，那里面吃的"HI""嗨药"一般就是这个东西。

K粉通常采取鼻吸、气雾法摄取、口服、静脉注射、肌注等多种方式吸食。K粉能使心血管兴奋，吸食过量可致死，具有精神依赖性，一般人只要足量接触一次即可上瘾。

吸食K粉后会出现分离感觉，导致行动迟缓，反应迟钝，走路摇摇摆摆，如吸食K粉后开车，对于速度的感觉会失真，明明开得很快，却觉得很慢，极易导致交通事故；又如过马路，看到一辆车开过来，觉得自己能够在车开来之前通过，实际上走路速度变慢了，易出现车祸；产生幻觉、说话含糊不清的症状；损害泌尿系统，使膀胱壁增厚，膀胱容量减少，引起尿频、尿痛，甚至引发肾积水，需插导尿管排尿液；损害鼻腔组织（红鼻子），吸食后，鼻口周围通红，易流鼻血，伤害鼻软骨；引起短暂失忆，因此K粉又叫"迷奸粉"。

（四）大麻

大麻，俗称"火麻"，原产于印度，后引种至各国。可制作毒品的大麻主要是指矮小、多分枝的印度大麻。大麻是一年生草本植物，通常被制成大麻烟吸食，或用作麻醉剂注射，有毒性。大麻草可单独吸食，将其卷成香烟，被称为"爆竹"；或将它捣碎，混入烟叶中，做成烟卷卖给吸毒者，这就是大麻烟。这种毒品在当今世界吸食最多、范围最广，因其价格便宜，在西方国家被称为"穷人的毒品"。

初吸或注射大麻有兴奋感，但很快转变为恐惧，长期使用会出现人格障碍、双重人格、人格解体，产生记忆力衰退，以及迟钝、抑郁、头痛、心悸、瞳孔缩小和痴呆，偶有无故的攻击性行为，导致违法犯罪的发生。

（五）止咳水

能够使人成瘾的止咳水是指含有可待因（"珮夫人""联邦"）、麻黄碱成分的止咳水，服用后会出现昏昏欲睡、便秘、恶心、情绪不稳定、睡眠失调等症状，大量服用能抑制呼吸。长期服用可形成心理依赖，停止服用后，会出现类似停止吸食海洛因后的症状，因为可待因属于吗啡型药物，所以吸食者易转吸海洛因。主要危害：食欲下降，消化功能减退，身体消瘦，因此，许多人为了减肥而服用止咳水；损害口腔黏膜和牙齿，容易出现口腔溃疡、烂牙；严重影响身体健康，引发癫痫、白血病、中毒性精神病、中毒骨质疏松症等疾病；导致抽筋、精神失常、中毒性精神病；影响人的心理行为，形成异常行为及人格改变，出现撒谎、脾气暴躁、自卑、自闭、自虐、自杀等行为。

四、伪装毒品

案例

田静（化名）第一次吞下那片"聪明药"时，没什么特殊感受，当时，她在北方某省的一所市级重点中学上高三，班级排名已经跌出了前十，而在高一、高二时，她一直是班级前五。那片指甲盖大小的白色药片是她的全部希望。药是妈妈给的。田静对这种药并不了解，也不清楚妈妈知道多少，只记得妈妈说："有人吃了成绩就变好了，你试试。"

服药两个多月后的那次月考，田静考进了班级前十，还在班会上分享了进步经验：好好看书，多做题。但真正的秘诀，她没有说。

事实上，田静在用药一个多月后，就开始掉发、失眠，几乎每一个夜晚都在辗转反侧中度过。高三上学期快结束时，妈妈发现了这些异常，让田静停了药。可停药后，她开始头疼、恶心，浑身上下说不出的难受，课又听不进去了，看书、做题也不行。

田静没去医院检查，想要说服妈妈让自己重新吃药，但被拒绝了。为了吃药，原本说话轻声细语、从不跟父母吵架的田静，开始和妈妈大声争吵："当初是你给的我这个药，现在为什么不让我吃？！"

上述为真实发生的案例，田静妈妈并不知道她给女儿的"聪明药"的主要成分是哌醋甲酯，常见商品名包括"利他林""专注达"等，俗称"聪明药"。在中国，哌醋甲酯已被列入第一类精神药品名单，哌醋甲酯的作用机制与冰毒的主要成分苯丙胺（又名安非他命）类似，在大剂量服用时可能成瘾，但药效较弱。所以，最后田静因滥用成瘾后，接触了药效更猛更强的摇头丸等毒品，深受其害，无法自拔，而高考也成了她一生却无法企及的目标。

随着科学技术和制造工艺的发展，出现了越来越多的伪装毒品。所谓伪装毒品，就是借助我们常见的零食、饮料等包装，改变毒品的外观的毒品。目前，流行的伪装毒品包括：含大麻成分的伪装毒品，如曲奇饼、巧克力；含冰毒、K粉成分的伪装毒品，如神仙水、奶茶；含K粉、摇头丸成分的伪装毒品，如可乐、跳跳糖；其他，如G毒、麻布烟、香料、红冰等。

伪装毒品的最大特点在于隐蔽性强，外观上与我们熟悉的东西相似，极易被引诱，因此，需要时刻保持警惕，此外，要及时收集更新毒品信息，通过各种渠道的宣传让更多的人知道伪装毒品。

第二节 成 瘾 机 制

一、相关概念

成瘾问题一直与人类的社会生活相伴相生，成瘾除了物质成瘾，如毒品成瘾，还包括非物质成瘾，如赌博成瘾。本书所说的成瘾主要指物质成瘾。

（一）成瘾

成瘾（addiction），又称为物质依赖（substance dependence）、药物依赖，是药物（毒品）与机体相互作用所造成的一种精神状态，有时也包括身体状态。它表现出一种强迫性连续定期用该药的行为和其他反应，为的是要去感受它的精神效应，或是为了避免由于断药所引起的不适。成瘾的核心特征是明确知道自己的行为有害，但却无法自控。

传统上，将依赖分为躯体依赖和心理依赖。

躯体依赖（physical dependence）：也称生理依赖，它是由反复用药所造成的一种病理性适应状态，表现为耐受性增加和戒断症状。

心理依赖（psychological dependence）：又称精神依赖，它使吸食者产生一种愉快满足的或欣快的感觉，驱使使用者为追求这种感觉而反复使用药物，表现所谓的渴求状态。

（二）滥用

滥用（abuse），是吸毒的隐晦叫法，是指一种不良的用药方式，由于反复使用药物导致了明显的不良后果，如不能完成重要的工作、学业，损害了躯体、心理健康以及法律上的问题等。这里的滥用强调的是不良后果，滥用者没有明显的耐受性增加或戒断症状，否则就是依赖状态。

（三）耐受性

耐受性（tolerance）是一种状态，指成瘾物质使用者必须增加使用剂量方能获得所需效果，或者使用原来的剂量则达不到使用者所追求的效果。

（四）戒断综合征

戒断综合征（withdrawal syndrome），通常称为戒断症状，指停止使用药物或减少使用剂量所出现的特殊的生理、心理症候群。不同药物所致的戒断症状因其药理特性不同而不同，一般表现为与所使用的成瘾物质的药理作用相反的症状戒断是引起强迫性用药行为活动复吸的原因之一。

（五）复吸

复吸（relapse），是指药物依赖者在脱毒治疗完成并保持了一段时间的操守以后，又因为种种原因再次使用脱毒前所依赖的药物的过程。复吸分为三个阶段，第一阶段为偶吸（lapse），在戒断后偶尔尝试毒品，并没有回到依赖的状态；第二阶段为偶吸与复吸的转化状态；第三阶段为复吸阶段。

（六）渴求

渴求（craving），是一种想体验毒品药效的强烈渴望，会产生使用毒品的冲动，其本质为心理依赖。如渴求不能得到很好的控制，极易导致复吸。渴求的强度呈现出如图 2-2 所示的变化。

图 2-2 渴求强度的变化图

渴求的特点主要体现在：① 在一段时期内，渴求有强有弱，呈波浪形曲线发展，渴求不会一直存在；② 只要不吸，渴求就会越来越弱；③ 面对压力或诱因时，渴求的顶峰可能达到最大值，但将随着压力的减退或诱因的消失而减退；④ 每次产生的渴求始终比上次要弱。

二、成瘾的性质

人类在认识客观世界与主观世界的漫长过程中，总在自觉或不自觉地使用能够影响自己精神活动的物质，比如饮酒、抽烟等，其目的是为了使自己"感觉好一点，痛苦少一点"。所以，物质成瘾可以说是人类的一种本能行为，其目的是为了追求快乐，减少痛苦。毒品成瘾作为成瘾行为的一种，在前期吸毒能够刺激人大脑多巴胺的大量释放，让人感觉到无比的快乐或愉悦。一般说来，一种成瘾物质从开始出现，到最终影响人类健康，人们对其基本上会经历五个阶段：获取快乐的奢侈品——"治疗"疾病的药物——败坏道德的魔鬼——意志力薄弱的表现——慢性复发性疾病。关于成瘾的性质，不同的文化、民族、个体都会存在不同的看法，接下来介绍我国几种主流的关于成瘾性质的看法。

（一）成瘾是一种道德、意志问题

历史上，人们对于成瘾的最初看法是：成瘾是个人主观意愿选择的结果，是道德、意志缺乏的表现，在此种看法下，为了防止成瘾，会采用以惩罚为主的措施，对戒毒康复者充满偏见与歧视。虽然这种观点一直保存到现在，但随着研究的深入，人们对于成瘾的看法有了较大的改变，首先成瘾不仅仅是个人主观意愿选择的结果，与个人遗传有关联，并且家庭和社会也存在一定的责任，所以，仅仅认为成瘾是道德败坏、缺乏意志是不合理的。

（二）成瘾是一种违法行为

从这个层面去理解成瘾的性质，相对比较容易，由于成瘾伤害的不仅仅是个人，对他人和社会也会带来威胁，因此，我国从法律上规定了吸毒是一种违法行为，如果吸毒，会受到行政拘留、社区戒毒、强制隔离戒毒、社区康复、动态管控①的处罚。吸毒的违法性，也是戒毒康复者受到社会排斥的原因之一。

（三）成瘾是一种社会不赞许的亚文化行为

之所以不赞许，很大程度上是因为成瘾是法律所不允许的。由于打击这种违法行为，滋生了制毒、贩毒及政府腐败，导致吸毒的成本不断加大，从而成瘾者违法犯罪的概率不断加大。因此，为了减少违法犯罪、降低毒品的伤害，欧美国家亦开始尝试毒品的合法化，如注射室（可在此处注射阿片类物质）、咖啡屋（可在此购买和使用大麻），毒品合法化目前只是极少数国家小范围尝试，尚没有成为主流思想，需要特别注意的是，合法化也是有严格管理的。

（四）成瘾是一种慢性复发的脑部疾病

从医学生物学的角度看，成瘾的特征包括行为失控（明知有害却仍继续）、戒断症状、耐受性增加等，需要长期治疗，因此，它与慢性疾病，如高血压、糖尿病等类似，成瘾更多的是影响人的大脑，因此成瘾被认为是一种慢性复发脑部疾病。

① 成瘾存在大脑相关回路异常，包括奖赏机制、记忆、行为等都会受到影响。

② 戒毒康复者具有个体易感差异。在禁毒服务中，会有很多服务对象告诉禁毒社工"自己并没有成瘾"，或者说两个服务对象吸食时间差不多，但是一个成瘾，一个却未成瘾，这些与个体的易感性有关。所谓易感性差异，指个体使用成瘾性物质存在的差异，如大部分人初次使用毒品时，多感觉难受，但是有极端个体在第一次吸毒时就有欣快感，相比大多数人，这些极端个体更容易发展成为成瘾者。研究表明，易感人群占据吸毒者的5%～10%。

③ 成瘾的核心特征是失控，病程呈渐进性发展。戒毒康复者并非没有意识到成瘾行

---

① 动态管控，指被抓过的吸毒者，在使用身份证乘坐交通工具、入住酒店、上网等时，会引起报警，民警会对其进行尿检，确认其是否有再吸毒。

为给自己带来的不良影响，只是选择了对问题视而不见，采取逃避问题的态度。另外，成瘾所带来的问题及症状是逐渐呈现出来的，以酒精为例，我们把饮酒分为不同阶段：初期饮酒——社交性饮酒——大量无节制饮酒——躯体、心理依赖等，在不同阶段，饮酒者对饮酒的控制会越来越差，饮酒所带来的危害也越来越多，严重性也在变大。

④ 成瘾与其他精神障碍患病率高。和一般人群相比，成瘾人群中人格障碍的发病率会较高，尤其以反社会型、边缘型、回避型、偏执型等人格障碍较多。

三、成瘾的原因

了解毒品成瘾的原因，是正确认识毒品问题，采取有效干预手段的基础。对于成瘾的原因，国内外专家、学者的角度会略有不同。本书将从生理、心理及社会三方面加以论述。

（一）生理原因

1. 奖赏环路

个体追求生理和心理上的快感，回避生理和心理上的痛苦，以及食欲、性欲、好奇、对未知领域的探索和对美好事物的向往等，都是快乐的源泉和追求的目标。而饥饿、疼痛、孤独、失去自由失去关爱等，都是痛苦的根源和回避的对象。正是由于这种趋利避害能力的存在，使得人类个体得以生存、群体得以延续、社会得以发展。然而，也正是由于这种趋利避害能力的存在，造成毒品的滥用。毒品能给吸毒者带来无法用语言表述的欣快感，并通过学习记忆系统形成牢固的记忆；而一旦停药，又会给他们带来不同程度的躯体和精神上的痛苦。吸毒者为了体验欣快、回避痛苦而不断强迫性用药和强迫性觅药，这是毒品成瘾的重要生物学基础。从神经生物学角度来看，使机体具备这一功能的神经生物学基础是"奖赏环路"的存在。

之所以能够成瘾，是因为毒品"盗用"了有机体固有的奖赏机制，使中脑边缘系统多巴胺水平升高，进而使有机体把毒品刺激误认为是有利于个体生存和种族延续的刺激。

2. 遗传学基础

成瘾存在个体易感差异，这种差异是由遗传造成的。在遗传学研究中，遗传因素所起的作用用遗传度表示，遗传度指在相同的遗传背景下，两个个体均发生成瘾的可能性，遗传度越接近于1，表示遗传作用越大，越接近于0，表示环境的影响越大。研究发现，不同的毒品，遗传发挥的作用是不一样的，致幻剂的遗传度约为39%，而可卡因的遗传度约为72%。

除此之外，我们还需要了解遗传学危险因素，遗传学危险因素指暴露在同样的敏感环境中，携带有某种或某些基因个体会表现出较高的易感性，更容易成为成瘾者，这些基因被称为危险基因。首先，遗传基因直接影响个体对成瘾物质的反应，如耐受性、快感体验在个体间的差异，都由于遗传导致的；其次，遗传基因通过影响个体的一些性格特征，如冲动、冒险及好奇等，导致成瘾的形成。

关于成瘾的生理原因，涉及多个专业学科，包括医学、神经学、遗传学等，较为复杂，禁毒社工干预的重点在于心理和社会，而生理的干预并非重点，了解相关生理原因有助于禁毒社工理解"为什么毒品如此难戒",从而在提供服务的过程中,能够做到同理服务对象。关于其他的生理原因,本书不再介绍。

(二) 心理原因

本书所探讨的心理因素在毒品成瘾中作用包括开始滥用毒品时的心理因素、成瘾后的心理因素、戒毒后复吸的心理因素。

1. 开始滥用毒品时的心理因素

许多人初次接触毒品后,是否会继续尝试毒品并开始滥用毒品,多数与以下心理因素有关:

(1) 同伴影响

在对深圳彩虹社工机构戒毒康复者吸毒原因调查中发现,超过95%的服务对象第一次接触毒品都是"和朋友一起",可见,绝大多数的人初次使用毒品,是受不良同伴的影响,尤其是青少年。在同伴群体中,初次使用毒品所保持的心理,有的是为了获得同伴的认可,融入"朋友圈";有的是为了不让同伴觉得自己无知与胆小;也有的是害怕拒绝别人;或者是从众心理,认为大家都在吸,自己试试也无妨。

(2) 缺乏心理技能

心理技能指适应社会、人际交往、应对生活应激所要必备的技能,如社交技能、与人交流沟通的技能、拒绝技能、解决问题的技能等,而尝试吸毒的人是缺乏这些技能的,所以他们通过吸毒来适应社会,缩短与其他人之间的距离,以及逃避困难和现实。

(3) 好奇心理

追求刺激与新鲜事物是人类的本能。研究发现,大多数人是因为看到其他人吸毒或者听他人说吸毒的体验而觉得好奇,而开始尝试吸毒,甚至在知道毒品的危害的情况下,仍控制不住自己的好奇心。

(4) 错误认知

与以往大不相同的是,随着毒品预防教育的普及,越来越多的人改变了认知,不再觉得吸毒是时尚、身份或者地位的象征,但也还存在一些错误的认知,如"只有鸦片、海洛因成瘾,合成毒品是会不成瘾的"、"合成毒品对身体伤害小"、"使用一次是不会成瘾的,试试没有关系,不用第二次就行了"、"毒品可以治病"、"毒品可以减肥"等错误认知。

(5) 毒品的心理强化作用

由于毒品可刺激中枢神经系统释放大量多巴胺,吸毒者会出现欣快感、力量感、温暖舒适等愉快的体验,这是导致"吸毒有一就有二"的主要原因,此外,为了缓解疲劳、提高工作效率、缓解负性情绪等,也是吸毒的主要心理原因。

(6) 情绪因素

应激性生活事件,指在生活中需要做适应性改变的任何环境变故,如上学、恋爱、失恋、人际关系紧张、结婚生子、退休等。当遇到不良外在应激事件时,如果不能很好应对,就会产生人生无望、痛苦烦恼、焦虑不安等情绪,为了缓解这些情绪,听信他人选择吸毒。除了外在应激事件外,内在因素同样会导致焦虑、烦恼等情绪,如空虚、寂寞、无聊等，当处于这些情绪状态时，也可能会通过吸毒来排解。

2. 成瘾后的心理因素

（1）情绪因素

吸毒成瘾后对情绪的影响包括情绪稳定性差、焦虑和抑郁，其中，情绪稳定性差表现为脾气暴躁、易冲动，凡事如不能得到即刻满足，便会情绪爆发；处于戒与不戒的矛盾中，为自己的行为感觉后悔、内疚；当毒瘾得不到满足时，则会翻脸无情，为毒品而不顾个人尊严；焦虑表现为担心害怕、心神不定、坐立不安，情绪极易受环境和他人影响；抑郁表现为情绪低落、睡眠出现问题、兴趣下降、动力不足、缺乏自信心等，严重者出现消极、厌世情绪甚至产生自杀行为。

（2）人格改变

主要表现为敏感、自卑、缺乏耐心、生活被动、孤僻等。

3. 戒毒后复吸的心理因素

（1）戒毒动机

吸毒者在戒毒初期戒毒动机都会非常强，随着时间推移，如果不进行动机强化的话，动机会因短期戒毒成功而渐渐弱化，吸毒者会慢慢淡忘吸毒的严重后果，加之戒毒过程中家庭问题、心理渴求、外在应激事件影响等，复吸概率很大。因此，需要长期保持与加强戒毒动机。

（2）心理渴求

这是一种想体验毒品药效的强烈渴望，会让人产生使用毒品的冲动，其本质为心理依赖。如渴求不能得到很好的控制，极易导致复吸。

（3）不良同伴影响

许多人在戒毒后没有断绝与毒友的往来，认为自己能够抵挡住诱惑。或者主动与毒友联系，测试自己能不能抵挡住诱惑。事实上，很多人都有这样的教训：戒毒后回到原来的圈子中，一次两次抵挡成功了，但最终还是禁不住"再来一口"，从而导致复吸。

（三）社会因素

诺曼·辛伯格（Norman E. Zinberg）在1980年提出"药物—个人—处境"理论，指出生理依赖并不是人们沉溺毒品的必然原因，吸毒者所处的环境因素影响甚至比毒品本身更大，这些环境因素包括家庭，自身面临的贫穷、失业，以及污名化、社会地位低下等，本书将这些环境因素统一称为社会因素。下面将从家庭、就业、社会文化三个方面阐述社会因素对成瘾行为的影响。

1. 家庭因素

与吸毒行为有关的家庭因素包括家庭关系和家庭结构。家庭关系主要体现为家庭关系不稳定、家庭成员之间关系疏远、家庭成员相互缺乏支持；家庭结构则体现为结构缺失，如单亲家庭、再婚家庭、留守家庭等。这些不健康的家庭因素，会导致受到威胁的家庭成员，尤其是家庭中的青少年采取异常行为（如吸毒）。社工在与服务对象接触的过程中常发现，几乎每个服务对象背后都有一个有问题的家庭，如彩虹社工干预的戒毒案件中，有的父母在服务对象很小的时候就去香港发展，服务对象从小跟随祖父母长大；有的父母忙于生计，有的父亲/母亲"一人独大"或者父亲/母亲特别严厉。此外，在戒毒的过程中，家庭也是一个重要的支持因素，个案成功戒毒源自有一个对他/她不放弃的家庭；相反，不良的家庭关系，以及家庭对吸毒者存在负面看法等，则会成为压力而导致戒毒失败。

2. 就业因素

2017年6—10月，深圳彩虹社工对深圳某区拘留所因吸毒被抓的100名学员进行了调查发现：在学历上，81%的吸毒者为高中及以下的学历，58%为初中及以下学历；在就业上，无业人员占21%，无固定工作人员占11%，从事技术行业（司机、厨师、建筑工人等）占25%。因此，可以看出，吸毒者普遍学历较低，就业困难，闲暇时间多且经济压力大，他们极易选择吸毒来打发时间与逃避现实，而且即使能就业，但选择非常有限，多集中在技术类的职业，这些职业工作时间长、压力大，长期处于此类环境中，一旦身边有人吸毒，他们就会去尝试吸毒。

3. 社会文化因素

社会对吸毒者存在"污名化"，受到传媒体传播的影响，社会大众认为吸毒者"十恶不赦""冷酷无情"，这些偏见导致戒毒康复者在回归社会中遇到诸多排斥。此外，群体亚文化也是导致我国吸毒问题不断蔓延的一个重要原因，对青少年而言，同伴的赞同、支持和示范作用比父母的作用更大。

四、成瘾判定

成瘾是一个过程，绝大多数人并非吸一次即可成瘾，那禁毒社工应该如何判断服务对象是否吸毒成瘾呢？下面介绍三种成瘾判定方法。

（一）法律规定

2011年4月1日，我国颁布《吸毒成瘾认定办法》（公安部令第115号），其中第七条规定，吸毒者同时具备以下情形的，公安机关认定其吸毒成瘾：

① 经人体生物样本检测证明其体内含有毒品成分；
② 有证据证明其有使用毒品行为；
③ 有戒断症状或者有证据证明吸毒史，包括曾经因使用毒品被公安机关查处或者曾经进行自愿戒毒等情形。

戒断症状的具体情形，参照《阿片类药物依赖诊断治疗指导原则》和《苯丙胺类药物依赖诊断治疗指导原则》确定。

《吸毒成瘾认定办法》第八条规定，吸毒成瘾人员具有下列情形之一的，公安机关认定其吸毒成瘾严重：

① 曾经被责令社区戒毒、强制隔离戒毒（含《禁毒法》实施以前被强制戒毒或者劳教戒毒）、社区康复或者参加过戒毒药物维持治疗，再次吸食、注射毒品的；
② 有证据证明其采取注射方式使用毒品或者多次使用两类以上毒品的；
③ 有证据证明其使用毒品后伴有聚众淫乱、自伤自残或者暴力侵犯他人人身、财产

安全等行为的。

(二) 美国精神障碍诊断与统计手册（第五版）（DSM-5）

根据美国精神障碍诊断与统计手册（第五版），即DSM-5规定，要诊断为是否物质依赖，以下七项诊断标准中至少要符合三项：① 耐受症状；② 戒断症状；③ 一种物质的使用要比原先计划更大量的时间和持续更长的时间；④ 有减少或控制持续用药的愿望或不成功的企图；⑤ 为得到该物质，耗费相当多时间的努力；⑥ 由于用药，减少了重要的社会、职业和娱乐活动；⑦ 尽管伴随着健康、社会或经济上的问题，仍持续用药。

(三) 成瘾特征

除了上述两种判断依据，禁毒社工在服务中也可以尝试结合成瘾的特征来判断是否成瘾，成瘾特征包括：① 明知有害欲罢不能；② 强烈渴求感；③ 药物使用带有强迫性，不择手段；④ 控制不了使用的频率与剂量；⑤ 复发不可避免，反复戒断，屡屡失败；⑥ 惩罚对其收效甚微。

社工札记

揭开戒断症状之谜

内啡肽，也称脑内啡，即大脑内自己产生的具有类似吗啡作用肽类物质，它除了镇痛之外，还具有很多其他生理功能，例如调节体温，促进睡眠等。

当机体有伤痛刺激时，内源性阿片肽被释放出来以对抗疼痛。在内啡肽的激发下，人的身心处于轻松愉悦的状态中，免疫系统实力得以强化，并能顺利入梦，消除失眠症。因此，内啡肽也被称为"快感荷尔蒙"或者"年轻荷尔蒙"，意味着这种荷尔蒙可以帮助人保持年轻快乐的状态。许多人喜欢跑步或者吃辣椒，其实也是因为跑步或者吃辣椒能够促使人体分泌内啡肽，引起愉悦感或快感。

跑步愉悦感

跑步者的愉悦感（runner's high）是指当运动量超过某一阶段时，体内便会分泌脑内啡。长时间、连续性的、中量至重量级的运动、深呼吸是分泌脑内啡的条件。长时间运动把肌肉内的糖原用尽，只剩下氧气，脑内啡便会分泌。这样的运动包括跑步、游泳、越野滑雪、长距离划船、骑单车、举重、有氧运动舞或球类运动（例如篮球，足球或美式足球）。

吃辣的快感

辣味会在舌头上制造痛苦的感觉，为了平衡这种痛苦，人体会分泌内啡肽，消除舌上痛苦的同时，在人体内制造了类似于快乐的感觉，而我们把这种感觉误认为来自辣味本身，所以，很多人喜欢辣味食物。

人在没有吸食海洛因之前，是由内啡肽来维持生理平衡的。吸食海洛因之后，则由外啡肽（阿片生物碱）代替内啡肽维持生理平衡，也就是说，人一旦吸毒，就会产生另一套生理机制。

一旦停止吸毒，外啡肽就会慢慢消失，也就是说，脱毒后人处于一种生理失去平衡的状态：既没有外啡肽，也没有内啡肽，因此会出现一系列戒断症状。所谓戒断症状，是指停止使用药物或减少使用剂量后所出现的特殊的生理、心理症候群，阿片类戒断综合征较为明显，戒断症状见下表。

表 2-3 戒 断 症 状

脱毒时间	戒断症状
8~12 小时	呵欠，眼泪鼻涕齐流，出汗
12~15 小时	嗜睡却睡不安稳，频频醒来，情绪恶劣，烦躁不安，紧张焦虑，情绪不稳定，瞳孔散大，打喷嚏，起鸡皮疙瘩，寒颤，厌食，恶心呕吐，腹绞痛，腹泻，全身骨和肌肉酸痛，有时肌肉抽动，怕冷，不眠，心搏加快，血压上升，情绪或更易激惹，出现攻击行为，或转为抑郁
36~72 小时	达到高峰

通常情况下，戒断症状主要包括：

各种疼痛。因为刚脱毒后的身体自身没有产生镇痛系统，而戒毒康复者身体有可能有各种疾病，导致戒毒康复者异常痛苦。然而，这恰恰又说明脱毒完成了，因为身体里有阿片的情况下是不会因为生病而产生疼痛的。一旦出现疼痛症状，就要对症治疗。例如戒毒康复者在脱毒后可能会因为缺钙造成全身骨头酸痛，这时应该及时补充葡萄糖酸钙、能量、消炎，可以使病人不会全身乏力。

睡眠问题。对戒毒康复者而言，生理成瘾虽然很折磨人，但更折磨人的却是睡眠问题。睡眠如果出现问题，会持续15天以上，1个月以上的也很多，在这个过程中，基本上每天最多只有1~3小时的睡眠，精神压力特别的大，感觉人随时都要崩溃，这个时候可能会选择一些安眠药或精神药物如安定、阿普唑仑，或脱毒舒、氯丙嗪、氯氮平等苯二氮卓类的药物，来让自己强行进入睡眠状态。表面上也许确实睡了，但药物对大脑的伤害非常的大，而且是一种治标不治本的办法，在吃药的过程中，维持生理平衡的内啡肽不能正常产生，所以一停药，依然还是睡不着。

心悸。是指不由自主地心慌，心跳加速。心悸一般只会维持十天半月，每个人轻重程度不同。到晚上的时候比较痛苦，可能因曾经乱用药戒毒的情况下导致内啡肽迟迟不能产生，导致不能入睡。

内啡肽在半个月甚至一个月以后才会缓缓产生，戒断症状会有所缓解，身体才会逐步恢复正常。

（刘传龙）

拓展阅读

我国禁毒相关法律法规清单

序号	名称	年份	内容简介，禁毒相关条款
1	《刑法》	2015年	347~357条：走私、贩卖、运输、制造毒品罪；非法持有毒品罪；包庇毒品犯罪分子罪；窝藏、转移、隐瞒毒品、毒赃罪；非法生产、买卖、运输制毒物品、走私制毒物品罪；非法种植毒品原植物罪；非法买卖、运输、携带、持有毒品原植物种子、幼苗罪；引诱、教唆、欺骗他人吸毒罪；强迫他人吸毒罪；容留他人吸毒罪；非法提供麻醉药品、精神药品罪；毒品犯罪的再犯；毒品的范围及毒品数量的计算原则
2	《禁毒法》	2008年	禁毒宣传教育；毒品管制；戒毒措施；禁毒国际合作；法律责任
3	《道路交通安全法》	2015年	第22条
4	《戒毒条例》	2011年	自愿戒毒；社区戒毒；强制隔离戒毒；社区康复；法律责任
5	《治安管理处罚条例》	2013年	第10、11、71、72、73条；处罚程序；执行
6	《麻醉药品和精神药品列管条例》	2005年	种植、实验研究和生产；经营；使用；储存；运输；审批程序和监督管理；法律责任
7	《吸毒成瘾认定办法》	2011年	成瘾认定机关、成瘾条件；成瘾严重判定，承担吸毒成瘾认定工作的人民警察应当具备的条件等
8	《非药用类麻醉药品和精神药品列管办法》	2015年	麻醉药品和精神药品按照药用类和非药用类分类列管。除麻醉药品和精神药品管理品种目录已有列管品种外，新增非药用类麻醉药品和精神药品管制品种由本办法附表列示。非药用类麻醉药品和精神药品管制品种目录的调整由国务院公安部门会同国务院食品药品监督管理部门和国务院卫生计生行政部门负责。
9	《戒毒药物维持治疗工作管理办法》	2014年	组织管理；机构人员；药品管理；维持治疗；监督管理；保障措施
10	《吸毒检测程序规定》	2010年	吸毒检测对象、检测类型及负责机关/机构；检测报告；费用支付等
11	《机动车驾驶证申领和使用规定》	2016年	第13、77条关于吸毒者驾照相关规定
12	《司法行政机关强制隔离戒毒工作规定》	2013年	场所设置；接收；管理；治疗康复；教育；生活卫生；解除等

续表

序号	名称	年份	内容简介，禁毒相关条款
13	《关于规范毒品名称表述若干问题的意见》	2014年	规范毒品名称表述的基本原则；几类毒品的名称表述
14	《滥用阿片类物质成瘾者社区药物维持治疗工作方案》	2006年	定义；目标；原则与策略；组织管理；实施（申请条件）
15	《阿片类药物依赖诊断治疗指导原则》	1993年	阿片类药物临床表现、成瘾诊断、治疗、附件（阿片类药物相关概念）
16	《苯丙胺类药物依赖诊断治疗指导原则》	2002年	苯丙胺类药物临床表现、成瘾诊断、治疗

第二篇　毒品预防篇

第三章 禁毒教育服务

第一节 对象及需求

一、禁毒教育的定义和必要性

（一）禁毒教育的定义

禁毒教育，即禁毒预防宣传教育，是指通过多种科学、有效的途径让人们正确认识和了解毒品的知识和造成毒品问题的基本因素，向人们揭示毒品对个人、家庭、社会和民族的巨大危害，以唤起民众禁毒的意识，提高全民尤其是青少年认知毒品、拒绝毒品的能力和自觉性，发动民众自觉地加入到禁毒的人民战争中来，防患于未然，从而构筑全社会防范毒品侵袭的有效体系的过程。

（二）禁毒教育的必要性

中国自古就有"上医治未病"的观点。预防，就是以"治未病"为直接目的。现在，人们越来越理性地认识到，医疗卫生服务不仅仅是用药品和设备与疾病作斗争，如果能够唤起人们自我保健意识并提高自我保健能力，人民健康水平则可以大为提高。预防重于治疗，这一观点对禁毒工作同样适用。

长期以来，国际社会及许多国家的政府对毒品问题采取了一系列管制措施，但未能真正扭转局面。针对日趋严重的吸毒、贩毒问题，打击毒品犯罪和强制戒毒固然重要，而宣传吸毒的危害，普及毒品的基本知识，唤起人们抵制吸毒的意识，从根本上预防毒品问题的发生，同样具有十分重要的意义。毒品预防教育是禁毒工作的治本之策，是事半功倍之举。

受国际毒潮的影响，我国毒品问题故态复萌，并迅速蔓延，局势十分严峻。在与毒品斗争的实践中，大家逐渐认识到单纯靠强制手段解决毒品问题是远远不够的。宣传药物滥用的危害，普及药物滥用的基本知识，唤醒人们自觉抵制药物滥用的意识，对从根本上预防药物滥用具有十分重要的意义。尤其当前吸毒者中，青少年所占的比例很大，开始吸毒的年龄越来越小。青少年对毒品的概念大多来自西方电影或文学作品、新闻报道的描述，这可能让他们觉得新鲜、刺激、时髦，但毒品究竟是什么，一旦吸食成瘾会产生什么样的后果，他们并不清楚。因此，开展预防教育已成为当务之急。

二、禁毒教育的主体和对象

(一) 禁毒教育的主体

禁毒教育主体包括各级禁毒领导机构、公安、宣传、广播电影电视、教育、卫生、民政、司法等部门；新闻媒体、学校及其他各级各类企事业单位；乡镇基层政府、村民委员会、街道办事处、居民委员会等基层组织；社会组织、社会团体的社工、禁毒志愿者及广大人民群众，等等。

(二) 禁毒教育的对象

本书将禁毒教育的对象分为一般对象和特殊对象。

一般对象是指有接受教育能力的公民，不论男女老幼、干部群众、有业无业、有无犯罪前科、吸毒者或非吸毒者等，都是毒品预防教育的对象。换言之，全体社会成员应该无条件地接受毒品预防教育，了解禁毒基本知识，树立禁毒意识，积极响应并自觉参与各种禁毒活动。

特殊对象指易染毒群体（或称为"高危人群"或"脆弱人群"），包括青少年及在校学生，无业人员和流动人口，毒品问题严重地区的居民，涉毒人员及其家庭成员，个体户、娱乐场所业主和从业人员，有机会与毒品接触的有关公职人员。根据统计的数据上看，从年龄上，以青少年为主；从职业上看，以无业人员、个体工商户及农民为主；从居住方式上看，以流动人口为主。[①] 易感人群在一定条件下可能演变成新的吸毒者，属于吸毒队伍的"后备军"，因而对易染毒群体开展毒品预防教育十分重要，应加大对该群体的教育力度。

第二节 理念及理论

一、禁毒理念

禁毒，不外乎预防和打击两种途径，但根本出路在于源头预防。禁毒工作重在预防，坚持关口前移、预防为先，深入开展毒品预防宣传教育，在全社会形成自觉抵制毒品的浓厚氛围，采取各种学习和倡导形式开展全民禁毒宣传教育，普及毒品预防知识，增强公民的禁毒意识，提高公民自觉抵制毒品的能力。

根据《中华人民共和国禁毒法》第11条第1款规定："国家采取各种形式开展全民禁毒宣传教育，普及毒品预防知识，增强公民的禁毒意识，提高公民自觉抵制毒品的能力。" 2015年8月18日召开的全国青少年毒品预防教育工作视频会议，国家全面启动青少年毒品预防教育"6·27"工程，以10岁至25岁的青少年为重点、以学校为主要阵

---

① 刘英，陈昌文. 吸毒人员的群体化特征分析 [J]. 商业文化（学术版），2007，10：142-143.

地，构建完善的青少年毒品预防教育工作体系，使青少年禁毒意识明显增强，新滋生吸毒人数明显下降。

禁毒社会工作中的"禁毒教育服务"正是回应以上需求而产生，并发挥重要作用。强调毒品预防的主要原因：一是根据我国 2019 年毒品形势报告数据可以看出，吸毒具有群体聚众的表现特点。他们会聚集在宾馆、出租屋、私人会所或私家车等隐蔽处所吸毒，或利用网络社交软件建立"毒友群"，采用虚拟身份、暗语交流，进群先直播吸毒等，很多吸毒者之间存在着连带关系，有些是亲朋好友，有些是较为亲密的情侣。当吸毒者成为群体中的一员后，他就很难摆脱来自群体的压力，要想得到其他成员的接纳和认可，唯一的方法就是按照该群体所推崇和遵循的方式继续吸食毒品，"吸毒亚文化"给吸毒新手提供了榜样和示范。二是在调查中，我们发现并不是所有的吸毒者第一次吸食毒品后都能有那种"飘飘欲仙"的感觉，相反，很多吸毒者反映在第一次吸食毒品后的感觉是恶心、头晕、思睡，甚至有强烈的呕吐症状，这时群体当中其他成员就会安慰道："开始都这样，多几次就好了。"吸毒者在其他成员的解释、定义中才学会如何去体验、去感受，吸毒者才会继续吸食进而成瘾。[①]

二、社会学习理论

该理论是由美国心理学家阿尔伯特·班杜拉（Albert Bandura）于 1952 年提出的，班杜拉认为，人的行为，特别是人的复杂行为，主要是后天习得的；人类行为的形成是一个学习模仿、逐渐定型的过程，某个新行为的产生总是以接触了强有力的模式而做出初次尝试为基础的；群体能产生一种兴奋感，那是一种被比自己更强大的力量吸引住的感觉。在社工干预的戒毒案例中，好多吸毒者都是跟随身边的亲人、朋友、同事等沾染上毒品的。社会学习理论重视榜样的作用，人的行为可以通过观察学习过程获得，但是获得什么样的行为以及行为的表现如何，则有赖于榜样的作用。榜样是否具有魅力、是否拥有奖赏，以及榜样行为的复杂程度、榜样行为的结果和榜样与观察者的人际关系，都将影响观察者的行为表现。所以，在毒品预防教育过程中，既要通过禁毒教育服务，帮助服务对象掌握知毒、识毒、拒毒的知识，同时也要重视榜样的力量，注重对榜样的挖掘和培养，从个人及社会层面建立系统的禁毒防护网。

第三节 干预策略

随着社会的发展，禁毒教育从传统的恐吓式、负面性的宣传策略朝系统性、体验式的干预策略转变，建构起"知毒—识毒—拒毒—抗毒"的干预体系，禁毒教育的主要内容包括禁毒历史、禁毒形势、禁毒法律、毒品知识、毒品危害、生活技能、拒毒技巧、制毒和贩毒识别等方面知识的教育。注重改变受教育者对于毒品的态度、情感和认知，进而转变生活方式，提高生活技能，实现个人生活与社会生活的统一。根据禁毒教育的内容不

---

① 刘英，陈昌文. 吸毒人员的群体化特征分析［J］. 商业文化（学术版），2007，10：142-143.

同，可分为知识型、技能型、态度型以及专业型干预策略。

一、知识型

知识型禁毒知识干预策略侧重于认识毒品（简称"知毒"），如教授禁毒历史、禁毒形势、毒品知识、毒品危害、禁毒法律法规以及吸毒的行为表现等理论知识，提高社会大众的知毒能力。

二、技能型

技能型禁毒知识干预策略侧重于识别毒品（简称"识毒"）、拒绝毒品（简称"拒毒"）和戒断毒品（简称"戒毒"），如教授社会大众如何识别和拒绝被人恶意添加了毒品的饮料、如何拒绝别人递送毒品、如何成功戒毒等技巧。

三、态度型

态度型禁毒知识干预策略侧重于抗拒毒品（简称"抗毒"），如通过体验活动、交流与探讨、讲授亲身经历来增强被教育对象拒绝毒品的意识，做到不沾毒，举报吸毒、制毒和贩毒等违法犯罪行为。

四、专业型

专业型禁毒知识干预策略侧重于增强与禁毒工作相关职业群体的知毒、识毒、抗毒的能力，面向缉毒警察、社区民警、社区工作者、快递物流工作人员、娱乐行业工作人员，提升他们掌握基础毒品知识，以及识毒、制毒、贩毒等相关知识，如吸毒常见工具、吸毒场所、吸毒形式，常见制毒工具、流程、场所以及隐蔽形式，毒品贩卖和流通的渠道、形式以及常见包装样式等，以便提高他们举报和打击毒品违法犯罪行为的能力。

第四节　方法及技巧

一、禁毒教育的方法

禁毒教育的方法包括开展禁毒讲座，参观禁毒教育中心、禁毒图片展，观看禁毒视频，派发禁毒广告、禁毒传单，利用自媒体宣传禁毒知识，媒体报道涉毒新闻，组织禁毒晚会，制作禁毒歌曲、禁毒黑板报，利用禁毒知识竞答、明星代言、禁毒游戏、角色扮演、禁毒鬼屋、反毒大篷车等形式开展。依据禁毒知识获得的方式不同，将禁毒教育分为五类：

（一）讲解式

讲解式是指教育对象通过别人讲解、授课等被动接受禁毒知识，例如禁毒讲座，参观禁毒教育中心或戒毒所、禁毒图片展等形式。

(二) 学习式

学习式是指教育对象主动学习禁毒知识，例如办禁毒黑板报，开展禁毒知识竞答、DIY 禁毒 T 恤设计大赛、禁毒辩论会等。

(三) 传播式

传播式是指教育对象通过媒介广泛传播，潜移默化地学习禁毒知识，可观看禁毒视频 (含电影、短视频)、禁毒广告，派发禁毒传单，利用自媒体宣传禁毒知识，媒体报道涉毒新闻，以及通过禁毒晚会、禁毒歌曲、明星代言等教育形式开展教育。例如歌手周杰伦、陈慧琳被聘任为"中国禁毒宣传形象大使"，代言禁毒公益广告；彩虹社工在2017年10月发起的"十城接力·益骑禁毒"项目，在深圳、重庆、海口、广州、莆田等十个城市举行，组织主体从社工机构拓展到各类社会组织、政府部门联动，戒毒康复者、大学生以及普通市民参与，参与人数达6000多人，公众媒体加以报道，营造了全民参与禁毒的良好氛围。

(四) 体验式

体验式是指教育对象自己体验的形式学习禁毒知识，可采用现场观察、角色扮演、禁毒游戏、禁毒鬼屋、吸毒 VR 体验等教育形式。例如"禁毒鬼屋"是禁毒公益宣传教育活动的创新，该项目搭建一个暗房，通过光影、黑暗、激光以及真人扮演等方式，营造一种晕眩、鬼魅的幻觉，近似于吸毒者看到的世界，包括易染毒高危场所、吸毒后眩晕效果、吸毒者出现幻觉自残伤人模拟、脑部损伤后精神症状以及并发症发作死亡等情景，消除社会大众对毒品的好奇感，达到警惕世人的效果。

(五) 综合式

综合式即由以上方式中的多种方式相结合，例如深圳彩虹社工研发的"反毒大篷车"——移动青少年禁毒教育基地，该项目采取仿真毒品观摩、毒品知识讲解、涉毒感受体验、拒毒漫画场景模拟、禁毒知识大考验等教育形式，既包含讲解式，也包含学习式、传播式，还有体验式。

二、禁毒教育的方法选择

根据不同的人群、不同的环境以及不同的教育内容，可采取不同的禁毒教育方法。例如，在人群方面，青少年更喜欢体验式的教育方式，成年人比较容易接受讲解式的教育方式；在受众人数方面，传播式受众更广，但成本更高；在专业程度方面，专业型的教育更精专，但服务对象较少；在整体效果方面，体验式教育最好，但设备要求更高、成本更高。根据实践，表3-1总结出禁毒内容的类型、方式选择与教育效果对比。

表 3-1　　　　　　　　禁毒类型、方式选择与教育效果对比表

方法＼内容	知识型	技能型	态度型	专业型
讲解式	3	1	1	4
学习式	5	3	2	2
传播式	4	2	5	1
体验式	1	5	4	5
综合式	2	4	3	3

注：效果由差到好的顺序为：1—2—3—4—5。

在内容方面，禁毒知识的获得最好的方式是学习式，如禁毒黑板报、禁毒知识竞答；态度改变最好的是传播式，如禁毒视频（含电影、短视频）、禁毒广告等；解决问题技能最好的是体验式，例如现场观察、角色扮演、禁毒游戏等。最近几年综合式得到比较好的发展，例如反毒大篷车、禁毒迷宫等教育形式。在实际工作中，要根据人群、环境、设备以及教育内容采取最合适的教育方法，尽可能达到最好的禁毒效果。

三、禁毒教育的五个层面

禁毒教育主要分为个人预防、学校预防、家庭预防、社区预防以及社会预防五个层面。

（一）个人预防

预防吸毒的关键在于个人自己。只有从自己做起，从现在做起，自律自爱，珍惜生命，远离毒品，才能够切实保护自己，不被毒品所害。个人要不断提高自身的综合素质和能力，构筑起抵御毒品侵袭的铜墙铁壁。

① 加强文化、科学知识和法律知识的学习，提高自身科学文化素质和道德水平，树立正确的人生观和价值观，摒弃不良的生活方式。

② 培养健康的心理素质，提高自我控制、自我调节能力和抗拒毒品诱惑的能力。培养自身多方面健康向上的兴趣爱好，参加文明、高雅的文化娱乐活动，丰富精神生活。

③ 养成良好的生活习惯，坚持摒弃吸烟、酗酒等恶习。

（二）学校预防

学校是毒品预防教育的重要场所，是控制青少年中新吸毒者滋生的最有效防线之一。禁毒社会工作者除了进入学校开展禁毒教育活动之外，还应该协助学校建立完整的毒品预防教育体系，培养学生抵抗毒品侵袭的心理素质，提高学生识别毒品、拒绝毒品的能力。一是学校要认真贯彻"预防为主"的原则，育人、育才、育德并重，要在课程教学中把"禁毒教育"作为学生德育教育的重要内容，要把毒品预防主题教育落到实处，常抓不懈，警钟长鸣，使学生时时处处加以防范。二是学校校长是学校禁毒工作的第一责任人，

要将禁毒教育的责任落实到每一位班主任和任课教师,要高度注意对特殊学生的重点教育。三是学校要进一步建立良好的校风、校纪,使学生在优良传统、优良秩序、优美环境、优质教育中健康成长。四是学校必须严格控制社会闲散人员出入,更要严防有吸毒劣迹的人入校,对学生必须执行严格的请假、销假制度。

禁毒社会工作者在学校开展"不让毒品进校园"活动时,可以采取以下方式:

① 利用课余时间开展教育,如采用黑板报、校园广播进行宣传教育,组成学习小组进行讨论、座谈,利用共青团、少先队活动时间进行学习,组织学生参加当地对毒品犯罪分子的公处公判大会,组织参观禁毒展览、自愿戒毒所、社区戒毒所、强制隔离戒毒所和观看禁毒影片等。

② 纳入课堂教育主渠道进行教育,有的学校开设禁毒知识课程,安排课时上课;有的学校则将禁毒知识穿插在德育、历史、语文、健康教育课程中讲授。

③ 结合普法教育,邀请禁毒民警、专家和相关部门人员开展禁毒专题讲座。

④ 让学生进行假设角色体验,让学生学会认识毒品危害,预防吸毒。

⑤ 制作"珍惜生命,远离毒品""吸毒一口,掉入虎口""吸毒害人、害己、害社会""一日吸毒、一生戒毒、终生想毒"等标语,参与毒品预防教育。

针对不同年级的学生开展禁毒教育时,宜有不同的侧重点。

1. 小学生:认识毒品危害,学会自我保护

小学生年龄小,认知能力和独立思维、解决问题的能力较弱。对他们来说,必须在家长和老师的帮助指导下,及早接受毒品的预防教育,全面了解毒品的基本知识,充分认清毒品的危害性,让"拒绝毒品"的意识深深地扎根在他们幼小的心灵中,切实增强毒品预防意识,从内心深处憎恶毒品。还要掌握一些必要的、简单的拒毒方法,提高自我保护的能力。

(1) 养成良好习惯

小学生年龄虽小,但模仿和学习欲望强,一旦缺乏正确引导,养成不良的习惯,将贻误终生。良好的生活习惯可以帮助小学生身心愉快,健康成长;良好的学习习惯可以帮助小学生学有所长、学有所乐,取得优异的成绩。因此,学生一定要做到不学抽烟、不学喝酒、不学赌博。要坚持锻炼身体,按时作息,养成自觉自律的好习惯。

(2) 不在危险地方逗留

由于小学生缺乏生活经验和辨别能力,很容易受到不良分子的诱骗。因此,小学生应当避免在周末和夜晚独自出门,不要去人少、偏僻、复杂的地方,也不要到网吧、酒吧、迪厅等娱乐场所玩耍,这些地方和场所往往蕴藏着危险,躲藏着一些居心不良之人。

(3) 避免与不良行为者接触

"近朱者赤,近墨者黑",如果身边的同学、朋友沾染了不好的习惯,小学生很容易受到影响,甚至模仿和学习。所以,应选择交往的朋友,和志向远大、勤奋好学的人做朋友,才能更有助于小学生健康成长。

(4) 不接受他人的食物、饮料

毒贩为了找到客源,通常会诱骗他人吸食毒品,很多吸毒者第一次沾染毒品都是在不知情的情况下被人在食物或饮料中掺入毒品,而渐渐上瘾的。在日常生活中,小学生要提

高警惕，特别是在外面不要接受他人提供的食物饮料，以防上当。

（5）胜不骄，败不馁

受家长和学校老师的影响，小学生一般都很在乎考试成绩，成绩好就很高兴，一旦没考好，则心里很难接受。但要知道，无论做事成与败，考试成绩好与坏，都应当学会用良好的心态去对待。太过骄傲会迷失自我，而受到挫折时，人的情绪难免低落，如果不及时调整好心态，就可能会犯一些更严重的错误。

（6）多参加有意义的文体活动

小学生要多参加学校或文化宫举办的一些文体活动，一方面陶冶良好的情操，另一方面让自己的精力放在有意义的事情上，充实自己，这样就不会再有无聊的时间和多余的精力给坏人以可乘之机。此外，在课余或假期，还可以和同学们办黑板报、手抄报、画禁毒宣传漫画，利用校园广播进行宣传。不仅自己主动学习禁毒知识，还把学到的知识分享给同学、父母和朋友，这样越传越广，那么我们拒绝毒品的力量就会越来越大，我们才能离毒品越来越远。

（7）受到不良诱惑时设法脱身

当有人以各种借口引诱教唆小学生吸食毒品或者尝试一些其他需要入口、入鼻的东西时，最根本也是最有效的方法是坚决说"不"，果断地拒绝这些要求。但是，在使用这条策略时，一定要注意自身安全，如果所处的环境复杂，坚决说"不"可能会导致更危险的后果，那么就要灵活地采用其他方法先摆脱坏人的纠缠。可以借口有急事，如马上要去考试、父母或老师规定现在马上要回家或返校，否则就要来找我等理由，让坏人不敢再纠缠。一离开所处环境，要马上转移到安全的地方，并及时通知亲人和老师。可以借口身体突然不舒服，如重感冒、头痛、肚子痛等，需要马上找家长看病，让坏人不敢进一步行动。还可以趁坏人不备，将自己的电话设置为几分钟后闹铃响，当铃声响起，假装接听电话，伺机离开不安全的场所。

2. 中学生：学习禁毒法规，构筑拒毒防线

相比小学生，初中生的学习能力、辨别是非能力和自我控制能力相对有了提高，已经懂得许多道理，这时就应该积极学习禁毒的法律法规，进一步认识拒毒防毒的重要性和必要性，构筑起一道牢牢的拒毒思想防线。

（1）学习禁毒法规，强化拒毒意识

初中生的学习能力和理解能力有了进一步提高，有能力了解和学习我国的一些禁毒法律法规，特别要了解我国《刑法》《治安管理处罚法》和《禁毒法》关于涉毒违法犯罪的界定和处罚。通过了解和学习这些法律法规，加深对毒品违法犯罪的憎恶，明确吸毒是违法、贩毒是犯罪，都是要受到法律制裁的行为，从而强化拒毒防毒的决心和意志。

（2）构筑拒毒心理防线

① 正确把握好奇心，抵制不良诱惑。中学生热情、活跃、好奇心强，往往对很多事物缺乏自制力，喜欢尝试。在吸毒的问题上这一点显得更为突出，自制力稍弱的人就可能尝试毒品，逐渐陷入吸毒成瘾的泥潭，不能自拔。面对毒品，一定要态度鲜明，千万不要为了一时的好奇去尝试毒品。

② 树立正确的群体意识。跟朋友在一起时，我们会感到比较安全自在。因此，染上

毒瘾的人也希望找到有共同语言的伙伴，会极力劝说周围的朋友吸毒。所以中学生在交友时要有选择，不要接触那些有不良行为的群体。同学之间、同伴之间、朋友之间应该是团结互助、健康向上的群体关系。

③ 正确对待挫折和困难。现代社会是充满竞争的社会，各个年龄段的人都面临着巨大的学习、生活和工作压力与挑战。中学生在学习生活中遇到挫折和困难是正常的，要提高心理承受能力。可以试着和父母、老师、同伴沟通，或者听听音乐，参加自己喜欢的有益活动，以分散自己的注意力，得到身心的放松。不能自暴自弃，一蹶不振，更不能用毒品来寻求一时的解脱，那无疑是自我毁灭，要相信挫折和困难是暂时的，战胜挫折和困难是人生宝贵的财富。

④ 不盲目赶时髦。当今信息化的时代，世界各地所发生的事件可以通过多种渠道迅速传遍全球。青少年可以从网络上获取各种信息，其中就有吸毒的有关的资料，千万不要错把时髦当潮流，因盲目模仿而加入吸毒者的行列。青少年心目中往往有各种偶像人物，如文体明星或有一定社会地位的人，他们的举止对青少年的影响很大，甚至影视镜头中某个明星叼香烟的姿势也会被众多青少年视为楷模而纷纷模仿，无形中养成不良习惯。因此，作为新世纪的青少年，我们一定要用正确的知识武装自己，在潮流面前分清是非对错，吸取有益于身心健康发展的时代精神，重视培养自身良好的行为习惯。

（3）养成良好的行为习惯

对中学生来讲，拒绝毒品、预防毒品最重要的是在平时学习和生活中养成良好的行为习惯。夜不归宿、酗酒、抽烟等行为都是一些严重的不良行为习惯，一旦有了这些习惯，就容易走到危险边缘。

① 不涉足学生不宜进入的场所。歌厅、舞厅、网吧、电子游戏厅、茶室、酒吧等各种公共娱乐休闲场所情况相当复杂，不利于学生身心健康。这些场所往往在管理上存在漏洞，成为毒品交易活动的地下场所，可能有不良人员经常出没。

② 建立健康的生活模式，养成良好的生活习惯。从小养成的一些好习惯，看上去可能是一些微不足道的日常小事，但是却会深深地影响人的一生。

（4）追求健康幸福的生活

健康是最宝贵的财富。有了健康的体魄，才能吃得香、睡得好、学得快乐、玩得尽兴，因此，要加倍珍惜生命，绝不能让毒品吞噬健康的身体。

① 珍视生命，做健康的人。生命对于每一个人来说，只有一次。生命不仅属于自己，而且属于父母、亲人，属于社会。如何让自己这珍贵的一生过得有意义、如何让自己的生命之花绚烂多姿，这是中学生需要思考的。而一旦沾染上毒品，就会成为毒品的奴隶，失去健康，甚至生命。

② 树立责任感，做有用的人。吸毒不仅危害个人，而且危害家庭和社会，同一切毒品违法犯罪行为做斗争，人人有责。中学生要从自己做起，积极参与学校、社区开展的禁毒活动。拒绝毒品，也就是实实在在地爱国，就是为社会做贡献。

3. 高中生：掌握拒毒技巧，提高拒毒能力

高中生处在即将迈入成年人的关键时期，心智发展已趋于成熟，独立分析和解决问题的能力以及辨别是非的能力明显比小学生和初中生要提升许多，接触社会的机会和愿望也

要相对更多和更迫切。在这个关键时期，高中生需要掌握更多的拒毒防毒技巧。

（1）学会拒绝的技巧

拒绝是一门艺术。拒绝一件事，除了要有清醒的认识和坚定的立场以外，还应该有好的技巧。不论是拒绝毒品，或是拒绝其他不良言行，如果掌握了一些必要的技巧，那么就能较好地应对各种复杂局面。可以根据环境、人物以及自己的性格选择合适的拒绝方法。

直截了当法：坚定直接地拒绝引诱。

金蝉脱壳法：根据不同情况，以合适的借口委婉拒绝。以迅速、安全脱身为原则。

主动出击法：主动改变话题，提出其他建议和要求。比如当对方递给你香烟的时候，你可以马上说："我最近有点咳嗽，不能吸烟，不如我们喝茶吧。"

秘密报案法：寻找机会偷偷告诉你信赖的人，或者秘密拨打110报警，民警会迅速给予帮助。

及时告知师长：当毒贩或"毒友"诱骗、逼迫你时，一定不要被他们威吓住，要在第一时间告诉你的师长。

走为上策：当他人递给你毒品或可疑物品时，不要犹豫，立即离开，让对方没有机会继续劝说你。

拖延法：如果一时找不到推拒的理由，可尽量拖延，先躲过这一次，再想办法对付。

（2）进一步提高拒毒能力

高中生更应该提高抵抗毒品侵袭的心理素质，坚决杜绝不良行为习惯，避免涉足复杂场所，拓展生活技能，增强社会适应能力，不断提高自己的拒毒能力。

① 做到四个"完全明确"。高中生应当能够完全明确什么是毒品，完全明确毒品的危害，完全明确吸毒极易成瘾，完全明确毒品违法犯罪要受到法律严惩。只要这四个"完全明确"能做到，那么就已具备相当强的拒毒能力。

② 远离烟酒赌。随着高中生的生活学习圈子慢慢扩大，接触的人和事也会越来越多，容易沾染上一些不良行为习惯。吸烟、喝酒、赌博都是不利于身体健康的行为，也往往是沾染毒品的第一步。吸烟、喝酒的年龄越早，就越有可能沾染上毒品。因此，一定要坚守好这道防线，必须把不吸烟、不沾酒作为自己的生活准则。

③ 避免涉足复杂场所。高中生千万不要受同伴或朋友的诱惑，进入一些特殊娱乐场所，盲目追求享受和刺激而误入吸毒之路。

④ 谨慎交友。这是有效防止青少年被毒品侵害的行为准则之一。青春期孩子以同伴交往为主，同伴的影响甚至超过父母，因此正确的择友方式尤显重要。拒绝交往引诱自己吸毒的所谓"朋友"，避免听信所谓"朋友"所说的"白粉是新潮""喝下去很high""抽过白粉见过世面"这样的话而以身试毒。遇到这类"朋友"要勇于说"不"，寻求家人或老师的帮助，尽早远离这类"朋友"。

⑤ 拓展生活技能，增强社会适应能力。高中生虽然已经接近成年，但社会适应能力还较弱。面对学习、升学、生活甚至情感等多方面的压力时，容易受到社会不良习气的误导。因此，高中生应该积极拓展自身的生活技能，包括合理认知的能力、人际交往的能力、调节情绪的能力、缓解压力的能力、解决困难的能力等，以更好地适应将来的升学、就业和工作。

（三）家庭预防

家庭成员之间的亲密度是任何社会团体都无法比拟的，只要家庭成员具有整体意识，对家人怀有浓浓的亲情，就能及时发现和洞察其成员的吸毒苗头，并给予坚决制止。家长一定要把反毒、防毒教育作为家庭教育的主要内容，增强子女抵制毒品的意识与能力，提高警惕，防止子女误入吸毒的歧途，使家庭预防成为抵制毒品的一道防线。禁毒社会工作者动员家庭开展预防活动时，应从如下两方面入手：

1. 针对家长的毒品预防教育

① 让家长了解毒品的概念、特点、种类，导致吸毒的原因，吸毒的危害，以及吸毒成瘾的特征。

② 家长要注意培育和谐家庭关系与良好亲子感情。

③ 对个性脆弱、自卑感重及容易冲动、侵略性强的子女，应因材施教、多加关怀。

④ 好奇与无知是青少年吸毒的重要因素。家长应重新了解相关资讯，对子女从小进行毒品预防教育。

⑤ 维护家庭稳定。

⑥ 进行科学的家庭教育。

2. 针对家庭成员的毒品预防教育

① 针对家庭的具体特点，因材施教，确定家庭毒品预防教育方案。

② 应转变观念，克服代沟和文化传承断裂带来的不利影响。

③ 分析家庭成员的具体情况。

④ 培养有益于子女身心健康的兴趣爱好。

⑤ 引导子女慎交友，交好友。

⑥ 告诉子女贩毒分子或吸毒者诱骗青少年吸毒的常用手段。

（四）社区预防

社区治安直接关系到社区成员的安居乐业。禁毒社会工作者要注意发挥社区的优势，发掘社区预防毒品、预防社区成员吸毒的功能，提高社区预防吸毒的能力。社区组织要自觉承担起预防吸毒的责任，大力开展"无毒社区"活动，并与建设文明社区结合起来，使社区成为一片净土。社区预防工作主要包括：建设"无毒社区"；因地制宜，制定禁毒教育方案；开展禁毒宣传工作，减少新吸毒者的形成；强化毒品预防教育，以落实社区帮教，保证和巩固戒毒效果；严格控制社会面，有效防止毒品问题的发生。具体活动形式包括：

① 在社区开展"社区青少年远离毒品"活动；

② 对职工和个体户开展"职工拒绝毒品零计划"活动；

③ 对无业人员和流动人口开展禁毒的普及教育；

④ 对失足者开展临床、康复、心理和行为矫正教育活动；

⑤ 在全社会开展"四禁"的法制教育；

⑥ 以"6·26"国际禁毒日为契机，掀起面向全民、主题鲜明的禁毒宣传教育高潮。

城市白领、社区居民等普通社会群体，除了解毒品知识、毒品危害之外，最重要还是要成功抵御毒品的侵袭，下面列出拒毒防毒的"十不"原则：

① 不听人蛊惑，不受人引诱。对一些鼓吹吸毒的言行，要坚决抵制，谨防上当。

② 不要与吸毒、贩毒者为伍。交友应慎重，尤其是明知有吸毒、贩毒行为的人，切不可交往成友。遇到亲友吸毒时，应劝其戒毒，劝说无效时应尽快离开他们，并向公安机关举报。

③ 不要接近吸毒场所或在吸毒场所多停留一分钟，染上毒瘾的危险性也就增加一分。

④ 不要放任好奇心，心存侥幸，也不要自信逞强。吸毒极易成瘾，如果以身试毒，一试便无力自拔，势必付出惨痛的代价。

⑤ 不要接受与毒品有染的人送的香烟和饮品。毒品常常被掺和在香烟中，含海洛因的香烟三根就可以令你上瘾。另外，在娱乐场所，切不可接受陌生人送的饮料、水及药片，很多毒品是无色无味的。

⑥ 不要因心烦而"借毒消愁"。要勇敢、坦然地面对失学、失业、失恋等人生挫折，绝不能用毒品麻醉自己。

⑦ 不要听信"吸毒能治病"。有了病应当及时去就医，按照科学的方法治疗，切不可自行使用任何毒品来解决问题。

⑧ 不要炫耀、爱慕虚荣，甚至以吸毒为荣。吸毒不仅是一种愚昧的可耻行为，而且是一种应受惩罚的违法行为。

⑨ 不要模仿吸毒者，也不要为了赶时髦而崇拜吸毒者。

⑩ 不要养成吸烟的坏习惯。须知青少年吸烟者最容易被毒贩俘虏。

（五）社会预防

建立健全各种社会预防机制，切实提高全社会预防、控制、打击毒品违法犯罪的能力，是防毒、反毒的主要措施。

① 调动一切可以调动的因素，扎扎实实地组织开展有力的全民禁毒宣传教育，建立社会预防的心理机制。

② 建立对高危人群的重点环境专门预防机制。所谓高危人群，指的是容易染上毒瘾的一些特殊人群。所谓重点环境，是指那些容易滋生吸毒、贩毒现象的地段和场所，如夜总会、歌舞厅等场所。

③ 建立完善对吸毒者的帮教挽救机制。

④ 建立完善高效、严厉打击毒品违法犯罪的特殊打防机制。

⑤ 建立健全禁毒综合治理的统筹协作机制。

建立完善高效、严厉打击毒品违法犯罪的特殊打防机制，首先离不开与吸毒、贩毒、制毒等违法犯罪分子有接触的职业群体，例如缉毒警察、社区民警、社区工作者（如网格员）、快递物流工作人员、娱乐行业工作人员，他们除了需要掌握一般的禁毒知识外，还要掌握识别吸毒、制毒、贩毒等知识，以便提高举报和打击毒品违法犯罪行为的能力。禁毒社会工作者应对他们开展相应的知识培训，包括：

① 禁毒的法律法规；

② 吸毒工具、场所及形式，吸毒者的行为表现特征等；
③ 常见的制毒工具、流程、场所以及隐蔽形式；
④ 毒品流通和贩卖的渠道、形式以及常见包装样式等。

第五节　项目案例：反毒大篷车——青少年移动禁毒教育基地

一、项目简介

本项目以"找出毒品的真相"为主题，通过全新的感官效应，让青少年在参与的过程中"零"距离知毒、识害、防毒、拒毒。项目使用移动式充气帐篷，搭建不透明的区域，在区域内设置毒品基础知识区、涉毒感受体验区、识毒防害 DIY 互动区以及拒毒大考验区四个区域，通过灯光、视效、声音等多样化的感官效应，每个区域中设置毒品毒具展示、心理学晕眩图片的观摩、各类常见毒品的外貌特征及危害等内容，从听、说、看、体验四个维度让参观者零距离认识了解毒品，体验其危害，达到远离毒品，健康生活的目的。

二、活动目标及内容

见表 3-1。

表 3-1

活动目标	回应目标的活动内容
参观者能认识 2~3 种毒品及该种毒品的危害	通过毒品基础知识区、涉毒感受体验区，认识了解毒品的基本特征，最后通过问题收集，了解参观者对毒品知识的掌握程度
参观者都能够辨认出一种吸毒工具	通过毒品基础知识区、识毒防害 DIY 互动区，让参观者了解到哪种工具是吸食哪种毒品的
掌握 2~3 种拒绝毒品的技巧	通过毒品基础知识区、拒毒大考验区，让参观者在互动过程中收获防毒拒毒的技巧与方法

三、活动内容安排

① 发放问题卡，给每位参观者发一张问题卡（关于毒品真相的一些问题），让参观者带着对"毒品真相"的探索来体验这个移动教育基地。
② 在毒品基础知识区放置毒品相关视频、毒品基础知识图片 PE 板、毒品模型模具等，让参观者对毒品有初步的认识了解。

③ 参观者对毒品知识有初步了解的基础上，进入涉毒感受体验区，该区域设置可致眩晕呕吐感的喷绘、幻象面具或图片，播放毒品音乐，让参观者在工作人员引导下，在听觉、视觉、感觉等方面感受到涉毒后的效果，体验毒品的祸害。

④ 在识毒防害 DIY 互动区，主要是让参与者自行制作一些简单的吸毒工具，并由工作人员讲解，同时以互动游戏的形式让参与者在人体模型喷绘上找出毒品对人体相应器官造成的伤害，并由工作人员现场讲解。

⑤ 在拒毒大考验区，主要是检验参观者在参观过程掌握的毒品知识，并为参观者现场设计体验防毒、拒毒技巧的环节，了解参观者的掌握度与熟悉度。

⑥ 活动设兑奖处及社工咨询服务。

项目视频网址：https：//v.qq.com/x/page/p0857wdyxg7.html。

拓展阅读

彩虹社工的十年禁毒之路[①]

深圳市龙岗区彩虹社会工作服务中心（以下简称"彩虹社工"）在政府相关部门和社会各界的支持下，于 2007 年 12 月在深圳市龙岗区民政局注册成立。彩虹社工践行"专业·专注·创新·聚变"的发展理念，在禁毒社工服务领域积极探索，引领潮流。2019 年 6 月，在轰轰烈烈的全民禁毒热潮中，彩虹社工迎来了禁毒服务十周年。

2009 年 6 月 24 日，深圳市宝安区沙井街道彩虹（禁毒）社工服务站挂牌成立，十名禁毒社工正式上岗，这是深圳市首批试点专业社区戒毒社区康复的服务点，独立场所，集中办公，并邀请了国际狮子总会中国港澳三〇三区青年拓展及禁毒警觉委员会副主席彭盛福先生担任督导。

一、专业化

众所周知，禁毒社工挑战大，一是因为服务对象的特殊性，成瘾后戒断难度大；二是禁毒作为世界难题，服务开展面临很多问题及困难。沙井街道距离宝安区美沙酮门诊路程较远，戒毒人员每天往返需 4 个小时，导致难以坚持，复吸率高，此外，因为每天花费时间长，严重影响了戒毒人员的就业和生活，阻碍了其回归社会。针对该情况，2011 年彩虹沙井服务站禁毒社工设计了"健康快车"——美沙酮维持治疗推广项目，整合各方资源，购置车辆，"专车专线"接送美沙酮服务者。该项目成功运行了 3 年，2012 年荣获首届中国公益慈善项目（电视）大赛实施类银奖，后经过各方努力，于 2017 年 3 月在宝安区成功开设了一家美沙酮治疗延伸点，极大地方便了该地区戒毒人员参与维持治疗。

"路漫漫其修远兮，吾将上下而求索！"为提高服务的专业性，禁毒社工先后到

---

① 宋红源. 有效的禁毒教育有"套路"[N]. 中国禁毒报，2020-02-14（6）.

2009年彩虹第一批禁毒社工团队

彩虹禁毒服务项目"健康快车"启动

香港、澳门地区参观交流，学习先进地区的禁毒服务经验；同时链接戒毒资源，邀请珠海金鼎自愿戒毒中心戒毒专家，开展戒毒知识培训，提升专业服务能力；2010年，彩虹社工与深圳市第二劳动教养管理所（现更名为"深圳市司法局第二戒毒所"）合作，启动"完善社区戒毒康复"工作，首次尝试"无缝接轨"。2011年，彩虹荣获了宝安区、龙岗区禁毒工作先进单位。

二、项目化

禁毒教育要从青少年抓起。青少年或是对毒品危害的无知而被动吸毒，或在好奇心的驱使下主动吸毒，给个人、家庭及社会造成严重危害。彩虹禁毒社工根据吸毒低龄化趋势的禁毒形势，提出"三级预防、减低伤害、全人发展"的禁毒服务策略，其中三级预防中的第一级预防，将青少年作为重点服务人群。针对青少年吸毒问题，彩虹社工率先引进了香港"禁毒鬼屋"（又名：毒幻迷城）项目，开启体验式禁毒教育模式；启动了"无毒新人类"项目，增强外来务工子女对毒品及其危害的认识，消除青少年对毒品的好奇心；研发了"反毒大篷车"青少年移动教育基地项目、"拒毒小勇士"等青少年禁毒教育项目。

2017年10月，由彩虹社工发起的"十城接力·益骑禁毒"项目在深圳、重庆、海口、广州、莆田等十个城市举行，参与人数达6000多人，禁毒服务项目化的操作主体从机构层面拓展到外省市社会组织、政府部门联动，营造全民参与禁毒的良好氛围。

彩虹社工"禁毒鬼屋"项目，开启体验式禁毒教育模式

三、标准化

随着禁毒社工服务的发展与经验的积累，在有关单位的资助和指导下，彩虹社工凝聚香港督导、本土督导、一线社工的智慧，形成了一系列禁毒服务的经验成果，开启了彩虹社工禁毒服务的标准化之路。2010年彩虹社工编写了《禁毒社工实务手册》；2013年完成了深圳市社会工作者协会委托的"深圳市禁毒社会工作服务指标指引"课题；2014年参与了龙岗区民政局委托的《禁毒社会工作服务指引手册》起草；2015年7月《彩虹社工服务标准化组织系统（CSO）》正式出版，其中禁毒社会工作标准是其中三大标准之一，是彩虹社工标准化道路的一个里程碑。该书对许多初创型社会组织具有很好的指导作用。

2017年，在深圳市民政局、深圳市社会工作者协会的组织下，彩虹社工主笔参与《深圳市禁毒社会工作服务指南》（地方标准）的起草工作；2018年1月，彩虹

彩虹社工发起"十城接力·益骑禁毒"项目（深圳站）

被深圳市民政局评定为深圳市禁毒社会工作服务指南试点单位；2018年中，河南省郑州市金水区正式引进彩虹社工禁毒服务模式，首批禁毒社工上岗；2019年1月山西省引进彩虹社工禁毒模式，山西省首批禁毒社工上岗。2019年3月，岭南师范学院吴金凤老师与彩虹社工开始合作编写本书，将彩虹社工十年的禁毒服务进行总结及沉淀。

四、产品化

2019年6月，彩虹禁毒岗位社工人数突破175人。在禁毒社工人数增长的同时，也面临着行政化、社工流动大等行业共性的问题，彩虹社工一直在思考如何实现让专业服务规模化？产生更大影响力？让社工有一个追求方向，体现自身更大的价值，在收入与专业之间有一个更好的平衡。

2015年彩虹社工完成项目化、标准化的改革后，就开始思考除了政府购买、公众捐赠外，还有没有其他资金来源形式。2016年11月，由南都基金会发起的中国好公益平台把彩虹社工列为品牌创建机构，项目为"反毒大篷车"，这为彩虹社工推行"服务产品化"提供了契机，通过该平台彩虹社工在全国各城市路演、推广。截至2019年6月，"反毒大篷车"项目授权全国十多家合作伙伴实施，在数千个社区/学校开展，十多万人受益。

在"反毒大篷车"服务产品化的引领下，彩虹的"儿童交通安全城""中小学生反恐防暴'六会课程'"等项目陆续走上产品化的道路。通过公众筹款、政府资助、商业购买等途径进行规模化，彩虹各个产品落地范围不断扩大，受益人数不断增多，产品的研发、推广、执行各个团队也因此受益。

彩虹社工禁毒品牌产品"反毒大篷车"走进校园

彩虹社工禁毒服务虽然已取得一些成绩，但距真正的规模化还有很长的道路要走。做好禁毒工作非一日之功，任重而道远，需要不断努力、探索。

（宋红源）

第四章　早期干预服务

第一节　对象及需求

一、早期干预的对象

早期干预介入的重点对象包括毒品初尝者、易染毒群体，根据过往的服务经验，我们将吸毒成瘾人员的家属及其未成年子女也列入毒品预防教育的重点对象。

（一）初尝毒品者

初尝毒品者即为刚开始尝试使用毒品但并未成瘾的吸毒者。根据2011年1月30日中华人民共和国公安部令第115号发布的《吸毒成瘾认定办法》，吸毒成瘾，是指吸毒人员因反复使用毒品而导致的慢性复发性脑病，表现为不顾不良后果、强迫性寻求及使用毒品的行为，常伴有不同程度的个人健康及社会功能损害。初尝毒品者可以为仅使用过一次毒品，亦可以是在长时期内不自主地间断多次使用毒品，但不满足吸毒成瘾认定的情况。如服务对象可以是两年的时期内，由于偶然的特定的原因，间隔一年，使用过两次毒品，但未发展为自主觅药的情形。

根据我国公安机关对于吸毒者的治安处罚的情况，禁毒社会工作介入的早期干预的对象包括因吸食毒品被判处过一次行政拘留的在册吸毒人员，这类吸毒人员从法定的角度判定其有吸毒行为，但并未构成吸毒成瘾。此类对象，如果禁毒社工进行介入，通过前期的评估，发现其已经构成吸毒成瘾的事实，但在法定层面上只是被行政拘留一次，那么介入的方法就不仅仅只是认知教育和防复吸，还应当协助其进行必要的戒毒治疗。

另外，由于吸食毒品行为的隐蔽性，大多数吸毒者并未被公安机关查处，因此初尝毒品者很难进行筛查，禁毒社工一般从日常的戒毒咨询以及高危场所的排查等进行早期介入。

（二）易染毒群体

易染毒群体，这里指尚未接触毒品，但由于其个人家庭生活状态、人际交往、兴趣爱好、职业习惯、心理素质等因素，导致其存在较高接触或使用毒品的概率，容易发展成为毒品使用者。根据2015年至2017年发布的《中国毒品形势报告》数据显示，2015—2017年间，全国青少年（35岁以下）吸毒人口涉毒比例呈下降趋势，这体现出我国开展毒品预防教育工作的成效,但青少年吸毒人数占吸毒人口数达半数以上,青少年群体已经成为易染毒群体(图4-1)。

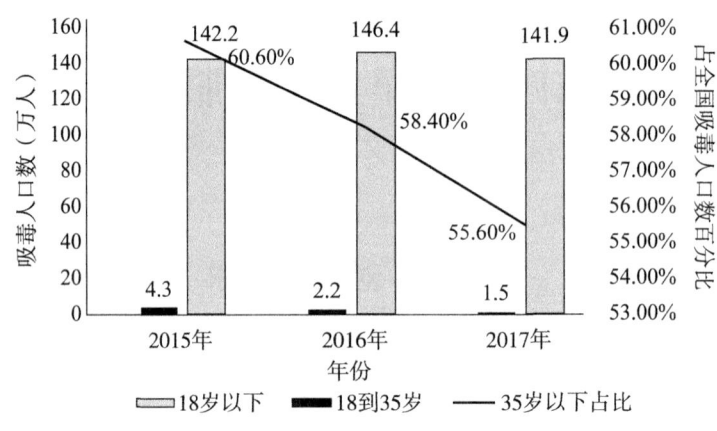

图 4-1　全国青少年吸毒人口情况(2015—2017 年)

本书将易染毒群体做如下的分类:

1. 社会闲散青年

社会闲散青年由于没有正当的职业、稳定的收入,但却要维持生活,容易结交社会不良青年,从事不正当职业,经常出入网吧、酒吧、娱乐会所等场合,极易接触到毒品,甚至容易被黑恶势力所利用,从而开始尝试毒品。

2. 娱乐场所从业人员

有一类毒品属于"派对毒品",如摇头丸、K粉、开心水、神仙水、冰毒等,在娱乐场所里流行,部分娱乐场所存在非法向顾客供应毒品甚至提供陪吸毒服务,娱乐场所从业人员由于工作原因而需要与顾客保持良好的关系,也容易和顾客一起吸食毒品。

3. 有吸食毒品朋友的青年

这类群体比较清楚朋友吸食毒品的行为,但却不抵触朋友的吸毒行为,依旧和吸毒的朋友进行来往,长此以往,容易受到影响,尤其是在个体情绪不良、遭遇逆境的时候,容易触发其对毒品的好奇心。最近几年,随着互联网即时通信工具(如 QQ、微信)的发展,网络上相约吸毒的情况有所增加,毒品网络式传播加快,值得我们警惕。

4. 处境不利的青少年

处境不利包括青少年所处的生活环境、成长环境、学习环境中存在不利于青少年成长的因素,如遭遇家庭变故,父母离异或者父母一方离世,导致他们生活环境发生翻天覆地的变化,在面临家庭变故之后,如果青少年未能获得良好的引导及支持,很容易受到不良因素的影响,导致青少年的人生观、价值观发生变化。处境不利的青少年包括服刑人员的未成年子女、吸毒人员的未成年子女,由于父母的违法行为,其子女可能被社会贴上不良的标签,导致青少年在社会交往、性格发展上出现一些障碍,有可能被边缘化,从而发展出偏差行为。

5. 吸毒人员家属及其未成年子女

如男女朋友其中一方吸毒，另一方有时在不够理性的情况下会以"陪你吸，陪你一起戒"的观念而陷入毒品漩涡，最终不能自拔；吸毒人员的未成年子女，在某种程度上受父母吸毒影响非常大，首先是吸毒父母的亲情陪伴较少，且会造成未成年子女一定程度上的心理自卑，其次是标签效应等，导致未成年子女在交友的过程中被边缘化，可能使其发展不健康的交际圈，从而影响到其人际交往及性格成长，最终影响到其行为发展。

6. 其他人员

根据《2015年中国毒品形势报告》显示，毒品滥用的群体呈现多元化的特点，在明确登记职业信息的吸毒人员中，无业人员占69.5%，农民占17.3%，工人占4.7%，个体经营者占3.4%，自由职业者占3.2%，职员占1%，学生占0.5%，专业技术人员、企业管理人员以及公职人员、演艺界明星等占0.4%。在《2018年中国毒品形势报告》中也显示，在华外籍人员、有境外学习或工作经历人员及娱乐圈演艺工作者滥用（大麻）出现增多的趋势。由于合成毒品及新精神活性药物的流行趋势，导致当代毒品滥用者呈现多元化的趋势，因此易染毒高危人群也发生了些许的变化，文艺从业者、自由经商者、公职人员等涉毒现象也开始涌现。因此，易染毒群体在某种程度上也在拓宽，不一定与其成长环境、生活事件、经济水平等相关，值得高度重视。

二、早期干预对象的需求

早期干预对象包括初尝毒品者和易染毒群体，初尝毒品者包括显性的和隐性的，显性的初尝毒品者通常指被行政拘留过一次的社会面吸毒人员；隐性的初尝毒品者则隐藏在社会大众群体中，其吸毒行为尚未被公安机关查处。易染毒群体如前文所述。

（一）早期干预对象的发展特质

根据早期干预对象的群体分类，初尝毒品者与易染毒群体以青少年为主，初尝毒品者之所以尝试毒品以及易染毒群体之所以容易沾染毒品，与他们在青少年时期的心理发展、认知行为发展、朋辈关系、家庭关系等多方面因素有关。

1. 心理发展

药物滥用的青少年心理发展的特质包括：好奇心理及冒险心理极强，人际关系困难、抗压能力偏弱、盲目自信、自我肯定及好胜心理强、生活空虚，同时一部分青少年具有反社会人格（张黛眉，1992）；生活作息不正常、缺乏稳定工作、高估压力之影响（詹德杰，2003）。人格健全的青少年，有足够的自我力量去应对外部的压力；而人格不健全的青少年，则容易以消极的方式应对外部的压力，而药物滥用便是其应对方法之一。

2. 认知行为发展

根据发展心理学的研究，青少年正处于个体身心加速发展的第二个高峰期，生理素质尤其是神经系统的发展成熟，为其认知的发展提供了重要的物质前提。所以，首先，整个青少年时期，人都处于认知发展的迅速上升时期，其认知的发展需要大量经验的支持以帮助完善其认知结构。正因为这样的发展特点，青少年身心转变剧烈，情绪起伏不定。其次，由儿童蜕变为成人，分离-个体化历程中带来诸多压力。再次，认知能力进一步发展，对权威由崇拜转为批判，造成双方冲突。最后，亲密关系的建立与维持，也会带来一些挫折与压力。

易染毒群体的特点是经常将自己暴露在毒品环境中，其周边群体中有人吸毒或者有人贩毒，而该群体却并不抵触这样的周边群体，依然让自己频繁暴露在毒品环境中。如果青少年没有健全人格且不会善用资源，当压力来临时，情绪波动不已，如果没有能力疏解情绪，再加上有药物滥用的同伴示范，便容易以滥用药物的方式来逃避压力。自我认定未建立的青少年，因为不了解自己，无法决定未来发展的方向，生活没有目标，感受不到生活的意义，颓废消极之下，便可能会借助不良方法麻痹自己，药物滥用便是其中之一。

3. 朋辈关系

朋辈关系在青少年发展过程中起着相当重要的作用，良好的朋辈关系可以帮助青少年树立更加积极、正面的行为习惯；反之，不良的朋辈关系则容易引发青少年的违法乱纪行为。一些研究显示，青少年愈多好奇型、寻求刺激型或偏差行为型同伴，其出现偏差行为的可能性越高（张丽鹃，2003）。

青少年早期涉毒的主要原因之一就是因为朋辈关系中存在吸毒的同伴，青少年在发展人际关系时，为了保持亲密关系或者朋辈关系，从众心理尤为严重，因此可能会选择和同伴同样的行为方式。

初次尝试毒品的青少年往往存在以下特征：低估吸毒行为的严重性，低估吸毒伙伴的危险性低估毒品可怕的成瘾性，以为自己不会上瘾，认为吸毒没什么、低估毒品的影响，以为想戒就可以戒掉，等等。

案例

社工：请你讲讲你当初是怎么开始吸毒的？

服务对象：其实没玩（毒品）之前，我过得很好。之所以吸毒，主要都是因为自己的朋友圈子。以前玩的时候年轻，又没结婚，我是在商场帮朋友看店的，每天上班重复做着一样的事情，实在是太无聊了！然后就会同一班朋友出去玩。那个时候，本地的年轻人多少都会有人吸毒。有的时候，朋友倒（毒品）进饮料你都不知道。

社工：那你第一次接触毒品是在自己不知情的情况下吗？

服务对象：不知情。那个时候我哪里知道那玩意儿是什么东西！如果早知道根本都不会去玩！玩的时候，朋友根本不会讲那个是毒品！那时我也比较懵懂，加上有朋友在边上怂恿，劝我试一下，我不知道是什么就吃了。现在什么都懂了，现在叫我吃，我肯定不会吃了。

社工：所以觉得是因为那个时候年轻才会被朋友诱导？

服务对象：嗯。那时候年轻，就觉得外面的世界好新奇，天天跑出去玩，玩到半夜都不回家。

社工：那个时候年轻，玩那些东西哪里来的钱呢？

服务对象：都是朋友一起玩，用朋友的钱。

社工：那个时候你男朋友知道你吸毒吗？

服务对象：他知道我吸毒，那时他在其他城市，他叫我不要再跟这班朋友玩了。我一直答应他要过去，但是直到后来分手我都没有去。

社工：是什么原因没有去呢？

服务对象：我也搞不清楚，或许还是比较留恋自己的圈子。朋友圈真的很重要，有时即使已经很不想玩了，但是朋友一过来邀请，又把持不住了。

社工：所以是你不想玩的时候，朋友都会邀你一起玩毒品？

服务对象：是的。只要圈子没断，不管怎样，他们都会联系上我。

社工：那你试过和他们断了联系没有？

服务对象：那个时候年轻，还比较贪玩，虽然大家都吸毒，但是大家关系都很好。

由本案例可见朋辈关系对个体吸毒行为上的影响力，以及吸毒群体间的朋辈交际状况。

4. 家庭关系

青少年偏差行为的发展与早期在家庭教育的环境中没有得到情感的满足有关，当今社会，经济发展迅速，父母忙于工作，在工作和家庭关系的处理上可能难以平衡，很多家长误以为给孩子提供丰富的物质环境就可以让孩子获得幸福感，殊不知青少年在青春期面临发展问题及冲突时尤其需要得到父母的关爱、引领和教导。

与青少年药物滥用行为相关的家庭因素包括：父母亲不接纳青少年的行为或想法（Ouille, 2000）；家庭变故而缺乏爱（杨惠婷, 2001）；父母婚姻不完整（颜正芳, 2003）；家庭破碎、解组，亲子关系疏离、冲突，父母过度涉入（谢淑敏, 1990）；父母亲为物质滥用者，而且物质滥用行为具有代间传递现象（Miles, Stallings, Young, Hewitt, Crowley&Fulker, 1998）；家庭经济困难（杨惠婷, 2001）；家庭互动不良（黄淑美, 2004）。总而言之，父母本身问题、亲子关系、父母管教态度、父母婚姻、父母使用药物的行为、家庭经济、家庭健全性、家长药物教育知识等因素，均与青少年药物滥用行为有关。

（二）早期干预对象的需求分析

1. 正向的心理支持

由于吸毒被抓，初尝毒品者会呈现紧张不安的心理状态，禁毒社会工作者需要为其提供正向的心理支持，包括引导其正确看待吸食毒品的行为，以缓解其紧张情绪；帮助其学习相关法律法规知识，以减轻其负罪感；鼓励其积极做出改变，以赢得家人的信任，等等。

此外，社会闲散青年、处境不利的青少年有可能在遭遇到生活的不公平对待或者命运的不公平待遇时而自甘堕落，认为自己已经陷入痛苦，无法改变，而选择"破罐子破摔"的方法让自己沉沦到更糟糕的处境当中。这部分群体需要禁毒社会工作者完全地接纳，以帮助其重新审视自己，评估自己的处境，发现自己的优势，让其获得力量和信心，来重新面对生活。

2. 增强抵抗诱惑的能力

吸毒者最开始尝试毒品大多是在朋辈诱导下进行的，初尝毒品者如果想避免进一步发展为吸毒成瘾者,就需要学会抵抗诱惑,包括抵抗毒品的诱惑以及抵抗朋辈的诱导。

禁毒社会工作者应进一步引导服务对象认清毒品危害,增强其抵抗毒品诱惑的能力,且应教授服务对象巧妙处理朋辈关系。

3. 家庭关系修复

家庭关系修复有助于早期干预对象获得家庭的正向支持,避免服务对象的沉沦。家庭关系修复包括重构服务对象与父母家庭亲子关系,促进亲子间情感联结。以青少年群体家庭服务为例,社会工作者应鼓励父母以良好的心态接受青少年的偏差行为,并且让他们意识到父母在青少年成长过程中的重要性。在干预阶段,鼓励父母尊重青少年的感受,不抛弃青少年,给予青少年亲情关爱,以做好预防工作。需要注意的是,进行家庭关系修复干预需做好预评估,部分早期干预对象的家长对其吸毒行为并不知情,社会工作者应结合服务对象的实际出发,适时介入家庭。

4. 正确认识毒品

青少年对吸毒行为的认知偏差,以及对毒品相关法律法规及吸毒后果的认知不足,是导致其吸毒的主要原因,为此,提升服务对象对毒品的认识尤显重要。

(1) 纠正对违法行为的认知偏差

根据以往在禁毒服务过程中接触到的社会面吸毒人员的描述,他们认为吸毒被抓是自己"运气不好",认为自己才刚刚开始接触毒品就被抓获,相对于其他吸毒者而言属于"不好运";也有认为是被朋友陷害的,不应该被抓,因为首次吸毒的吸毒者大多是在朋友的诱惑之下尝试毒品,因此当被抓时,往往认为不公平,认为自己是被陷害的;也有部分吸毒者认为自己是遭到"钓鱼执法"而被公安机关抓获。但不管是出于何种理由,公安机关认定的是事实,吸毒行为一旦被检验出来,便认定为吸毒。因此,禁毒社工在介入服务时,需要帮助服务对象纠正其错误认知,让他们认识到自己吸食毒品的事实,并且不将吸毒行为归因到外部理由。

(2) 加强对吸毒行为后果的认识

根据我国的法律,吸毒属于违法行为,不仅面临着拘留,而且在拘留之后会直接进入国家登记的有吸毒史人员名单,依法接受公安机关的动态管控。很多吸毒者对于动态管控的状态很难预判,他们通常是在吸毒成瘾之后,遭遇公安机关的动态盘查和频繁检查之后才开始意识到动态管控对于其管控的严密性及生活的不便利。根据吸毒成瘾程度的不同,吸毒者会面临不同的处罚。因此,在面对初尝毒品者时,禁毒社工需要明确告知其有关吸毒违法行为的后果,通过引用相关法律法规以及真实案例等形式,加深其对吸毒行为后果的认识。

(3) 提升对禁毒相关法律法规的认识

根据我国的法律,吸食、注射毒品,以及容留他人吸食、注射毒品,都构成违法犯罪行为。初尝毒品者通常是在对禁毒相关法律法规认知不足或知法犯法的情形下,将法律抛之脑后或抱有侥幸心理,低估法律的惩罚,而使用毒品。因此,提升他们对禁毒相关法律法规的认识十分必要,禁毒社工在开展工作时,需要向初尝毒品者普及法律法规知识,加强他们对禁毒相关法律法规条款及处罚办法的认识。

小贴士

- 《戒毒条例》提出：县级以上地方人民政府公安机关负责对涉嫌吸毒人员进行检测，对吸毒人员进行登记并依法实行动态管控。
- 《中华人民共和国治安管理处罚法》相关条款规定：

吸食、注射毒品的以及教唆、引诱、欺骗他人吸食、注射毒品的，均要接受处罚。

有下列行为之一的，处10日以上15日以下拘留，可以并处2000元以下罚款；情节较轻的，处5日以下拘留或者500元以下罚款：

① 非法持有鸦片不满200克、海洛因或者甲基苯丙胺不满10克或者其他少量毒品的；

② 向他人提供毒品的；

③ 吸食、注射毒品的；

④ 胁迫、欺骗医务人员开具麻醉药品、精神药品的。

教唆、引诱、欺骗他人吸食、注射毒品的，处10日以上15日以下拘留，并处500元以上2000元以下罚款。

《禁毒法》中部分毒品违法犯罪行为处罚规定：

有下列行为之一，构成犯罪的，依法追究刑事责任；尚不构成犯罪的，依法给予治安管理处罚：

① 走私、贩卖、运输、制造毒品的；

② 非法持有毒品的；

③ 非法种植毒品原植物的；

④ 非法买卖、运输、携带、持有未经灭活的毒品原植物种子或者幼苗的；

⑤ 非法传授麻醉药品、精神药品或者易制毒化学品制造方法的；

⑥ 强迫、引诱、教唆、欺骗他人吸食、注射毒品的；

⑦ 向他人提供毒品的。

有下列行为之一，构成犯罪的，依法追究刑事责任；尚不构成犯罪的，依法给予治安管理处罚：

① 包庇走私、贩卖、运输、制造毒品的犯罪分子，以及为犯罪分子窝藏、转移、隐瞒毒品或者犯罪所得财物的；

② 在公安机关查处毒品违法犯罪活动时为违法犯罪行为人通风报信的；

③ 阻碍依法进行毒品检查的；

④ 隐藏、转移、变卖或者损毁司法机关、行政执法机关依法扣押、查封、冻结的涉及毒品违法犯罪活动的财物的。

容留他人吸食、注射毒品或者介绍买卖毒品，构成犯罪的，依法追究刑事责任；尚不构成犯罪的，由公安机关处10日以上15日以下拘留，可以并处3000元以下罚款；情节较轻的，处5日以下拘留或者500元以下罚款。

吸食、注射毒品的，依法给予治安管理处罚。吸毒人员主动到公安机关登记或者到有资质的医疗机构接受戒毒治疗的，不予处罚。

(4) 加强对毒品危害的科学认知

初尝毒品者由于接受到的毒品预防教育知识有限，脑海中对毒品的概念仅仅停留在影片及宣传片的画面中，而在影片及宣传片中描述的毒品危害大多已经是吸毒严重成瘾者的表现，甚至是吸食海洛因的严重戒断反应的表现，这与初次吸食毒品的感受大不一样。初次吸食毒品时，通常有些人会有不适感，而此后可能不会再尝试毒品；也有人初次吸食毒品就会有舒适感或者兴奋感，这导致吸毒者后期很难抵制别人的诱惑而再次使用毒品；还有一类吸食者即使初次吸食的体验不好，后期还会由于好奇和挑战心理而再次尝试。此外，新型毒品极具迷惑性，因为新型毒品并不像海洛因等传统毒品，在不吸食毒品的时候会产生强烈的戒断反应，这让吸食者错误地认为吸食新型毒品不会有戒断反应或者不会成瘾，也就是"我可以控制住毒品，我想吸的时候就吸，不想吸的时候就不吸"，恰恰是因为这样的错误认知导致毒品吸食者已经成瘾时而不自知，甚至是找各种借口来否定自己已经成瘾的事实。因此，禁毒社工需要让初尝毒品者认识到不同毒品是如何对人体产生作用，以及不同毒品的成瘾反应，包括毒品成瘾之后的危害表现形式，以帮助初尝毒品者科学认知毒品危害，尽早远离毒品。

案例

社区戒毒康复者阿杰在青少年时期曾是村里好少年的典范。在家乡的时候，阿杰的身边已经有很多朋友、同学吸食毒品，阿杰甚至目睹了朋友因为要借一点毒资而没有任何尊严地求着亲朋好友的惨状，也目睹过朋友犯瘾时候的痛苦状况，那个时候他很坚定，很清楚地确定自己不会碰触毒品，家乡人都很相信阿杰，认为阿杰和其他青年不一样，是个有志向的青年。后来，阿杰来到某城市打工，渐渐开始接触到新型毒品，但奇怪的是，那些吸食新型毒品的人并没有出现老家那些朋友的反应，也不会受到毒瘾的钳制，于是阿杰也开始在朋友的诱导之下使用毒品，最终成瘾。在谈及为何会走上吸毒之路时，阿杰表示，确实是因为对毒品认识不足，以往的概念里，只觉得吸食海洛因才是吸毒，且吸食海洛因有强烈的身体依赖，一旦成瘾，如果不及时给药就会出现戒断反应，而那个戒断症状正是大家所认知的毒品成瘾的表现。接触新型毒品后，并没有强烈的身体依赖，最开始的时候，也并不像海洛因一样必须及时给药，似乎个体能够控制。但等他发现自己已经摆脱不了毒品的时候才悔恨万分，甚至自己曾多次尝试戒掉毒品，每次都会将吸毒工具、剩余的毒品毁掉，但最后又还是会重新买回毒品吸食。

5. 重构人际交往关系

人际交往关系包含朋友关系、情侣关系、同事关系、同学关系、室友关系、伙伴关系等。初尝毒品者往往是因为不良的朋辈关系诱导，而易染毒群体则更是由于身处不良的朋友圈而导致其处于易染毒的高危处境。因此，禁毒面临的一大问题就是如何改变他们的交友圈或者帮助他们脱离不利的处境，使他们能够处在健康的人际交往关系中。对于初尝毒品者，如果其朋辈关系中有人是具有吸毒史的，那么这种状态就不利于其抵制毒品诱惑，极有可能在朋友的诱导下再次尝试吸毒。即使有人短时期内戒掉毒品，也会因割舍不下友情而重新被带入到吸毒情境中。

社会心理学家舒茨（W. Schutz）1958年提出人际需要的三维理论，认为每一个个体在人际互动过程中，都有三种基本的需要，即包容需要、支配需要和情感需要。这三种基本的人际需要决定了个体在人际交往中所采用的行为，以及如何描述、解释和预测他人行为。其中，包容需要是指个体想要与他人接触、交往，隶属于某个群体，与他人建立并维持一种满意的相互关系的需要。如果个体在早期能够与父母或他人进行有效的适当的交流，他们就不会产生焦虑，他们就会形成理想的社会行为，这样的个体会依照具体的情境来决定自己的行为，决定自己是否应该参加或参与群体活动，形成适当的社会行为。在吸毒者群体之间会形成一种类似"惺惺相惜"的状态，他们感觉到自己更能够融入到吸毒者的圈子里，更能够被理解和被接纳。这恰恰是很多戒毒康复者在现实社会交往中容易碰壁，而使得他们更愿意回到原来的朋友圈的原因。

因此，对于早期干预对象，要想重构他们的人际交往圈，就必须让他感受到被他人尊重、理解和接纳。在对服务对象进行人际交往关系的介入时，禁毒社工首先需评估其交往频密的关系群体中是否存在有吸毒史人员，其次是帮助其分析及辨识现有人际交往圈的利弊，再次是鼓励其脱离不利的人际交往关系，重新建构健康的人际交往关系，最后是要让服务对象加强对自我的认知，时刻保持警惕和自我约束，形成健康的生活习惯。

6. 未来生活规划

初尝毒品者首次因为吸食毒品而被拘留，相当于是首次触犯法律，他们会害怕回归社会之后受到歧视，不被接纳，很难发展自己的事业及人际关系。

针对此类初尝毒品者，禁毒社工首先要进行情绪疏导，减轻其压力情绪，帮助其缓解负面情绪，之后再进行干预，让其能够清楚明白地知道吸毒的后果，并且清晰地知道如果不自此改过，将会面临更加复杂和更加深重的处罚。

对于隐性的初尝毒品者，如果服务对象是以咨询者的身份来访，禁毒社工应非常明确地告知其吸食毒品的后果，并且给其以明确的指引，告诉他该怎样获得帮助，如告知其国家公安机关对自愿戒毒康复者的原吸毒行为不予处罚的规定。

第二节 理念及理论

一、早期干预的缘起

"早期干预"（early intervention）是精神病理学名词，是美国20世纪60年代以来，为改善经济、文化不利家庭儿童的受教育条件所采取的一种补偿教育。由联邦政府和地方政府资助，建立了不同形式的托幼机构或服务系统，向这些儿童提供教育、保健、医疗、营养、心理咨询、社会性服务及家长育儿指导等综合性服务。早期干预将早期检测疾病危险性与进行治疗结合，提供治疗的时间可能是在病人自己提出之前，或在许多情况下是在他们意识到出现（躯体、心理、社会的）健康问题之前。在特殊教育领域，主要指对学龄前缺陷儿童所提供的治疗和教育服务。通过帮助儿童在社会、情绪、身体和认知方面的充分发展，使其能进入正常的教育系统，或尽可能少地接受特殊教育。

二、三级预防的服务理念

"三级预防"的概念最早出现在医学领域，应用于医学中的三级预防的内容为：一级预防，又称为病因学预防，主要针对无病人群和亚健康人群，目的是采取各种消除和控制危害健康的因素，采取增进健康的措施，防止健康人群和亚健康人群发病，如用免疫接种预防各种传染病；调整心态预防心理疾病和心身疾病；搭配适宜的饮食预防各类营养失衡性疾病，包括心脑血管疾病；改善环境、消除污染预防外源性因素所致的各类疾病等。二级预防又称为临床前期预防，主要是做好早期发现、早期诊断、早期治疗"三早"预防措施，以预防疾病的发展和恶化，防止疾病的复发和转变为慢性病等。对于致病因素复杂多样而很难确定或致病因素经过长期作用而发生的慢性病，如各类肿瘤、心脑血管疾病等，要特别重视二级预防。三级预防又称为临床预防，主要是对已患病者进行及时治疗，防止病情恶化，预防并发症和伤残的发生，促进身体全面康复，并恢复劳动能力和生活能力的预防措施，主要方法除积极配合医生的治疗工作、康复工作外，还有大量任务需要自己和家人完成。

三级预防体系是疾病预防和治疗的基本策略和体系，药物滥用的三级预防是在此基础上建立和发展起来，具体内容为：

一级预防：通过大众传媒和形式多样的其他宣传方式和手段，对社会大众进行与药物滥用相关的宣传和教育，以提高其对药物滥用的免疫力。主要内容包括：药物滥用对个人、家庭和社会的危害；药物滥用的违法性；药物滥用对人体的作用及其对心理、行为的影响；不健康的生活方式与药物滥用的关系及常见药物滥用原因分析；健康的生活方式是预防药物滥用的重要前提等。

二级预防：对药物滥用严重的社区和高危人群进行有针对性的专业性宣传，特别是对尝试使用毒品的人群进行干预，必要时进行早期治疗，以防止他们进一步滥用和成瘾。

三级预防：对已经成瘾的人员进行生理、心理、行为等方面的干预，协助其摆脱药物依赖困扰，恢复个人、家庭及社会功能。针对药物滥用者生理、心理、行为和社会学特点，戒瘾康复一般分为生理脱毒、心理康复、回归社会三个阶段。生理脱毒是指在有效隔绝毒品的前提下，使用药物或者其他方法缓解和消除药物滥用人员的躯体戒断症状，帮助他们停止滥用药物，并安全渡过急性戒断症状期；心理康复是指在停止滥用药物的基础上，对其进行心理行为干预，及帮助他们恢复个人、家庭及社会功能的系统治疗；回归社会是指针对完成康复治疗后的人员在回归社会过程中，对其可能碰到的个人、家庭和社会等方面问题和障碍提供服务，减少社会偏见和歧视，以便他们能够顺利回归社会。

三、早期干预在禁毒社会工作中的应用

吸毒成瘾往往要经历一定的过程，根据吸食毒品的数量和时间频率的不同，个体成瘾的时间也有不同，吸毒者往往要经历从初尝毒品到偶吸，再到强迫性自主觅药（严重成瘾）的过程。

毒品初尝者往往是由于外部环境的影响而被动的使用毒品，如受朋辈群体的影响，为了不脱离朋辈关系或者迫于朋辈的压力而选择尝试毒品；或者由于自身对毒品的认知不

足、心存侥幸等心理而选择尝试毒品。

对于禁毒工作而言，预防的成本要远远低于戒毒的成本。初尝毒品者或者存在潜在风险将有可能会接触毒品者都是早期干预的对象，早期干预的目的就是及早介入，以预防其进一步尝试毒品或者从源头上斩断其接触毒品的可能性，使其能够远离毒品。

早期干预的工作主要包括两个方面的内容：一是重点针对吸毒高危人群进行预防性的宣传教育和早期介入，比如娱乐场所人员、城中村等流动人口聚集地人群、社会闲散青年等，都属于易发高危群体，针对这些群体的服务形式可以是有针对性的宣传教育、咨询、评估等；二是针对已有药物滥用经历但未成瘾的人员，对其进行早期干预，通过帮教访谈、个案管理等手法，提升和强化其彻底远离毒品的动机和行为，帮助其重新回归健康生活。

四、早期干预的概念

基于上文所述，我们将禁毒社会工作中的早期干预定义为：为吸毒未成瘾者或易染毒群体提供系列的早期介入服务，帮助其及时了解毒品危害，预防其进一步接触毒品，从而远离毒害的一种干预模式。

第三节 干预策略

前文所述早期干预的对象分为初尝毒品者和易染毒群体，根据早期干预对象的需求特征，可以得出干预的重点包括：毒品预防宣传教育、认知教育、心理干预、个案管理、素质拓展等，接下来我们将分别针对这两类群体的干预策略进行介绍。

一、初尝毒品者

初尝毒品者属于早期接触毒品的群体，但尚未成瘾，这类群体既包括已经被公安机关查处过一次的吸毒者，也包括隐匿的吸毒者，尚未被公安机关查处到的对象。根据这类对象对毒品认知偏差、认知不足等的特点，以及他们对待未知未来生活的担忧等，禁毒社会工作者可以采用以下干预策略进行服务的介入：

（一）毒品认知教育

初尝毒品者一方面对毒品相关法律法规、毒品危害认知不足，另一方面对自我的吸毒行为存在认知偏差。因此，禁毒社会工作者在早期介入时，需要对其进行毒品认知教育。初尝毒品者往往认为"吸食一次不会上瘾"或者"吸食一次不会被抓"等，错误的认知导致其最终选择了吸食毒品。因此，要改变他们吸食毒品的行为，先要从认知的角度来进行干预，帮助其树立正确的认知，真正意识到吸食毒品属于违法行为，认识毒品对身体的危害及毒品的可成瘾性等。这样才有利于他们停止吸食毒品的行为，并且能够从自主的角度去抵抗外部的诱惑。

（二）心理社会干预

生态系统理论中，布朗芬布伦纳（Bronfenbrenner）强调发展个体嵌套于相互影响的一系列环境系统之中，在这些系统中，系统与个体相互作用并影响着个体发展。其中，家庭、学校就属于个体发展过程中非常重要的两个微系统，个体在家庭中与父母的互动和联结会影响到个体在其他群体中的互动模式。吸毒者之所以吸毒与其所处的社会环境有一定的关联，包括不良的家庭沟通模式、不利的生存环境、复杂的朋辈关系、社会亚文化等。

玛丽·里士满（Marry Richmond）在1917年出版的《社会诊断》中提出"在情境中理解行为"，强调利用环境资源以促进案主的改变和提升。随后心理社会学派发展出了"人在情境中"的服务理论，强调个体与环境的互动，通过改善个体所处的社会环境来影响个体的行为。由此，在禁毒社会工作中，我们认为，吸毒行为的产生是在多重社会因素的影响下造成的，其中，个体、家庭、社会是影响行为的三大重要因素。结合"人在情境中"理论中人、环境、人与环境三个层面的互动关系，需要对服务对象进行系统全面的分析，聚焦导致其产生问题的主要原因，然后制定相应的服务方案。

因此，在早期介入初尝毒品者的吸毒行为时，不能仅仅关注其吸毒行为，还要围绕他的早期成长、朋辈关系、所处的社会环境等去寻找原因，通过他的家庭成长环境、学习环境、交友环境等去评估直接影响其行为的因素，然后在改变其行为时，围绕个体及周边环境去进行干预。心理社会干预的对象不仅仅只是初尝毒品者，还有其家属、朋辈群体关系及其他社会关系成员。通过心理社会干预，可以增强初尝毒品者的心理防御能力，帮助其正确应对生活事件，树立和培养积极向上的生活态度，并提高其家庭成员和社会关系成员对药物成瘾的认识水平，主动关心、体贴并监督初尝毒品者，为其创造一个无毒和温馨的康复环境，增加社会支持系统的力量。

（三）个案管理

初尝毒品者如果是已经被公安机关查处过一次的吸毒人员，则会面临不超过15日的行政拘留，行政拘留之后将会被纳入到社会面有吸毒史人员的范畴。接受行政拘留的服务对象大多在所内要接受思想教育、心理干预、禁毒课堂等服务内容，配备了禁毒社会工作者的拘留所会根据禁毒社工的工作计划，有针对性地开展帮教访谈、团体辅导、禁毒讲座等工作，有时也会邀请"过来人"现身说法，以帮助吸毒者认清现状、了解毒品危害、拒绝毒品等。社会面有吸毒史人员回到社区后，根据当地政府的禁毒政策，接受分级分类管控。在此状态下，禁毒社会工作者通常要联合属地派出所、街道办事处、社区工作站、社区网格综合管理站等，共同为社会面吸毒人员提供帮教服务。在此，禁毒社会工作者所需要运用的策略就是个案管理，不仅要和服务对象建立关系，对问题进行预估，还要链接不同资源单位，共同为服务对象开启干预计划等。在此，我们需要通过个案管理的策略帮助服务对象实现动态管控、协调家庭关系、进行就业安置及保障、预防复吸、养成习惯等目标。

二、易染毒群体

针对易染毒群体的干预策略主要包括禁毒宣传、外展介入、素质拓展等。

(一) 禁毒宣传

根据《禁毒法》规定，禁毒工作实行预防为主，综合治理，禁种、禁制、禁贩、禁吸并举的方针。根据《禁毒法》《娱乐场所管理条例》等法律法规的要求，结合实际工作情况，禁毒宣传广泛开展"进学校、进社区、进农村、进单位、进家庭、进场所""六进"宣传活动，多地在执行禁毒宣传工作时不断创新服务形式，甚至出现"七进""八进"等活动形式。针对易染毒群体，可重点针对娱乐场所、工业园区、中高等学校、流动人口集中地的城中村等开展禁毒宣传教育活动。

禁毒宣传教育活动的形式包括多种：在社区、企业、单位宣传栏张贴禁毒海报、禁毒标语、禁毒横幅等；在人流密集地街区、公园等场所开展多种形式的禁毒宣传活动，包括派发禁毒宣传折页、展示仿真毒品模型、禁毒互动游戏等多种形式；针对集中人群，如学生、青少年、单位从业人员等开展禁毒宣传教育讲座；组织人员参观禁毒教育基地；开展特色禁毒宣传教育项目活动等。

> **小贴士**
>
> **《禁毒法》第二章"宣传教育"**
>
> 第十一条 国家采取各种形式开展全民禁毒宣传教育，普及毒品预防知识，增强公民的禁毒意识，提高公民自觉抵制毒品的能力。
>
> 国家鼓励公民、组织开展公益性的禁毒宣传活动。
>
> 第十二条 各级人民政府应当经常组织开展多种形式的禁毒宣传教育。
>
> 工会、共产主义青年团、妇女联合会应当结合各自工作对象的特点，组织开展禁毒宣传教育。
>
> 第十三条 教育行政部门、学校应当将禁毒知识纳入教育、教学内容，对学生进行禁毒宣传教育。公安机关、司法行政部门和卫生行政部门应当予以协助。
>
> 第十四条 新闻、出版、文化、广播、电影、电视等有关单位，应当有针对性地面向社会进行禁毒宣传教育。
>
> 第十五条 飞机场、火车站、长途汽车站、码头以及旅店、娱乐场所等公共场所的经营者、管理者，负责本场所的禁毒宣传教育，落实禁毒防范措施，预防毒品违法犯罪行为在本场所内发生。
>
> 第十六条 国家机关、社会团体、企业事业单位以及其他组织，应当加强对本单位人员的禁毒宣传教育。
>
> 第十七条 居民委员会、村民委员会应当协助人民政府以及公安机关等部门，加强禁毒宣传教育，落实禁毒防范措施。
>
> 第十八条 未成年人的父母或者其他监护人应当对未成年人进行毒品危害的教

育，防止其吸食、注射毒品或者进行其他毒品违法犯罪活动。

(二) 外展介入

外展介入是主要针对社会闲散青少年，经常出入夜间会所、网吧、游戏机厅等娱乐场所的青少年群体开展的介入服务。外展服务主要在我国港台地区较为流行，"深宵外展"是常见的外展服务方式，社会工作者通过夜间作业，到各种场所内接触各类流连忘返的青少年。介入的起始点通常是加入到青少年在玩的游戏或者专注的活动，以获取青少年的信任，最终目的是希望他们关注社工推出的有关服务，并且鼓励他们去到社工服务中心参加一些有益的活动。但目前我国大陆地区鲜有社工开展深宵外展的服务，一方面是出于安全的考虑，另一方面服务尚未发展成熟，相关配套服务机制不够完善等。

我国大陆的禁毒社工将外展的形式发展成为走访的服务形式，如社区走访、场所走访等，禁毒社工进入到网吧、游戏机厅、KTV、酒吧等场所开展走访服务，一方面是针对场所内的从业人员开展禁毒有关的知识教育，检查各场所禁毒标识的设置情况；另一方面通过巡防，主动发现有需求的群体，并提供个性化服务。

(三) 素质拓展

素质拓展主要是针对青少年群体开展历奇活动、拓展训练、团体辅导等服务，目的是帮助青少年群体树立正确的人生态度，勇于面对挑战，提升抗压、抗逆能力，学会合作，从而健康成长。

"历奇"（adventure）由具有"外展训练之父"之称的库尔特·哈恩（Kurt Hahn）提出。库尔特·哈恩1886年生于德国柏林一个犹太家庭，毕业于牛津大学。他认为"一切知识都源于实践"。就如同学游泳和骑自行车，因为经验来自亲身体验，就会深刻得终身不忘。他是当代户外拓展（outward bound）的奠基人。

历奇训练（adventure training）属于体验式学习（experiential learning）的范畴。历奇训练指通过一系列精心设计的历奇活动，导师循序渐进地介入，让学员处于一个既陌生新奇又充满合作气氛的环境中，经历各种不同的难题和挑战，体验解决难题、战胜挑战的成功感，将经验整理、升华、转移，应用到日常的生活实践中，达到教学与辅导目标的一套特定手法。研究表明，人们通过阅读可以学习到10%，通过听可以学习到15%，而通过亲身经历和体验则能学习到80%。

历奇训练在欧美国家已被广泛接受为启发儿童及青少年个人成长和进步的教育方式，而在中国更被广泛地应用在企业员工培训中，因为历奇训练在解决问题、接受挑战的过程中，通过导师有效的引导，能激发个人潜能，增强团队活力、凝聚力和创造力，使参与者达到磨炼意志、陶冶情操、完善人格、熔炼团队的目的。由于历奇训练是一种现代人和现代组织全新的学习方法，因此，对于培养参加者的自信、逻辑思维、领导才能、团队精神、人际关系等有显著的成效。

我国香港早期以野外活动或历奇活动为主的青少年服务机构，均以提供健康活动为主要目标，而较少深入处理个别成员的成长问题。早期较有计划和系统地利用历奇及野外活动去协助个人成长的机构，如香港外展训练学校。外展训练课程除了有野外及体能训练外，还加入很多自信心训练、沟通游戏、团队合作精神训练和个人突破的户外活动。后期开始尝试把野外活动、历奇教育结合体验教育和小组辅导技巧，协助在学业和行为上有偏差的中学生。参与此类试验计划的社工及老师们都认为通过历奇训练活动，可以很快地帮助训练者建立自我价值，改善沟通技巧；并且通过小组内的互动和一起面对危机，训练者可以学习到互相关怀及尊重对方（苏伟涛，2011）。

我国澳门有青少年辅导中心为边缘青少年、滥药青少年提供拓展训练的服务，如澳门新生命团契（SY部落）会为青少年举办足球、篮球和龙舟队活动，通过定期的训练，让参加者固定出席，从而减低他们接触不良资讯和毒品的机会。历奇训练，有助于青年建立正面的价值观，提升自我价值，并推广"健康生活、拒绝毒品"的生活方式。通过定期训练，除了学习运动技巧上的知识，也向他们传递健康生活的价值观和精神，令他们更好地成长。

在我国大陆地区，社工会组织少部分的社会面吸毒人员与其家属、禁毒志愿者或者普通民众一起参与户外运动，如篮球、足球、登山、徒步运动等。在早期干预的服务中，鼓励符合条件的社工服务站开设外展训练的课程，一方面可吸引早期干预的对象参与服务；另一方面，可通过这类服务进行早期干预，训练初尝毒品者及易染毒群体养成健康的交友及生活习惯。

第四节 方法及技巧

早期干预服务的重点在于发掘潜在的服务对象，即辨识服务对象是属于初尝毒品者还是吸毒成瘾人员，难点在于如何获取易染毒群体的信任。以下针对早期干预服务的重点和难点进行服务技巧和方法的阐述。

（一）辨识服务对象

1. 来访者咨询

社工在日常开展禁毒宣传服务或者在工作站点日常值班时，有可能会遇到前来咨询或者求助的对象。大部分来访者会以帮助朋友进行毒品咨询的理由前来。针对此类对象，大致有以下几种方法：

第一种，诚恳地告知毒品的危害，并根据来访者的介绍，简要判断吸毒者所处的阶段，告知其可以选择的治疗/康复方案；

第二种，询问细节，对方可能答不上来或者不清楚，社工可巧借机会，安排其带本人来访或者提供联系方式，让其进一步咨询；

第三种，社工借机进行毒品预防宣传，告知毒品的危害以及毒品将会给个人及家庭带来的影响，令其能够重视毒品问题，及早帮助朋友选择办法戒除毒品。

> **案例**
>
> 禁毒社工在某街道社区戒毒康复中心值班，有一位中年人进门询问。他此前做了一些咨询，以下节选部分对话内容：
> 来访者：你好，我想问一下，我有个朋友的儿子吸毒了，不知道该怎么办，请问

你们这能够给我提供一点帮助吗？

社工：不知道你对你朋友儿子吸毒的状况了解多少呢？比如他什么时候开始吸毒的？吸食的是哪种毒品？现在是什么状态？

来访者：吸的好像是冰毒，应该有一年多了，在家里就发现他吸毒了，但是劝他戒又戒不掉。

社工：那你朋友的儿子是和你朋友生活在一起吗？

来访者：是住在一起，但是我朋友平时工作比较忙，就晚上回来，他儿子好像也不经常回来住。

社工：你朋友的儿子吸毒，那他现在有没有工作呢？

来访者：工作不稳定，具体不好说。

社工：那请问一下，你朋友的儿子吸毒是否曾经被公安抓过？

来访者：这个没有听说，应该没有被抓过。

社工：那你朋友有没有尝试过什么方法帮助他儿子戒毒？

来访者：没有，不知道有什么方法，就是骂他，劝他赶紧别碰了。

社工：如果没有被公安抓过，家里人又迫切希望他尽早戒掉毒品的话，光靠这样子劝诫确实效果不明显，有没有听说过自愿戒毒呢？

来访者：自愿戒毒？是怎样的？

社工：就是去自愿戒毒的医院，到那里戒毒对于没在公安机关留过吸毒案底的人来说，好处就是不会留案底，但是花费较高，一般15~20天一个疗程，要2万元左右费用，戒毒出来之后，需要家里人帮助做有效的康复。但是自愿戒毒不是强制的，首先需要你朋友的儿子有这个意愿。

来访者：哦，这样子的啊，要花那么多钱啊，不知道他们家愿不愿意出这个钱。

社工：毒品不戒，天天都在烧钱，论费钱，冰毒更甚。如果不进行专业的戒毒治疗，家庭的严格监管以及个人毅力，再配合社工的专业辅导，兴许可以戒断，最好安排你朋友的儿子过来和我们社工见个面，我们看看他的吸毒状况才能给出准确的判断。

来访者：哦，好的，谢谢你们。

社工：如果你朋友愿意，可以让他儿子联系我们。请问一下先生您怎么称呼？以及你朋友的儿子姓什么？

来访者：哦，我姓刘，我朋友也姓刘，我给这个卡片给他看看。谢谢你们！

社工：不客气，对了，这个宣传册子也给您带一份吧，给周边朋友宣传一下！

本案中，来访者所提及的服务对象属于吸毒成瘾但未被公安机关查获的人员，也就是说在公安系统里，服务对象没有吸毒的案底，在档案上属于清白的类型，这一类型的对象一方面是为了隐藏自己的身份避免暴露，另一方面又想通过安全可靠的方法尽快戒掉毒品，因此，社工一方面可以提供一些有效的资讯，另一方面可以尽可能获得来访者的信任，以进一步提供咨询服务。

2. 社会面有吸毒史人员初次面访

禁毒社工日常工作中，为了加强对吸/戒毒康复者的管控，需要对辖区范围内的吸/戒毒康复者开展建档及面访服务。通过面访，如果发现服务对象还存在吸毒的风险或者存在对毒品的认知偏差，可针对该服务对象开展个案服务。在社会面有吸毒史人员中，因为吸食毒品被公安机关查获过一次吸毒行为的人员分为两种，一种属于毒品初尝者，另一种已经吸毒成瘾。因此在面访的过程中，针对这类人员的筛查也很重要，关系到社工如何提供后续服务。

案例

社工：什么时候开始玩的（吸毒）？

服务对象：就是被抓那一次喽！

社工：这么幸运！玩一次就被抓吗？

服务对象：是呢，我都怀疑是不是被钓鱼执法！

社工：被钓鱼？第一次玩就被"钓鱼"吗？

服务对象：我也不知道。

（通常如果服务对象说出被钓鱼执法的话语，那说明是有一定经验的人，不只玩一次，一般都是有吸毒案底的服务对象。如果一定时期内形迹可疑，会被公安机关暗中观察，实施不定期抽查）

社工：那你为什么会觉得你是被"钓鱼"呢？

服务对象：被朋友陷害喽！

社工：怎么讲？

服务对象：哎，就是我运气差，遇到不好的朋友，故意陷害我，让我被警察抓。

社工：跟你一起玩的一帮朋友都被抓了吗？

服务对象：都被抓了。

社工：我想问下，他们是第几次被抓呢？

服务对象：我不清楚哦，应该不是第一次吧。

社工：那我可以理解为，其实你和他们一起玩的时候，你是知道他们曾经吸过毒的？

服务对象：都戒了……

社工：现在你因为吸毒被抓了，你有什么想法（关于吸毒）？

服务对象：运气不好，不会再玩。

社工：你前面讲你是第一次吸毒就被抓？

服务对象：是呀，真的是第一次玩。

社工：第一次是自己主动要玩，还是有其他的原因？

服务对象：看过朋友玩过好多次了，这次自己尝试一下。

社工：所以你没有玩之前，大概都清楚朋友是在玩什么？

服务对象：是的。

社工：如果再给你一次机会，跟朋友一起，朋友在玩，你会选择怎么做？

服务对象：没有下次了，不会再跟他们来往。

社工：为什么？

服务对象：自己都被抓了，都不想再玩了。

社工：好的，我了解到你其实第一次吸毒之前就已经接触过吸毒的朋友，也都清楚知道吸毒的行为，但是你并不拒绝同吸毒的朋友一起玩，所以最后你自己还是尝试玩了一下，感觉到你对于毒品并不抵触，也不抵触吸毒的朋友。所以这次你被抓以后，最主要的任务就是避免再次尝试，如果再次被抓，你清楚你将要面临什么吗？

服务对象：知道，三年的尿检嘛。

社工：你挺懂行的，那我就不多说了。我只是提醒你，如果因为吸毒再次被抓，你将会被责令社区戒毒。根据前面的了解，感觉你对于毒品认知还存在一些偏差，你周边有吸过毒的朋友，这些对你而言都将会是将来复吸风险，我希望后面可以就这些因素继续跟你谈一谈。

服务对象：有什么好谈的，都不敢玩了。

社工：你认识好多吸毒的朋友，你一定知道，他们都是从第一次到很多次，这中间有很多的影响因素，我们现在要做的工作就是避免你从第一次到更多次，让你尽可能实现第一次就是最后一次！

本案中服务对象在谈话的过程中有一些隐瞒，甚至不想再和社工继续见面，但是在社工说出一些理由之后，服务对象态度有所转变，说明社工的评估较为准确，有一点打动服务对象，因此，社工可以后续持续跟进，进一步了解他的朋辈群体、个人动机等情况。

(二) 获取信任

对于易染毒群体，社工首要的处理方法就是接触到这个群体，并且获得他们的信任，以便进一步干预。对于易染毒群体，社工介入时需谨慎，稍不注意就会引起服务对象的反感，从而寸步难行甚至终止服务。如果社工发现来访者有可能是易染毒群体，可采用前文阐述的方法进行咨询引导，找出干预的介入点。针对外展发现的易染毒群体，社工可以采取的干预方法和技巧具体有如下几种：

1. 观察兴趣

社工在接触易染毒群体之前，要快速地观察他们的兴趣点，如他们谈话的内容包含哪些话题？他们正在玩的游戏是什么？他们手机正在刷的主题是什么？等等。

2. 趣味话题

社工不宜直接以禁毒社工/外展社工的身份开始进入主题，而应先从他们感兴趣的话题入手，打开话题，使这个群体愿意接纳社工，并且社工尝试与他们就某些话题展开讨论。

3. 健康倡导

话题打开之后，社工在谈话中可穿插一些不会特别引起注意的有关健康交友等话题的提问，试着对他们的交友或者生活习惯等进行正面引导，以了解他们的价值观和他们对自己正在做的事情的想法。

4. 信息获取

在谈话过程中，尽可能获取服务对象信息，如姓名、年龄、学业、家庭状况、父母的管教态度等。

5. 活动邀请

如果谈话顺利进行，社工可以借此机会向他们介绍社工中心的活动，尽可能挑选一些符合他们兴趣，具有一定挑战的团体活动，邀请他们参与，他们感兴趣的话，则视情况进一步详细介绍活动的具体信息。

6. 互留电话

为方便联络，可以尝试询问对方的联络电话，还可以递送中心的卡片和宣传折页等资料。

（三）具体的干预技巧

在早期干预的过程中，会广泛运用到社会工作的方法，如开展社区活动，进行毒品预防教育、禁毒倡导等活动，开展小组活动，针对初尝毒品者或者易染毒群体进行认知能力提升小组、毒品预防小组、能力提升小组等分组，以及开展个案服务或咨询服务。具体干预技巧如下：

1. 生态系统理论介入分析

布朗芬布伦纳认为，自然环境是人类发展的主要影响源，环境（或自然生态）是"一组嵌套结构，每一个嵌套在下一个中，就像俄罗斯套娃一样"（图4-2）。换句话说，发展的个体处在从直接环境（像家庭）到间接环境（像宽泛的文化）的几个环境系统的中间或嵌套于其中。每一系统都与其他系统以及个体交互作用，影响着发展的许多重要方面。

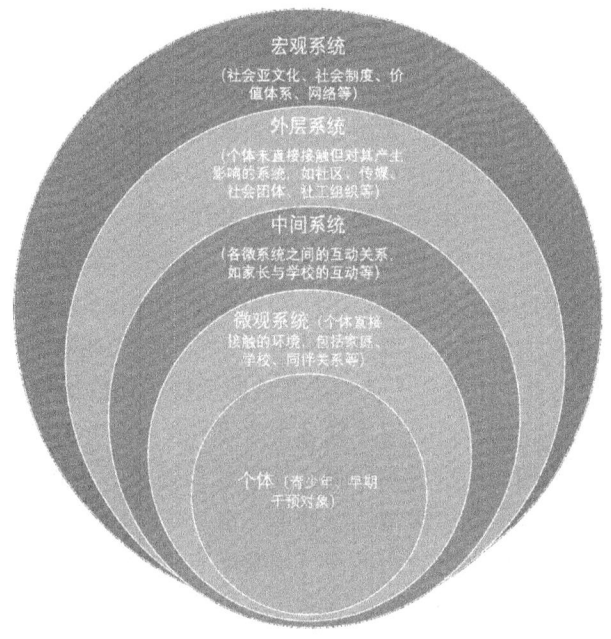

图 4-2　生态系统理论介入分析示意图

在早期干预服务的介入过程中，社工可运用生态系统理论进行个案问题分析，了解其微观、中间、外层、宏观系统对其吸毒行为的干预影响情况。在微观系统中，重点了解其家庭关系、朋辈关系、同学关系、朋友（伴侣）关系的状况以及其他重要相关人。在影响药物滥用的关系中，存在推力和拉力两个层面的影响力关系，推力是指家庭关系、重要关系中存在危机，对个体不信任及排斥导致形成一股推力，把个体往外部风险环境中推；而拉力是指外部环境中的诱惑形成一股力量，将个体往外部风险环境中拉。在分析中间系统时，尤其了解家属对个体的朋辈关系是否了解，是否有足够的互动关系，包括在校青少年，其家长与学校是否有积极的互动，是否了解学生的在校状况等，如果中间系统发挥良好的效果，可避免或减少青少年偏差行为的发生。在外部系统中，个体生活社区的偏见等对个体的发展有重大的影响。在宏观系统中，整个社会体系、社会制度、社会亚文化的发展是影响整个社会潮流的关键影响因素，当今国际社会毒品泛滥、毒品亚文化、毒品易获得、毒品的网络销售等也是影响吸毒者的宏观环境。通过系统的分析，我们可以较为全面地掌握服务对象吸毒行为的影响因素，从而进行有效的干预。

2. 认知行为治疗干预

早期干预阶段，服务对象主要表现出对毒品及其危害的认知不足及认知偏差等问题。因此，根据过往的服务经验，适宜对此群体进行以下干预：

（1）纠正成瘾认知

大部分毒品初尝者使用毒品几乎都是在"吸一口不会上瘾"或者"冰毒这个东西不像白粉那样容易上瘾"此类的话语诱导下开始尝试使用毒品。而人类的心理活动是相当复杂的，尤其是在受到群体的压力环境影响下，会增加其做出本不愿意做的某种行为的概率。

对于成瘾的认知，首先要向服务对象讲述毒品的成瘾机制，毒品是如何作用于人的大脑中枢神经系统，刺激产生多巴胺的生物学机制，基本上食用一口毒品就会让大脑对此产生记忆。当此类的场景再次出现时，人类往往无法抵抗这种大脑记忆中的感觉而选择再次尝试。其次要向服务对象讲述个体的心理活动是如何影响其再次选择使用毒品的，比如，初尝毒品时如果体验不愉快，但由于看到其他同伴的体验不一样，或者与其他同伴描述的不一样，而会快速选择第二次甚至更多次尝试毒品，或者是以"就试这最后一次"为借口，不断地给自己再次尝试毒品找借口。最后要讲述所谓的成瘾/戒断反应是如何表现出来的，通常吸食传统毒品的戒毒康复者很容易体验到停药后的戒断反应，而吸食新型毒品（如冰毒等）的戒毒康复者几乎都会否认自己有戒断反应，这恰恰增加了个体不断想要尝试使用新型毒品的动机，认为自己可以主导是否需要吸食毒品，但是实际上新型毒品也是有戒断反应的，只是身体的戒断反应不明显，往往较为轻微，如肠胃不适、失眠等症状，更多的是心理层面的不适感，如焦虑情绪、抑郁、情绪暴躁、心神不宁等。但是这些反应又往往被服务对象以生活中的杂事为由而不与戒断反应产生联系。

（2）澄清毒品危害的认知误区

大部分吸毒者很清楚传统毒品的危害，而对于新型毒品的危害一般认识不足，到危害显现才会发觉，或者危害已经显现，却以为是其他原因导致，直至产生严重危害，才开始承认或警觉。大部分吸毒者往往是以个人为中心的自我享乐主义者，不会考虑这种行为对自己将会产生深远的影响。

在进行早期干预时，禁毒社工需要对服务对象进行有关毒品危害的警示教育或者预防教育，首先社工需要询问其对毒品危害的认知，评估服务对象对毒品危害的认知是否全面和深刻，在此社工可以引导提问，包括问其是否清楚吸毒者身份将会对他以及家人未来生活带来影响，如驾车，酒店登记，外出搭乘公共交通工具等，对本人就业择业，对子女入学择业，处理邻里关系等。其次社工需要了解其家长、伴侣、家属是否知晓其吸毒行为，并引导其分析如若家属意外知晓，将会发生什么；如若亲朋因此摒弃背离他，将如何应对；如自此遭到亲朋的质疑、不信任，又将如何应对等。再次社工需要强调禁毒法、禁毒条例等对吸毒者的管制约束，引用本地的社会政策来强调本地对于吸毒者的管控措施，在未来将会如何影响到服务对象的就业、就学和生活等。

3. 破除以自我为中心的立场

社工在辅导初尝毒品者或高危人群时，需要采取的手法之一是要破除其以自我为中心的立场，服务对象往往表现出来的是"吸毒只是他自己的个人行为，于家庭于社会无公害"的想法，此时，社工需要帮助服务对象跳出自我，关注到身边的亲朋，帮助其建构家庭的信任关系，促进家庭成员对吸毒者的了解，从而获取家庭力量帮助吸毒康复等。具体辅导的过程中，社工可运用动机式晤谈法来介入，一般的操作方法有：

① 获取服务对象基本信息时一定要了解清楚其家庭结构、朋辈群体、一起居住的群体等；

② 询问及判断其身边的亲朋好友是否有吸毒史，以及是否知道其有吸毒行为；

③ 询问其是否了解或思考过身边的亲朋对其吸毒行为的感受或态度；

④ 换位询问，如果是亲朋有吸毒行为，服务对象会有何感受或态度；

⑤ 进一步询问服务对象是否设想过其吸毒行为会给亲朋好友带来什么影响，以及影响程度如何；

⑥ 进一步询问，假设自己的吸毒行为更加严重，会给自己以及亲朋带来何种影响；

⑦ 以发展心理学的角度，重点引入未成年子女的教育问题，介绍父母角色缺失对未成年子女成长的影响，包括子女成长历程当中所面临的亲子关系负性体验对孩子性格养成及未来交友的影响；

⑧ 假设如果是自己的孩子，会否愿意让他们接触毒品；

⑨ 继而回到其自我潜意识中对毒品的不认可，鼓励其摆脱毒品干扰；

⑩ 引导其借助温情来帮助自己彻底改变。

4. 建立健康志向

针对初尝毒品者以及易染毒高危人群，可邀请其参与感兴趣的素质拓展服务，以丰富其兴趣爱好，扩展其健康的交际圈，提升其社会适应能力。禁毒社工可以开展多种兴趣班、职业技能提升班、野外拓展服务、体育运动、公益服务等。一般禁毒社工可以尝试的操作方法具体如下：

① 了解服务对象吸毒前的兴趣爱好以及现在的兴趣爱好；

② 了解其空闲的时间段以及目前空闲时间会如何消遣；
③ 介绍及展示社工服务机构过往的相关服务成果；
④ 询问其对社工服务机构现有服务的兴趣和意愿；
⑤ 邀请其参与符合其空闲时间段的服务，如果拒绝，进一步询问原因，及其服务的建议；
⑥ 邀请其对社工服务机构现有服务提出反馈意见，并尽可能改进；
⑦ 邀请其正式参与社工服务机构的服务，并留意其参与表现，及时跟进，了解其活动后的感受及效果；
⑧ 回归个案服务，与服务对象一起去发现参与服务后对其产生的影响，谈谈后续的兴趣发展/习惯养成计划；
⑨ 鼓励其持续参与，并及时巩固效果；
⑩ 肯定其产生的改变并且鼓励其自身持续保持健康的生活习惯。

第五节 早期介入个案

一、案例背景

服务对象小敏，24 岁，因为吸毒初次被抓，被判处行政拘留 15 日。拘留结束后，辖区派出所联系到禁毒社工，请禁毒社工联系家属准备接所。

二、搜集信息

禁毒社工从上一级禁毒办和拘留所迅速了解到服务对象的基本信息，随即联系其户籍所在地社区工作站和社区警务室进行上门排查，发现服务对象并没有在其户籍所在地居住，后通过当地派出所的协助，从房管所了解其登记居住的地址是其亲属的房子，禁毒社工随即在公安部门的协助下找到其亲属的联系方式，之后禁毒社工通过其亲属才联系到其父母。在此过程中，禁毒社工一方面需要具备较好的沟通协调能力，另一方面也需要借助行政方面的资源，发挥各部门之间的联动作用，才能有效地找到精准的信息。

三、前期评估，做家属的辅导工作

通过与服务对象父母的访谈，一方面禁毒社工更加了解服务对象的成长经历、日常的生活表现，另一方面社工也积极安抚了服务对象父母的愤怒情绪，帮助服务对象父母保持好态度，以接受服务对象归来。

从对话中，禁毒社工了解到服务对象平时在工作单位里表现很优秀，曾被评为先进个人，不仅当上了工作组小组长，还被公司党支部发展为预备党员。禁毒社工在和服务对象父母的沟通中还发现，父母在服务对象未成年时的管教方式较为严格，家长以权威来压制小孩，其父亲会经常打骂孩子。成年之后，依然管教严格，规定服务对象每晚 10 点前要回家。因此，在这样的教育背景之下，可以想象当父母得知孩子吸毒之后，愤怒情绪难以压制。禁毒社工首先帮助父母疏导情绪，开导父母，让他们不要气馁，也不要着急，既然吸毒行为已经发生，为了避免事情恶化，要学会接受事实，并尝试去理解孩子的吸毒行为。

接下来，禁毒社工在服务对象父母情绪平复之后，理性地与父母沟通服务对象回来以后该如何应对，尽可能帮助服务对象平缓地过渡，而不是将其推向深渊；禁毒社工在这个过程中向服务对象父母讲述了家庭对戒毒康复的重要性，禁毒社工从家庭关系、沟通方式两方面对家长进行微型培训，其父母的态度慢慢开始转变，并且觉得有必要转变态度，帮助自己的孩子不再复吸。

四、顺利接所，早期介入

禁毒社工和服务对象父母一同前去拘留所将服务对象接回来。接回来之后，首先让服务对象来到社区戒毒康复站，因为禁毒社工之前与服务对象并未见面，借此机会，禁毒社工对服务对象进行了早期干预，以帮助其顺利回归社区。

来到康复站之后，禁毒社工首先向服务对象介绍自己的身份，以及禁毒社工和社区戒毒康复站的功能；其次简述社工是如何查找到服务对象的家庭信息、居住信息、就业信息等情况的，以及是通过哪些渠道与其父母取得联系的，向服务对象传达目前政府对吸毒人员管控的严密性；再次，禁毒社工从法律层面向服务对象阐述吸毒的严重后果、吸毒对家庭的影响、吸毒对其未来就业的影响等；最后，就目前的情况，禁毒社工向服务对象转达父母的期望，并和服务对象家属双方共同探讨如何有效地帮助服务对象实现真正的教育，谨以此次为经验教训，保持积极良好的心态面对未来。

在整个过程中，禁毒社工不但向服务对象及其家属进行了禁毒警示教育，提高了毒品初尝者对毒品危害的认知度，避免其进一步以身试法；而且还进行了一次家庭教育，帮助服务对象获取家庭的支持，避免因为家庭的偏见、错误引导而引起服务对象再次犯错。

（张经纬）

拓展阅读

1. 《青少年发展与适应问题——理论与实务》（陈金定，华东师范大学出版社2009年版）

本书分三部分，第一部分阐述适应行为背后机制，说明如何促进青少年发展及使用，以及详述影响青少年发展及适应的家庭、学校及社会因素。第二部分论及如何协助青少年生理、认知、自我认定、情绪、人格、道德、社会关系等方面的发展。第三部分除了提出辅导青少年适应问题之架构外，还说明了如何以此架构分析及辅导青少年自伤、自杀、飙车、药物滥用、中辍、犯罪、饮食异常、网络成瘾等问题。本书适用于父母及以青少年为工作对象的社会工作者。

2.《吸毒者》(刘益善,中国城市出版社 2009 年版)

本书是长篇纪实文学,为人们又一次敲响警钟,向人们再一次发出警告;同时,也展示了作者的社会责任心与时代使命感。在残酷的毒品和事实面前,诗人出身的作者收敛起往日的浪漫情怀,代之以刀一般的笔触,剖开一件件触目惊心的毒品戕害个案,愤怒地控诉着毒品的滔天罪恶,以此警示世人远离毒品,珍惜生命,珍惜生活,珍惜亲情!

第三篇 戒毒服务篇

第五章 自愿戒毒服务

第一节 对象及需求

一、自愿戒毒的概念

（一）自愿戒毒的定义

自愿戒毒区别于强制隔离戒毒、社区戒毒，自愿戒毒是通过吸毒者意识到吸毒行为给自己、家庭、社区带来影响与伤害，主动脱离毒瘾的过程。

（二）自愿戒毒的对象

广义上，所有吸毒者都可以参与自愿戒毒，但自愿戒毒相对于社区戒毒、强制隔离戒毒来说，又有其独特的一些特征，例如身份的隐秘性、戒毒方式的多样等。

狭义上，除了强制隔离戒毒康复者、社区戒毒康复者之外，可以按照吸毒者的吸毒情况、戒毒的场所对自愿戒毒康复者进行分类。按照吸毒情况可以分为吸毒成瘾（但尚未被责令戒毒）者、社区康复者、戒毒成功后复吸者等，其中，吸毒成瘾但尚未被公安机关发现的人群、长期吸毒导致严重躯体疾病的戒毒康复者是自愿戒毒的主要人群，也有一些戒毒成功后复吸、正在社区戒毒或社区康复的人群也会通过自愿戒毒来提高戒毒的成功率。按照自愿戒毒的场所可以分为医疗戒毒康复者、宗教戒毒康复者、家庭戒毒康复者以及其他戒毒机构康复者等。

二、自愿戒毒对象的需求

（一）了解毒品成瘾的机制及危害

由于自愿戒毒的特殊性，自愿戒毒康复者及家属首先需要清楚了解毒品成瘾的机制。因为自愿戒毒康复者中大多是初次吸毒成瘾者、社区康复者、戒毒成功后复吸者，前两者对毒品及其危害的认识还不够，甚至部分人被动吸食毒品后仍然不知自己在吸毒，当出现尿频、尿急、尿痛，产生上腹部反复刀绞样疼痛等躯体不适，就诊于综合医院时，有意或无意隐瞒吸毒史，致使治疗无效，直到严重到出现精神性障碍才去专科戒毒医院治疗。为此，这类群体需要进一步了解毒品及其危害，早发现，早治疗。戒毒过程中，人体会产生不良反应，也称戒断反应。急性戒断反应过后遗留下的一系列症状，称为稽延性戒断症状，具有持续时间长、无自限性的特点，是吸毒者戒断后复吸的重要原因。其次，自愿戒毒康复者及家属需要了解毒品成瘾的危害。毒品成瘾无论对个人还是对家庭、社会等，都具有非常大的危害，这也是一直以来吸毒者受歧视的原因。最后自愿戒毒康复者及家属要了解毒品成瘾前后的心理。

(二) 了解戒毒的知识和信息

自愿戒毒康复者及家属如不了解自愿戒毒的资源、信息，而通过不适当的戒毒方式，会影响治疗效果。特别针对家庭戒毒，如果没有专业社工或医生支持，家庭戒毒存在很多安全隐患，例如吸食冰毒等新型毒品，吸毒者在戒毒期会出现强烈的戒断症状，可能出现自残、自杀或伤人等暴力行为。因此，一般情况下，不建议在家戒毒。自愿戒毒康复者及家属需要了解毒品特性、不同戒毒方法的特点与阶段、禁毒戒毒相关法规以及戒毒服务机构等信息。

(三) 了解自愿戒毒的过程及保持戒断操守

1. 自愿戒毒的过程

这个过程分为三个阶段：生理脱毒、心理脱瘾、回归社会。

在生理脱毒期，用药物替代递减治疗法治疗，戒除身体对毒品的依赖（即体瘾），而戒除精神对毒品的依赖（即心瘾），则需要戒毒康复者自身的继续努力。

在心理脱瘾期，需要对第一阶段的治疗效果进行巩固，同时通过社工辅导、心理咨询和治疗帮助戒毒康复者解决自身存在的心理问题，帮助戒毒者学习如何应对渴求，逐渐戒除心瘾。

在回归社会期，戒毒康复者已经回归社会，回到自己原有的生活环境，或者会换一个新的生活环境。在这一阶段，戒毒康复者必须面对一些稽延性戒断症状，如顽固性失眠、身体各部位疼痛、焦虑、抑郁、胃肠道不适、倦怠无力，以及强烈的心理渴求等折磨，有时甚至还得面对"毒友"的诱惑，社工要教导戒毒康复者如何合理应对稽延性戒断反应，巧妙处理与吸毒同伴的关系，重建健康的生活方式。

2. 保持戒断操守

顽固性失眠和强烈的心理渴求是导致复吸的两大重要原因。

对抗顽固性失眠方面，戒毒康复者需要学习掌握一些能让自己身体放松的技巧，必要时配合药物，长时间调节，尽可能让自己的睡眠恢复正常。

对心理需求方面，渴求的本质是心理依赖，是一种强烈的想要使用成瘾物质的欲望，是一种主观体验；同时渴求也是一种想获得某种成瘾物质的状态，是一种主观的动力状态，在脱毒期间最明显，可在停止吸食使用毒品后持续很长时间。

对此，戒毒工作者可以建议戒毒康复者采取以下措施来保持戒断操守：

① 避开触发因素。如断绝与吸毒同伴的联系，避开吸毒高危地点，扔掉毒品和吸毒用具，远离之前的吸毒场所等。

② 分散注意力。如从事体力活动，以分散注意力；选择进行一些令人感觉愉快、放

松、有吸引力的活动；使用作业单，记录下令人感觉愉快的活动，并安排从事这些活动的时间。

③ 与信任的人讲述体验和经历。当出现渴求感时，与信任的人谈谈戒毒的感觉，向他人描述渴求体验，是一种非常有效的防止复吸的策略；也可与关心支持戒毒康复者、不吸毒的朋友或家庭成员谈论这些体验，从而可以缓解焦虑和无助的感觉。

④ 反思再次吸毒的消极后果。戒毒康复者可以回想戒断或者控制用量的好处，以及回到从前的吸毒状态的害处；同时可以制作"提醒清单"，将转变的好处和继续吸毒的害处写在容易找到的纸上（如放在钱包里的空白名片），以达到警醒的效果。

⑤ 积极的自我交谈。积极性的自我交谈可以提醒自己戒断毒品的目标和好处，同时也可以对抗与渴求感和吸毒有关的扭曲的自动想法。如："即使我不用，我也不会死"；将渴求感视为短暂性的感觉，如"我之前也有过这种渴求感，而且挺过去了"；同时勾画积极的未来愿景，如"我应对这些感觉的经验越多，这些感觉就会越来越轻"。

⑥ 必要时配合药物治疗。具体服药类型、剂量听从医生嘱咐。

（四）激发和增强戒毒的动机及信心

与强制隔离戒毒对比，自愿戒毒康复者处于一个相对开放的戒毒环境，如果戒毒康复者自控力较差或者家人监护不到位，极易受到"毒友"、毒贩的诱惑，复吸的可能性更大。即使是在戒毒医院，由于戒毒康复者与医院签署协议，处于半封闭的禁毒环境中，很多医院根据戒毒康复者吸食的毒品类型、身体症状会建议1~6个月不等的治疗期，但很多戒毒康复者在生理脱毒后就匆忙出院，然后出现焦躁不安、失眠等戒断症状，就又很容易通过复吸来缓解。因此，需要不断强化自愿戒毒康复者戒毒的动机，增强戒毒康复的信心。

（五）隐藏吸毒者身份

不少自愿戒毒康复者及其家人选择自愿戒毒原因，一是碍于名声，不想被身边的人知道自己或自己家人吸毒；二是担心如果吸毒后被抓进强制隔离戒毒所或责令社区戒毒，被列入"吸毒人员网上动态管控预警系统"（简称"动态管控"），影响出行、出差住宿、就业等日常生活；三是不适合强制隔离戒毒，例如青少年、孕妇以及重病吸毒者更倾向自愿戒毒。基于这些原因，这些人群都有很强的身份保密性要求。

（六）维持戒毒的经济需求

在自愿戒毒的类型中，宗教戒毒康复者因为有信徒捐赠或企业资助，往往不需要太多的经费支出。但一般的医疗戒毒康复者戒毒却需要面临较大的经济负担，主要原因是：首先，戒毒康复者需要暂时离开工作岗位。戒毒一般分为生理脱毒、心理脱瘾、回归社会三个阶段，前两个阶段的戒毒时间根据吸食毒品的类型和时间不同而略有差别，以北京某自愿戒毒医院为例，海洛因的强效治疗期为21天，冰毒为3~6个月。无论采取哪种戒毒方式，都意味着戒毒康复者需要离开工作岗位。其次，无论入住戒毒康复医院还是自愿戒毒机构，都需要戒毒康复者缴纳治疗费。以广东某自愿戒毒医院为例，针对不同的毒品成瘾症状有不同的收费标准,按照一个疗程20天,居住四人间的标准计算,平均费用是15000元~20000元不等;有些戒毒医院可以根据戒毒康复者病情及家庭状况不同,提供不同的治疗方案。整体而言,一个疗程需要20000元左右的治疗费用。最后,我国还没有将毒品依赖治疗纳入医保报销范围,因吸毒行为产生的治疗费用,医保是不予报销的,这笔费用对家境并不宽裕的家庭而言是不小的负担。

(七) 修复家庭关系

吸食毒品会使吸毒者产生很强的躯体依赖和精神依赖,即没有吸食毒品就会出现强烈、难以抑制的觅求药物行为。有些吸毒者为了获取毒资而去骗人、盗窃、抢劫、杀人,家人之间的关怀不复存在;一些吸毒者在"戒毒—复吸"之间不断反复,家人之间的信任关系变得支离破碎。但戒毒康复者能否戒毒成功,与家庭的支持与关怀又是密不可分的,所以戒毒康复者家庭关系修复也是自愿戒毒康复者的主要需求之一。

(八) 重建社会关系

戒毒康复者在戒毒过程中有重建社会支持系统的需要。特别要注意其断绝与吸毒同伴的联系,必要时可更换新的生活环境;同时,需要结交一些对戒毒康复者有积极性影响的朋友,使其重新获得正向的亲密关系,有助于重建其自信心和自尊心,有利于维持后期的操守。

(九) 回归社会

自愿戒毒康复者与其他类型的戒毒康复者一样,也有回归社会的需要,而且因为身份隐秘性,所以他们回归社会、重新就业的机会更大。有一些福音戒毒机构,会接受戒毒康复者留在农场或山庄工作,通过戒毒康复者劳动实现自给自足,这也是回归社会的一种方式。本书有专门章节阐述社会回归,在此不赘述。

第二节 理念及理论

自愿戒毒主要利用自愿戒毒特有的匿名效应,通过禁毒社会工作专业的服务提高戒毒康复者的自我效能感,动员和协调戒毒康复者的社会支持网络,达到戒毒康复人员成功戒毒的目的。

一、匿名效应

匿名效应是人们把在不记姓名或在相互不了解的情况下个体独立性、自主性得到充分体现的现象。匿名具有减少对个体的心理压力、创造畅所欲言的气氛、匿名的责任不需负责等优点。自愿戒毒中的匿名效应即社会大众不知道谁是吸毒者,例如自愿戒毒医疗机构会对前来自愿戒毒的人员对外进行保密,不会透露其真实信息,前来自愿戒毒的人员可给自己起一个暂时的名字如"张三""李四"等;而且大部分的自愿戒毒康复者都会考虑到自己的名声,不想被身边的人知道自己或自己家人吸毒。所以在自愿戒毒服务中,社工更需要无条件接纳服务对象，注意权衡伦理冲突，在尊重戒毒康复者隐私的条件下，帮助戒毒康复者戒毒。这是自愿戒毒的最大优势，也是自愿戒毒逐步得到重视和推广的原因。

二、人在情境中

人在情境中，是指人不是完全独立自存的个体，研究一个人，必须将其放到其所处的环境中进行，即其家庭、学校、工作场所等，同时认为人受到环境压力和人们彼此冲突的影响和困扰。在开展自愿戒毒服务时，需要注意三个方面：一是戒毒康复者直接接触的微观环境事物，包含活动、角色、人际关系，如原生家庭、朋辈关系、工作群组、同学、自助团体等；二是戒毒康复者未牵涉其中的场域，但会影响戒毒康复者或被戒毒康复者所影响的中观环境事物，如媒体、拓展家庭、职场、学校、宗教团体、社会服务；三是次文化或文化层次的信念系统或意识形态，如文化、信仰系统、网络、媒体、社会、政府等宏观环境事物。在服务过程中，根据戒毒康复者所处的具体情境，确定合适的介入方案。

三、自我效能理论

社会学习理论的创始人班杜拉（Albert Bandura）从社会学习的观点出发，在1977年提出了自我效能理论，用以解释在特殊情景下动机产生的原因。自我效能表现为自信、自尊、自我价值感，指的是在解决问题的过程中我们对自己的能力、效率和信心的认识。班杜拉等人的研究指出，影响自我效能感形成的因素主要包括个人自身行为的成败经验、替代经验、言语劝说、情绪唤醒、情境条件。基于该理论，在自愿戒毒服务中要设置适当的目标与任务，让戒毒康复者不断体验成功感；进行归因训练，引导戒毒康复者积极归因；以"过来人"的榜样示范鼓励戒毒康复者，让戒毒康复者相信自己"能行"；树立多元评价观，注重戒毒康复者全面发展；创设宽松和谐的环境，营造戒毒的语言氛围；等等。

第三节 干预策略

由于不同戒毒方式对戒毒康复者产生不同的影响，社会工作者应采取不同的干预策略，下面根据按照不同的自愿戒毒场所，分别阐述相关的干预策略。

（一）医疗戒毒康复场所

医疗戒毒康复场所包括自愿戒毒康复医院、武警医院、精神类专科医院、美沙酮维持治疗门诊（简称美沙酮门诊）等开设自愿戒毒的医疗场所。医疗戒毒模式是基于心理学的"人性观"基础理论，根据戒毒康复者的身心特征、社会家庭情况并结合临床医学知识发展出来的戒毒手法。如广东某戒毒医院提出"四位一体"戒毒模式，即从戒毒康复者身体、心理、社会功能方面入手，通过多种形式的治疗活动，针对不同戒毒康复者的情况，采取个性化的治疗手段进行戒毒康复。医疗戒毒的内容包括：

① 临床治疗。戒毒康复者在吸毒过程中，毒品对身体各器官有不同程度的损伤，需要进行身体上的治疗修复。目前国内多数自愿戒毒医院都采取中西医结合治疗法，不但戒断戒毒康复者对毒品的生理依赖，同时辅助物理治疗，促进戒毒康复者身体机能恢复。

② 心理干预。针对吸毒导致的家庭或人际关系问题，或自身的心理问题进行心理干预及情绪疏导，严重的，还需要辅助药物治疗。

③ 生命教育。很多戒毒康复者出现内心空虚，容易导致复吸，应侧重于修正戒毒康复人员的世界观、婚姻观、是非观和人生观等。

目前医疗戒毒的发展形势正在发生急剧变化，传统的自愿戒毒医院数量在萎缩减少，这是因为，一是新型毒品正成为主要毒品，例如海洛因等传统毒品断后8~12个小时内必有打哈欠、流鼻涕等戒断症状，随着国家大力打击，吸食者增量很低，而冰毒等新型合成毒品开始蔓延，新型毒品侵蚀的是中枢神经，戒断症状伴随精神性障碍；另外一些新型毒品的戒毒康复者前往精神科医院就诊，所以自愿戒毒医院的就诊人数越来越少；二是很多自愿戒毒康复者对于半封闭式的治疗感到枯燥、无聊，在生理脱毒结束后着急出院，原本建议1~3个月的治疗，可能半月或一个月就结束了；三是全国各地推广美沙酮维持治疗门诊，在美沙酮门诊，戒毒康复者每天服用一次美沙酮，可保持24小时内不犯瘾，价格为10~30元，与去自愿戒毒医院的成本相比有较大的优势。

美沙酮门诊主要提供服用美沙酮、体检和尿检等服务，社会工作服务作为有效的补充。以深圳市龙岗区彩虹社会工作服务中心为例，社工定期到美沙酮门诊开展个案和小组社会工作等服务，提高戒毒康复者的戒毒的成功率。目前大部分的自愿戒毒医院都配置了心理咨询师，但基本上没有配置社会工作者，但对社会工作服务有着较强的需求。社会工作介入医疗戒毒康复，要充分与医务人员、心理咨询师合作，发挥各自专业优势，主要方法如下：

① 个案服务。运用社会工作理论，结合心理学的技术，为戒毒康复者提供"身—心—灵—社"全人发展服务，包括对心理-社会、经济状况、家庭关系、生态系统等进行评估，与服务对象制订服务计划，针对性开展服务，包括开展增强戒毒动机、疏导负面情绪、改变错误认知、协助申请经济援助等戒毒康复者需要的服务。此外，针对家庭关系较差的戒毒康复者，社工还需要家访，开展家庭治疗，改善家庭关系，重建家庭沟通方式，发挥家庭的作用，帮助戒毒康复者成功戒毒。

② 小组工作。在医疗戒毒康复场所开展兴趣学习小组，帮助戒毒康复者学习新的技能，发掘兴趣爱好；戒毒康复互助小组，让戒毒康复者认识毒品及其危害，充分利用小组动力，增强戒毒动机；邀请"过来人"分享戒毒成功经验，增强戒毒信心；组织家庭成员互动，改善家庭关系；划分防复吸小组，学习防复吸技术；等等。

③ 社工活动。组织戒毒康复者参与体育竞技、文艺晚会、团体建设、户外拓展等活动，培养其健康生活方式等。

(二) 宗教戒毒康复场所

宗教戒毒康复场所包括在寺庙开展的佛教戒毒，在自愿戒毒中心、农庄或山庄开展的福音戒毒。我国利用宗教信仰进行戒毒康复，有文献记载的可追溯至20世纪50年代香港地区的福音戒毒服务。内地是在近10年来才得到较快发展。宗教戒毒中，以云南的基督教福音戒毒、澳门的福音戒毒和四川凉山彝族毕摩教戒毒最为典型。

不同的宗教对戒毒期有不同的分法，分为三个阶段、四个阶段和六个阶段，但综合来看，基本上还是按照生理脱毒、心理脱瘾、回归社会三个阶段进行。

对生理脱毒期，不同的宗教采取不同的方式，如东莞某生命辅导中心（福音戒毒）由学长（"过来人"）24小时陪同，医务人员协助脱毒；又如泰国的探克拉布寺（佛教戒毒）则提供中药剂给戒毒康复者服用，催吐；有些则联合戒毒康复者家属（例如美国的晨曦之家）、家支（四川凉山彝族的父系亲族组织）力量，对戒毒康复者进行照顾和服侍，采用祷告诵经等方式使戒毒康复者内心平静。

对心理脱瘾期，借助经典宗教书籍或经文对戒毒康复者进行心理矫治，消除罪恶感、伤害感，重塑正确的人生观、价值观；以宗教教义教导戒毒康复者崇尚真、善、美，规范言行，并安排一定简单的习艺劳动，着重培养戒毒康复者的责任心和抗压能力。

对回归社会期，利用宗教经典著作加强戒毒康复者的信仰信念，保持诵经、灵修、祷告、打坐、静思等习惯，帮助戒毒康复者培养社会交往能力，重建社会交际网络，有的宗教戒毒机构还会提供一些职业技能培训，为其重返社会打下基础。

由于一些宗教戒毒机构会得到信徒捐赠或企业捐赠，所以戒毒康复者无须担心费用问题。宗教戒毒有较长戒毒期限，如东莞某生命辅导中心规定一般情况下需要进行18个月戒毒，戒毒成功后回归社会，有些留在山庄工作，继续帮助他人。有些宗教认为只要戒毒康复者真正认识到毒品的危害，具备戒除毒瘾的意志，遵守宗教教规，不管是处于什么阶段的戒毒康复者，都完全可以根据自身实际情况，无限期延长戒毒时间，直到完全控制毒瘾，回归正常社会生活。

目前内地大部分宗教戒毒场所中尚没有配备专业社会工作者，许多宗教人士采取社会工作方法开展戒毒服务，有些宗教服务也朝社会工作专业发展。例如上海、西安、成都和福建等宗教界已有在政府部门注册社工机构，承接政府购买服务。香港基督教服务处、基督教香港信义会等机构已专门开展戒毒社会工作服务多年，并形成一套成熟的戒毒模式，社会工作者介入宗教戒毒得到实践验证，在内地推广也是新的趋势。社会工作者介入宗教戒毒，主要采取个案工作、小组工作和社区工作的介入策略。社会工作者要尊重戒毒康复者的宗教信仰，促进其"身—心—灵—社"全方位发展。鼓励戒毒康复者在宗教场所修身养性，改变错误认知，强化戒毒动机；引导其修复与家人的关系，协助戒毒康复人员参与劳动及社区公益活动，重新融入社区；提供就业信息，增强就业技能，协助其正常回归社会。

（三）家庭戒毒康复场所

戒毒康复者在家中进行戒毒康复，主要由其家人或亲友护理，通过专业人士指导，服用戒毒药物完成生理脱毒、心理脱瘾、回归社会的治疗过程。

家庭戒毒康复比较适用于戒毒康复者处于吸毒成瘾前期，且有较强的戒毒动机，尚未出现严重精神性障碍及严重的躯体疾病，否则不适合家庭戒毒。家庭戒毒时需要注意：一是由合法的戒毒医院/机构派遣专业医生和禁毒社会工作者进行双重评估，专业医生对戒毒者生理情况进行检查评估，社工对家人、照顾者等的社会-心理进行评估；二是家人、亲友作为主要护理人员，需要24小时轮流陪护，如若他们不具有戒毒专业知识，则必须有专业人士指导，否则不适合在家进行自愿戒毒；三是评估认定不适合进行家庭戒毒的戒毒康复者，或其在家庭戒毒出现严重生理、心理反应，或出现复吸行为的，应该转介自愿戒毒医院进行医疗戒毒或者强制戒毒机构进行戒毒。在这过程中，禁毒社会工作者主要采取个案管理、家庭治疗的介入策略。

治疗前，社会工作者应对戒毒康复者进行面谈、评估，对于适合家庭戒毒的，社会工作者可与戒毒康复者及其家属签署三方协议，建立个案服务关系，制订戒毒计划，告知可能出现的戒断症状，帮助戒毒康复者坚定戒毒的决心；明确社会工作者、专业戒毒医生以及护理人员的工作分工、集中面谈次数、时间，形成个案管理网络；对护理人员进行看护、料理以及家庭毒品检测的培训，发挥家庭的作用，给戒毒康复者最大的支持。

治疗中，社会工作者要定期与戒毒康复者、专业戒毒医生、护理人员以及戒毒康复者亲属进行面谈，主要跟进以下工作：

① 了解家庭自我监测情况，包括家庭毒品检测情况、作息时间、情绪、心理状况以及戒断症状；社会工作者和护理人员要坚决阻断戒毒康复者与毒品的联系，鼓励戒毒康复者及其家属坚定信念，肯定戒毒康复者的进步。

② 与专业戒毒医生了解用药情况。正确选择药物，所选药物应药效明确，能逐日减轻并消除戒断症状，特别是前三天的药效必须明显、起效快，具备明确控制戒断症状的时效作用关系；安全，无严重不良反应等毒副作用。特别注意：自愿家庭戒毒康复者及其家属不能私自用药，具体服药类别、剂量听从医嘱，不能滥用受国家管制的药物。

③ 加强护理与观察。在脱毒期，由于戒毒者生理上处于急剧变动时期，不宜安排体力劳动或体育锻炼，应鼓励其进食，减少体力消耗；护理人员应该熟悉有关知识，了解和掌握脱毒药物起效过程的作用时间、可能发生的不良反应及相应的处理措施；建立巡回护理制度，对身体过度虚弱、症状严重、有过激行为、血压过高或过低、有心脏病史、有溃疡病史、严重感染、持续高烧、呕吐严重、大量出汗、脱水者，一定要加强护理和观察，以防止意外事件发生，必要时候送医院治疗。

治疗后，如果家庭戒毒成功，社会工作者仍需要持续跟进，帮助戒毒康复者完成心理脱瘾，重建戒毒康复者的生活方式，协助戒毒康复者回归社会。如果家庭戒毒失败，社会工作者应与戒毒康复者进行原因总结，寻找失败原因和改进措施，鼓励和支持戒毒康复者继续戒毒，或转介戒毒康复者到专业戒毒机构/医院，进行医疗戒毒；如果以上方式都已失败，戒毒康复者多次复吸，则应劝戒毒康复者转为社区戒毒或强制隔离戒毒。

家庭戒毒因其人性化及隐蔽性的特点而得到比较快的流行，未来"社会工作+医学"的模式将很有可能是大趋势，目前上海、深圳的一些企业或社会组织已开展了一些实践，具有较强的可操作性。但在实际操作层面，对于社会工作者与医务人员仍面临较多的伦理两难及较高的职业风险。例如，面对复吸的服务对象，社工如何在"保密"与"法律"之间做选择？如果家庭戒毒过程中服务对象或其照顾者发生伤亡，社工、医务人员需要承担什么样的法律风险？家庭戒毒仍需要积累更多的实践经验及政策法规上的进一步完善。

(四) 其他戒毒康复场所

除了以上自愿戒毒场所之外，我国港澳地区的其他戒毒康复机构的做法也值得借鉴。香港自愿戒毒一般包括9个月自愿戒毒所生活，3个月中途宿舍以及12个月社会面的跟进，同一名社会工作者全程跟进为期 24 个月。在我国香港地区，自愿戒毒除了会有政府部门（如福利署、禁毒署、卫生署）的资助之外，还有慈善组织（如香港赛马会、狮子会）资助，资助一些慈善机构发起成立自愿戒毒中心。香港大部分的自愿戒毒中心和一般的公益机构没有什么区别，强调服务性，为吸毒人士提供多元化的戒毒服务，包括宗教、非宗教、住院式或门诊式服务，目的都是为戒毒康复者提供合适的服务，积极的社会活动也是其中很重要的一部分，组织多样的活动是戒毒中心的必备课程之一。例如上文提到的香港基督教服务处、基督教香港信义会成立自愿戒毒中心，虽然机构有基督教背景，但他们提供的戒毒服务不仅仅依靠宗教信仰，还利用专业社会工作者、医务工作者等专业力量开展戒毒服务，许多非基督教信仰者也能得到他们的服务。

在脱毒脱瘾期，以基督教香港信义会天朗中心为例，他们在天水围、元朗等地提供戒毒服务，支援戒毒康复者家属，促进社区、学校和团体的禁毒教育等，主要采取中西医结合治疗，以社工服务、灵性牧养（互助生命小组/福音团契）、体育康娱等方式促进戒毒康复者身心灵全面发展。

社会工作者提供个案及小组社会工作服务的介入策略为主。开展个案管理服务，分类分级干预；发动"过来人"担任朋辈指导员，增强戒毒康复信心；开展"感化协作助更生"小组，提高戒毒康复者戒毒动机；为他们及其家人提供才艺及技能培训，为戒毒康复者培养新的兴趣，减轻家属面对子女吸毒问题的压力，进一步装备自己，达致助人自助的目的；进入社区、学校，开展外展服务及禁毒教育；设计开发的"毒瘾忍无可忍"智能手机应用程序，辅助戒毒康复。

与此类似的还有香港基督教服务处的赛马会日出山庄，它是一间门诊住院兼容戒药中心，整个中心没有保安，社会工作者服务为主要服务人员，聘请部分戒毒康复"过来人"参与管理。

在回归社会期，以香港基督教服务处 PS33-药物滥用者中心为例，他们提倡根据社会变化及药物滥用的趋势，积极开拓多元化、多层次以及切合社会实际需要的服务。香港基督教服务处获得香港禁毒基金资助，于 2010—2012 年在西九龙区推行戒毒康复者与社区连接行动——"深城起动"计划。

社会工作者在该计划中扮演举足轻重的角色，包括辅导者、策划者、倡导者、协调者、教育者、赋权者、资源审批者等。社会工作者开展个案服务，跟进戒毒康复者；开展各类小组与活动，发动"过来人"担任朋辈指导员；发动社区组织、合作伙伴以及志愿者参与其中；定期组织会面，促进社区接纳戒毒康复者，促进戒毒康复者融入社区，回归社会。另外，该计划还开发了"点·甩"智能手机应用程序，成为流动戒毒辅导员，减少因吸毒造成的危机，即时疏导负面情绪。

第四节 方法及技巧

自愿戒毒可以采取个案工作、小组工作、社区社会工作等工作手法介入，实践证明，个案管理模式特别适用于自愿戒毒服务。禁毒社会工作者担任个案管理者，在戒毒脱瘾阶段，开展生理—心理—社会功能评估、制定服务方案、规划及协调资源、督促和管理个案服务网络的运行。在回归社会阶段，禁毒社会工作者主要提供协调、支持服务，包括职业发展、志愿小组服务、医务跟进、家庭生活重建等。

一、生理评估、心理评估和社会功能评估

在自愿戒毒的个案管理上，必须建立较为完善的评估体系，对自愿戒毒康复者进行生理评估、心理评估和社会功能评估。

生理评估，即是对戒毒康复者的生理状况，包括身体的一般健康状况和体质状况的评估，这方面可以参考戒毒康复者的体检报告；同时也需要进行谈话，在谈话过程中了解戒毒康复者的身体健康状况和体质状况的变化情况。

心理评估，需要建立基础评估作为对照，运用专业知识和技能，利用心理测评量表及专业性谈话，在心理、行为表现、认知状况三个方面对个案进行评估，作为治疗有效性的判断依据。

社会功能评估，是对即将回归社会的自愿戒毒康复者进行社会功能评估，内容包括家庭对戒毒康复者的支持状况、社会支持网络现状、人际交往能力、时间管理能力、解决问题能力、自我约束能力、职业技能情况、对家庭承担义务情况等。

二、心理治疗

吸毒上瘾即对毒品产生了依赖性，这种依赖性主要包括心理依赖与生理依赖两个方面。毒品的心理依赖比毒品的生理依赖更令戒毒康复者难以承受。因此，戒毒是一项系统工程，必须从心理上、生理上同时治疗，相互配合，才能真正达到戒毒的目的。首先要消除戒毒康复者对药物的生理依赖，但关键还是要消除戒毒康复者的精神依赖。任何药物都只能起辅助作用，只能戒掉生理上的依赖性，而无法使戒毒康复者最终戒除毒品。而心理治疗技术在毒瘾戒断过程中起着巨大的作用，从理论上矫正戒断者关于吸毒原因的错误认知，帮助其建立正确的毒品认识，在此基础上，再采用情绪和行动方面的治疗，通过解决"本"达到治理"标"的方法，以理性治疗非理性，帮助戒毒康复者以合理的思维方式、信念代替不合理的思维方式和信念，从而最大限度地减少不合理的信念给戒毒康复者生理带来的不良影响，帮助戒毒康复者减少或消除已有的情绪障碍，从而达到帮助戒毒康复者毒瘾戒断的目的。以下介绍一些较为有效的心理治疗方法。

（一）房—树—人绘画分析

采用房—树—人绘画分析时，绘画内容包含房子、树和人。房-树-人绘画分析可以把人看不见、摸不着的情绪、成长经历等绕过画图者的心理防御，以图像化的形式表达出来，它是表达人潜意识的一种直接工具，因为人在画画的时候会把自己的性格倾向、心理需要、心理问题等投射到图画中。通过绘画，我们可以确定一个人的情绪和人格特征、内部心理现实，而且还能看出绘画者的人生经历。这种方法的优点就是房、树、人这三个物体为大众所熟悉，不管是幼童还是老人，都可以通过这三个物体来诱发个体有意识的和无意识的联想。通过绘画，可以考察人格整合程度，作画人对家庭、亲情的态度和看法以及人对自我成长的看法。因此，运用房-树-人绘画分析技术可以直观地分析毒品成瘾人员内

心中最真实的东西。

绘画前的指导语："现在请您在这张纸上自由地作画，请按我指定的区域画下几样东西，房子、树、人以及一幅房子、树、人画在一起的画。你可以想怎么画就怎么画，只是尽量尝试画一个完整的人，不要画漫画和火柴人。"

（二）意象对话技术

通用的有"照魔镜"和"困于坑内"两种意象。

"照魔镜"意象对话：引导戒毒康复者从魔镜里看到那个影像，可以是其本人的形象，也可以是植物、动物及任何物品，让戒毒康复者把在魔镜中看到的影像描述出来，包括这个影像给他带来的感觉等。理论上认为，戒毒康复者描述出来的这个影像便是他内心真正的自我形象。

"困于坑内"意象对话：引导戒毒康复者想象掉进了一个坑内，让其描述这个坑有多大，有多深，自己能否爬出来；如果不能，社会工作者放一条绳子给他，问他能否被拉上来。理论上认为，他所处的这个坑便是当前遇到的困难，坑的大小便代表心目中这个困难的大小，自己能不能爬出来，代表自信程度。社会工作者可以从不同的角度去发现其自我概念以及自信程度。

意象对话实用方便、操作性强，特别是遇到阻抗性强的戒毒康复者，更有利于社会工作者挖掘其深层次的心理活动。不足的是，可能无法辨别戒毒康复者所报告出来的意象是真实浮现出来的，还是其参透社会工作者的意愿而作出的符合要求的回答。

（三）经验再构技术

让戒毒康复者详细回忆"最开心或最有成就感或感到最自豪的一件事"，使其在重新体验愉快经历的过程中增强自信。

在心理辅导的一般程序中，可以将经验再构作为一次单独的会谈内容。一般涉及的内容还可以有"最伤心的一件事""最痛苦的一件事""记忆最深刻的一件事"等。一般的做法是引导戒毒康复者进行深层次的回忆，当感觉到戒毒康复者开始体验到当时的感受时，要鼓励戒毒康复者投入进去，体验身体的每一个变化。比如，戒毒康复者感到很开心的时候，可以引导他体验此时此刻的呼吸是怎么样的，身体的感觉是怎么样的，心理状态又是怎么样的……让戒毒康复者充分体验由愉快所带来的畅快感。如果戒毒康复者此时此刻体验到的是成功的感觉，那么他会重新获得那种由成功所带来的各种美妙的感觉，从而增强他的自信。

经验再构技术可以让戒毒康复者重新体验过去发生的事情后，他们对自己重新进行审视，对于最有成就感的感受体验，会使他们获得久违的自信。不过，有时戒毒康复者态度不够认真，不能理解社会工作者的这个做法，因此体验不够深刻，很难达到效果。

（四）催眠术

催眠术，是指通过催眠手法使戒毒康复者处于催眠状态，意识范围变得极度狭窄，借助暗示性语言，以消除戒毒康复者病理心理和躯体障碍的一种心理治疗方法。由催眠治疗师引导，带领戒毒康复者去探访自己毒品成瘾的内心世界，让戒毒康复者了解自我原因，修复心理成瘾，从而重新接纳自己、欣赏自己、激发潜能、克服毒瘾及将来生活障碍的有效的方法。

催眠疗法并不仅局限于"意识"状态的治疗，它是一种深度的潜意识心理治疗法，在我国已施行多年，通过催眠师的协助，来帮助戒毒康复者戒除不良的习惯、恢复心理创伤、帮助睡眠、树立自信，只要戒毒康复者有决心，都能够都能达到预期的效果，当然戒除毒瘾也不例外。

在催眠中，催眠治疗师会为想要戒断毒瘾的戒毒康复者找到他可接受的戒除毒品的理由与戒毒的方法，帮助戒毒康复者建立一个新的认知与习惯，来终止吸毒这种有害于自己与社会的不良习性。催眠戒毒疗法是目前尚处于实践阶段的心理技术戒毒方案，和传统戒毒疗法相比较，有明显的优点：易实施、成本少、痛苦小、见效快、无副作用、不容易复吸等。但是，人类的神经机制极为复杂，催眠戒毒绝对没有"标准"与"程序化"的方案，因此催眠治疗师应当不断学习并在临床当中加以应用，累积更成熟的治疗经验，有能力以"见招拆招"的催眠技术帮助不同戒毒康复者戒除毒瘾。

（五）沙盘游戏

沙盘游戏治疗是采用意象的创造性治疗形式，集中提炼身心的生命能量在所营造的"自由和保护的空间"（治疗关系）气氛中，把无形的心理事实以某种适当的象征性方式（沙子、水和沙具）呈现出来，反映了沙盘游戏者内心深处意识和无意识之间的沟通与对话，以及由此而激发的治愈过程和人格发展，从而获得治疗与治愈，创造与发展，以及个性化的体验。

在沙盘游戏治疗中，治疗师提供沙盘、水以及沙具，戒毒康复者在沙盘所限定的区域里，借助于这些道具发挥自主想象，创造一些场景，将他最内在的意识和无意识想法和感觉以及所面临的问题，转变成物质的形式。同时，也可以在沙世界中进行动态演绎，使戒毒康复者真实地、身临其境地感觉、体验、反复检验内在的迷惑和感觉，使戒毒康复者在动态发展中调整自己的认知结构和行为模式，对未来生活进行演练，甚至可以创造性地与内在自我、他人和社会进行心与心的对话与交流，使戒毒康复者真切地感受到此时此地最本真的问题和性质。

沙盘游戏是一种实用的、体验性的工具，它创造了一个从无意识到意识、从心灵到物质、从非言语到言语的沟通桥梁。因为没有威胁性，游戏中所创造的世界无所谓好坏对错，可以使戒毒康复者的心理防御极大的降低，可以激发戒毒康复者创造力、内在感觉、知觉和记忆，并将它们带到外在现实且提供具体证据（具体化、客观化），提供治疗师做个人心灵探索的机会，让戒毒康复者退行到过去的体验，促进其康复和整合。

（六）积极暗示

积极暗示是穿插在各种治疗技术中的一种对戒毒康复者起到积极作用的暗示方法。如在咨询的过程中，发现来访者出现的微小变化时，禁毒社会工作者可以抓住契机，运用积极暗示技术及时进行强化，而对已经出现的积极变化则更需要及时进行强化。

另外一种积极暗示的方法是通过自我暗示来完成的。具体的做法一般是让戒毒康复者每天起床的时候操作一次，睡觉前操作一次，告诉自己一定能够摆脱毒品的诱惑，告诉自己一定可以达到自己想成为的样子，学习自我鼓励。或者，禁毒社会工作者与戒毒康复者一起来制定自我暗示的内容（内容可以根据戒毒康复者的具体情况而定），然后让戒毒康复者把该内容写在纸上，同样在每天起床的时候拿出来对着纸上的内容大声念一遍，晚上睡觉之前再重复一遍。积极暗示在理论上对人所能起到的作用，是心理学界公认的，对增强戒毒康复者的自信心相当有效。不足的地方在于没有立竿见影的效果，这要求戒毒康复者坚持一段时间。

（七）动机晤谈法

动机晤谈法，也称动机访谈法，由美国心理学及精神医学教授米勒和英国心理学家罗尔尼克创立。动机晤谈法主要是通过独有的面谈原则和谈话技巧，协助人们认识到现有的或潜在的问题，从而提升其改变的动机。在动机访谈过程中，辅导者并非担任权威的角色，而是以同理心去了解服务对象的处境，肯定他们自己有能力作出改变。辅导者主要是协助服务对象认识到目前的问题，建立一个正面的氛围，促使其走向改变之路。在晤谈过程中，禁毒社会工作者并非担任权威的角色，而是协助戒毒康复者认识到目前的问题，营造正面的氛围，以同理心去了解戒毒康复者的处境，肯定他们自己有能力作出改变，促使其走向康复之路。

该方法的具体运用会在本书第八章第四节进行详细介绍，或课后阅读《动机式访谈法——帮助人们改变》（［美］William R. Miller、［英］Stephen Rollnick 著，郭道寰、王韶宇、江嘉伟译，华东理工大学出版社 2013 年版）。

（八）角色扮演技术

通过角色扮演，让戒毒康复者学习面对"毒友"时正确的应付方式，增强他们脱瘾出院后抵制"毒友"诱惑的信心。可由禁毒社会工作者设定一定的情境，与戒毒康复者一起扮演其中的人物，可由禁毒社会工作者扮演戒毒康复者，也可由社会工作者扮演"毒友"角色。通常设置的情境有：① 戒毒康复者在街上遇见"毒友"，"毒友"诱惑其吸毒；② 戒毒康复者去以前的朋友家，刚好碰见有人在那里吸毒；③ 戒毒康复者在家里，有"毒友"找上门来。禁毒社会工作者如果发现戒毒康复者在其他人际关系方面存在问题，也可以设置其他交往情境，让戒毒康复者学习正确的交往技巧，包括与家人之间的关系，与正常朋友之间的交往，与亲戚朋友的交往，或者与同事的交往等。

在角色扮演的过程中，使戒毒康复者体验深刻、逼真、能触动心扉的场景。但需要戒毒康复者的高度配合，否则很难达到预期的效果。

（九）家庭治疗

家庭治疗是以家庭为对象实施的团体心理治疗模式，目的是协助家庭消除异常、病态情况，以发挥健康的家庭功能。该理论从系统论的观点出发，将家庭看成一个可调节的动态稳定的系统,当家庭内部的一部分元素发生改变时,另一部分也发生相应的改变,两者相互作用,或者使家庭恢复稳定,或者使这种改变扩大化甚至异常加剧,造成家庭或者个人的问题。而绝大多数戒毒康复者的家庭存在各种各样的问题,因此,在条件允许的情况下,禁毒社会工作者可利用家庭治疗技术为戒毒康复者进行家庭治疗,让戒毒康复者的家庭重建健康的模式,让戒毒康复者重获家庭的温暖和支持。

家庭治疗包括两个方面:一是治疗性会谈,二是两次会谈的间歇期安排家庭作业。禁毒社会工作者需要掌握以下家庭治疗的两大技术:

1. 扰动性的提问技术

(1) 循环性提问——重新审视自己和家庭关系

使用同一个问题,循环地向每一个人提问,通过提问,把人和人的关系、行为、后果以及环境串联起来。循环提问不是询问他自己怎么想的,而是去猜别人是怎么想的,例如可以向戒毒康复者提问:"你猜在你儿子眼中,你是什么样的?"让戒毒康复者重新审视自己的问题以及家庭中的规则和关系。

(2) 差异性提问——促进家庭成员接纳差距

让戒毒康复者家庭成员之间看到自己对待事物视角上的不同,不谈对错,不谈好坏,只谈差异,接纳差异。例如可以提问:"你觉得家人谁对你更好?他们在对待你的方式上有什么不同?"这样提问有助于使戒毒康复者意识到自己对症状应负的责任,也可以督促其家人反省自己在戒毒康复者戒毒问题上的责任。

(3) 假设式提问——创造更多的可能

通过假设,给戒毒康复者及其家庭"照镜子",让戒毒康复者自己认识问题的实质,或者让家人将戒毒行为与家庭里的人际关系联系起来。例如可以提问:"假如你的父亲还在世,他会怎么看待你吸毒的这件事?"

系统式家庭治疗的精髓就在于提问,治疗性会谈中常见提问方式主要有十种,以上三种是最常见的三种,有兴趣的社工可以再通过其他途径系统学习。

2. 家庭作业技术

禁毒社会工作者在会谈后间隔4周左右的时间,要求家庭在下次会谈前完成一些任务,如:

① 悖论(反常)干预与症状处方。要求戒毒康复者故意保持或"加重"症状行为,例如戒毒康复者家人责骂戒毒康复人员的吸毒行为。

② 单、双日作业。要求戒毒康复者在星期一、三、五和星期二、四、六作出截然相反的行为,帮助他们辨别自己的心理需要,澄清矛盾。

③ 记秘密"红账"。家庭成员对戒毒康复者的进步和良好表现进行秘密记录,不准记坏的表现和症状,下次会谈时由禁毒社会工作者当众宣读。

④ 角色互换练习。让家庭成员定时,或因事而定,交换在家中互相之间承担的角色,最好具体化到与当前问题有关的情境、事务中。

⑤ 水枪射击或弹橡皮筋。禁毒社会工作者以善意、戏谑的方式,令家庭准备玩具水枪或橡皮筋,当出现不良行为(如撒谎)时,便瞄准行为者眉心射击或弹击,这种方法

能快速终止某些不良行为模式。

⑥ 定期写信或打电话。

家庭治疗不着重于家庭成员个人的内在心理构造与状态的分析,而将焦点放在家庭成员的互动与关系上;并且从家庭系统角度去解释个人的行为与问题,同时强调个人的改变有赖于家庭整体的改变。但是家庭治疗也存在着如下局限性:

① 往往没有确定的方案和建议,可能使戒毒康复者产生失望情绪;

② 主要采取提问的方式引发戒毒康复者及其家人的思考,从而达到治疗的目的。但由于文化水平和表达能力的限制,有些家庭成员可能难以理解禁毒社会工作者的意图,双方无法互动,从而影响治疗效果。

③ 家庭治疗中,禁毒社会工作者像一位指导者,鼓励家庭成员调动他们自身解决问题的资源,他们重新评价家庭目前的认知和行为,找出问题所在,从而产生新的关系和新的解决办法,这种自我观察、自我反省也可能带来复杂的局面,结果可能是不确定的。

第五节　自愿戒毒案例

一、案例介绍

服务对象:小志(化名),男,24 岁,大专学历。自愿前来戒毒。接案时间:2017 年 11 月 10 日—2018 年 1 月 30 日。

小志在 2014 年年底因好奇心以及朋友的怂恿下开始吸食 K 粉,至今约 3 年。于两个月前(约 2017 年 9 月初)与朋友一起吸食 K 粉并喝酒之后开始出现步态不稳,言语表达不清,颠三倒四,睡眠后恢复正常,戒毒康复者以为是因为喝酒的缘故,没有太在意。次日再次应约外出,吸食 K 粉后又再次出现上述不正常的现象,并且出现自语自笑、无故恐惧、烦躁、情绪恶劣、脾气暴躁、心悸、手颤等症状,连续约一个星期难以入睡,小志开始感到害怕。在一天晚上睡觉时出现"鬼压床"现象,同时还看到一个绿色的鬼坐在其床边看电影并且还与自己聊天,他感到非常恐惧。遂与家人坦白自己吸食 K 粉这件事,并商量前来戒毒。

在自愿戒毒医院门诊检查时,小志自述其在吸食 K 粉的这 3 年时间里,一开始的半年时间里感觉到很开心、很愉悦,不管有什么烦恼,只要吸食 K 粉之后都会消失不见,且工作特别有冲劲、有信心。但是随着时间的延长,吸食 K 粉慢慢开始对自己的生活造成不良的影响,如睡眠不正常、食欲减退、意志力开始慢慢减退、兴趣开始慢慢消失、开始喜欢独处、经常肚子痛、容易发脾气等,但未有过冲动毁物、自伤自杀等紊乱行为。小志在说到"鬼压床"这件事时声音颤抖,情绪表现得较为激烈,呈现恐惧、害怕、紧张、焦虑,同时瞳孔呈放大状,身体发抖。但在日常信息交流中其情感反应基本自然适切,并未表现出上述情况。

同时,据小志所述,其与家人关系良好,入院前有稳定的工作和收入,与女朋友感情良好,女朋友并不知道他吸食 K 粉这件事,他也不敢告诉女朋友,怕女朋友会因此而与他分手。为了治疗,小志已将工作辞去,但有足够的存款和时间治疗,他想争取早日摆脱毒品的束缚,恢复到正常的生活。

二、评估

(一) 理论背景

认知行为理论认为,在认知、情绪和行为三者中,认知扮演着中介与协调的作用。认知对个人的行为进行解读,这种解读直接影响着个体最终是否采取行动。认知的形成受到"自动化思考"机制的影响。所谓自动化思考,是经过长时间的积累形成了某种相对固定的思考和行为模式,行动发出已经不需要经过大脑的思考,而是按照既有的模式发出。或者说,在某种意义上,思考与行动自动地结合在一起,而不假思索地行动。正因为行动是不假思索的,个人的许多错误的想法、不理性的思考、荒谬的信念、零散或错置的认知等,可能存在于个人的意识或察觉之外。因此,要想改变这种状况,就必须将这些已经可以不假思索发出的行动重新带回个人的思考范围之中,帮助个人在理性层面改变那些不想要的行为。

(二) 问题分析

通过前期与小志面谈后收集到的资料,分析小志当前存在的问题主要有:
① 缺少对毒品的认识;
② 虽有戒毒的意愿,但是动机不明确,且缺乏具体有效的戒断计划;
③ 对自己的未来虽有期待,但还是很茫然,没有目标和方向;
④ 与自己的"毒友圈"仍有来往,缺乏正向的朋友关系;
⑤ 需要与家人建立良好家庭关系。

三、服务目标

经过与小志探讨之后,结合其自身的实际情况,禁毒社会工作者与他共同制定了最终目标:明确戒毒动机,坚定戒毒决心,制订未来计划,摆脱毒品束缚,开始新的生活。

具体行动如下:
① 学习有关毒品的知识,对毒品有一个清晰的认识;
② 挖掘并强化小志的戒毒动机,增强其戒断的信心和决心,同时制订行之有效的戒断计划;
③ 明确人生方向和目标,绘制生活蓝图;
④ 重建健康的朋友圈,认识更多的正向的朋友,同时发展自己的兴趣爱好;
⑤ 与家人进行一次交心谈话,打破已有的心理隔膜。

禁毒工作者的服务计划为:
① 选择认知行为疗法介入,与小志探索他内心的矛盾与冲突,让他感受自己内心真正的需要和体验,然后通过改变思维或信念和行为的方法来改变小志所存在的不良认知,达到改变和矫正行为的目的,促进自我成长;

② 定期咨询，根据问题的重要性确定优先解决的问题，同时制定目标完成计划表，布置作业，督促小志按时完成计划；

③ 帮助小志探索与思考自己内心的需要和想法，逐步确定自己的人生目标和方向，完成生活蓝图的绘制；

④ "物以类聚，人以群分"，明确告知小志朋友圈对人的影响和重要性，鼓励其重建朋友圈，结交新的朋友，同时发展自己的兴趣爱好；

⑤ 帮助小志与家人进行"破冰"，打破已有的隐形的心理隔膜，重建拥有正向、健康、稳定的能量场的家庭关系；

⑥ 出院后随访跟进。

四、介入过程

（一）安抚恐惧情绪，建立初步的信任关系，收集所需的资料

2017年11月10日，小志办理完入院手续后，禁毒社会工作者立即就门诊所收集到的信息与小志进行初步的接触，再次详细了解恐惧情绪的来源——睡觉时出现的"鬼压床"现象及看见绿色的鬼。同时安抚小志的情绪，向其解释出现"鬼压床"现象及能够看见绿色的鬼的原因，并告知小志不用过于担心，只要注意减轻心理压力、放松心情，过几天上述现象自然会消失；然后转移话题，帮助小志转移注意力，慢慢放松下来。咨询结束时，小志虽还有恐惧害怕及紧张焦虑等不良情绪体验，但已表现得较为轻松，咨询效果较好，同时已建立起初步的信任关系，禁毒社会工作者已收集到一部分资料。

（二）认识毒品，挖掘并强化戒毒动机，坚定戒毒决心和信心，制订有效的计划

禁毒社会工作者在与小志接触的过程中发现其对毒品的认识知之甚少，且虽然有戒毒的意愿，但是动机并不明确，也没有足够的信心和决心，更加没有行之有效的计划。对此，禁毒社会工作者向小志普及了关于毒品的知识，尤其是加强对吸毒行为严重后果的认知，提高其对毒品危害性的了解，从中挖掘并强化其戒毒的动机，坚定其戒毒的决心和信心，制订行之有效的计划，采取实际的戒毒行动。

（三）探索并明确人生的方向和目标，绘制生活蓝图

小志虽然对未来有着美好的愿望，但是并没有自己的人生方向和目标，因此，禁毒社会工作者需要帮助小志探索与思考内心的真实需要和想法，逐步确定自己的人生目标和方向，完成生活蓝图的绘制。在此之前，还需要帮助小志思考怎样走出第一步——出院后的工作。小志表示打算创业，禁毒社会工作者与其讨论了其中的一些根本性问题和细节，小志表示对自己有信心，因为自己有过类似的创业经验，对未来的生活有很多美好的期待。

（四）远离"毒友"，重建朋友圈，并发展新的兴趣爱好

在与小志接触的过程中，禁毒社会工作者发现其仍与之前的"毒友"联系，这对其

戒毒计划有着很大的不良影响，只有远离"毒友"，才能避免朋友对自身认知和行为的不良影响。因此，需明确告知小志朋友圈对人的影响性和重要性，并鼓励其重新建立正向能量的、健康的朋友圈，结交新的好朋友；同时，发展新的兴趣爱好，丰富自己的生活。

（五）与家人进行一次"交心"谈话

在与小志接触的过程中，小志多次提及担心因为吸毒而影响与家人的关系，但是他又不知道该怎么办，感觉很焦虑，很内疚，对不起家人。对此，禁毒社会工作者运用家庭治疗的手段，联系其家人来到医院，帮助小志与家人打破已有的隐形的心理隔膜，同时也打开小志的心结，重新建立正向、健康、稳定的家庭关系。此外，禁毒社会工作者也多次与其家人联系，强调良好的家庭关系和家庭支持系统对小志出院后保持操守及其执行毒品戒断计划的重要性，其家人也表示会一起努力帮助小志戒除毒品，摆脱毒品的束缚，恢复正常良好的生活。

（六）出院后的随访跟进工作

在小志出院后的一年时间里，禁毒社会工作者仍然与小志及其家人保持着联系，禁毒社会工作者会定期电话随访，以了解小志的真实情况，同时，小志以及他的家人在有疑惑的时候也会主动与禁毒社会工作者联系。

拓展阅读

1. 《戒毒人员心理健康指南》（林信洁，电子科技大学出版社2017年版）

本书详细介绍了戒毒康复者吸毒的成因、心理特点和心理建设研究，还阐述了戒毒康复者常见困惑及调适方法、戒毒康复者回归社会的心理健康指导等，并融合了作者20年戒毒工作经验以及戒毒同行们智慧结晶，对于当下强制隔离戒毒场所中尤为重视的诸多问题等提出了相应的解决方案，能够给戒毒康复者及其家属提供参考和指导。

2. 《戒毒》（蒙桂珍等，北京科学技术出版社2001年版）

本书旨在加强对禁毒的宣传、教育，提高广大青少年和家长拒绝毒品的意识，也希望能对吸毒这一恶习的蔓延起到一定的遏制作用。本书较好地宣传了吸毒的危害及禁毒、戒毒的科学知识，较系统地介绍了毒品和吸毒概念，毒品的种类与识别，成瘾的理论，脱毒的措施，复吸的治疗，以及禁毒的有关法规，是一本通俗易懂的科普读物，适用于戒毒康复者及其家庭，也可供广大医务工作者和从事缉毒的公安人员参考。

3. 《可卡因传奇》（［英］斯特里特费尔德，余静译，中信出版社2005年版）

作者是英国知名纪录片制片人。为写本书，作者孤身犯险，用2年的时间，深入南美丛林，穿梭于美国、秘鲁、墨西哥、哥伦比亚等多地，挖掘可卡因的奥秘。近距离接触毒枭、特工与反政府游击队，获取第一手材料，还原历史真相，披露最真实的可卡因世界。《可卡因传奇》是一部纪实作品，内容主要分为四个部分，一是古柯的发现，及在印加人心中的位置；二是被提纯的古柯，走向了罪恶的边缘，可卡因

（毒品）的出现使人、国家陷入混乱；三是牵动着个人甚至国家的命脉，如秘鲁的暴乱、玻利维亚的"可卡因"政变等；四是尽管有大力地打压、控制，古柯依然卷土重来。在编排上，整部书以古柯的成长为线索，描述其被提取为可卡因后如何影响人及国家。

4.《搜寻忘却的记忆》（［英］理查德·达文波特-海因斯，译林出版社 2008 年版）

本书介绍了毒品的早期历史，涉及毒品的生产、交易、服用、发展、蔓延及反毒斗争，为我们讲述了五个世纪以来瘾君子和戒毒康复者的故事。其中有君主、首相、伟大的作家和作曲家、伤兵、过劳的医生、压抑的家庭主妇、筋疲力尽的劳工、精力充沛的商人、花花公子、性工作者、流行歌星、衣衫褴褛的失败者、身心疲惫的青少年、反叛的学生、贫民区的穷人、狂欢中兴奋的年轻人等，描述了非法交易者如何将毒品变为世界上毒害人类最赚钱的黑市品，对世人如何与毒品斗争提出了可资借鉴的建议。

第六章 社区戒毒服务

第一节 对象及需求

一、社区戒毒与社区戒毒社会工作服务

社区戒毒是指吸毒成瘾人员不受羁押，在其居住的社区自行戒毒，在社区的牵头、监管下，整合家庭、社区、公安以及卫生、民政等力量和资源，在社区里实现戒毒。

社区戒毒社会工作服务是指禁毒社会工作者在社区层面整合家庭、社区、公安、卫生、民政等力量和资源，为服务对象在社区戒毒期间提供心理情绪支援、压力管理、社会适应、动机提升、操守维持、防复吸训练、高危情景应对等方面的专业服务。

二、社区戒毒社会工作服务的目标

在社区层面，采用社会工作专业服务，协助服务对象戒除毒瘾，帮助其巩固戒断状态，降低复吸率；同时，通过家庭支持、同伴支持、职业康复、防复吸技能学习等社会支持和干预，帮助社区戒毒人员增强戒毒动机，降低复吸率，使他们能适应并回归主流社会。

三、社区戒毒中社会工作服务对象

社区戒毒社会工作服务对象是指被责令社区戒毒，且愿意接受社工专业服务辖区常居住社区的戒毒康复者及其家属。

四、社区戒毒服务对象来源

（一）主动向社工求助的服务对象

这类服务对象一般是在判处社区戒毒后，根据判处决定书规定的时间和地址，主动找到户籍所在地乡镇街道办或社区戒毒（康复）工作站，主动寻求禁毒社工帮助的社区戒毒人员。或是在处置社区戒毒后经过其他同伴介绍、所内禁毒社工介绍，了解到社区戒毒禁毒社工服务后主动来到站点的求助人员。

（二）公安机关转介的服务对象

公安机关抓获吸毒成瘾人员并处置社区戒毒后，把相关人员处置决定书以及相关信息资料转介到对应街道办，要求对应街道办禁毒部门禁毒社工等专职人员及时联系被处置社

区戒毒人员报到，并进行后续管控工作。

（三）拘留所转介的服务对象

在被处置社区戒毒前期的戒毒人员一般要接受7~15天的行政拘留处罚，服务对象出所前部分地方拘留所由所内禁毒社工跟进，在其出所时，相关信息将转介给其现居住地社工进行后期跟进服务。

（四）其他区域社工转介的服务对象

在社区戒毒期间，由于工作等原因进行外出的社区戒毒人员，会在他外出期间转介到对应地区的禁毒社工进行后续尿检管控等跟进或临时跟进等服务。因此，禁毒社工在开展社区戒毒时，会中途接收由外地或本市内转介而来的社区戒毒服务对象。

（五）其他政府部门、组织、机构转介的服务对象

这是指由司法、卫生以及社工机构等其他部门转介过来的社区戒毒服务对象。

（六）社工主动发掘的服务对象

禁毒社工在走访社区以及开展外展服务时主动发掘、寻找服务对象，并把他们纳入到社区戒毒服务中来。

（七）家属主动咨询求助的服务对象

在社区戒毒人员出拘留所后，家属出于担心服务对象复吸等原因到社工服务点求助。

五、社区戒毒服务对象的需求

（一）戒除毒瘾

戒毒包括生理脱毒、心理脱瘾和回归社会三个完整的过程。首先要帮助毒品成瘾者解除对毒品的身体依赖和心理依赖，使毒品成瘾者不再使用毒品。参加社区戒毒人员可能在生理上对毒品的依赖不强，但不排除在心理、精神上还存在一定的毒瘾，故在开展社区戒毒服务时，帮助社区戒毒人员戒除毒瘾，是开展社区戒毒社会工作服务的前提和基础。

（二）进一步认识毒品危害

部分社区戒毒人员对毒品危害认识不足，特别是吸食新型毒品种类的社区戒毒人员，他们往往存在一个错误认识，认为新型毒品对人体危害不大，也不会成瘾，可以自己控制，甚至对参与社区戒毒不积极。

（三）增强社区戒毒人员戒毒动机与信心

我们通过对禁毒社工工作调研和走访，发现很多社区戒毒人员存在两种认识，一是被公安机关强制；二是家人对其不信任，参加社区戒毒可达到增强管控的目的，消除家人的担忧。出于以上两种认识，社区戒毒人员才会勉强参加社区戒毒。有的社区戒毒人员，经

历过吸毒—戒毒—复吸的过程，认为一旦沾染上毒品就不可能戒断，不会被社区居民甚至家人接纳和信任，吸毒后也很难找到工作等，导致他们对自己戒毒没有信心。针对这类社区戒毒人员，急需禁毒社工提升他们的戒毒动机和信心。

（四）社区戒毒人员的家庭关系调适

社区戒毒人员因为其吸毒行为，会给他们的家庭带来严重的影响，如夫妻关系失和、婚姻关系破裂、亲子关系僵化等，甚至家庭成员因为家人吸毒产生自卑心理等，如果这些问题不能及时得到有效的化解，那么在社区戒毒人员参加社区戒毒过程中，当出现挫折、失败时，家庭成员常采取不正确的方式来对待他们。因此，禁毒社工应及时对社区戒毒人员家庭进行干预，为社区戒毒人员争取家庭成员的支持，帮助他们更好地完成社区戒毒，回归社会。

（五）构建良好的社区戒毒环境

社区戒毒人员往往会被社会贴上"瘾君子""坏人"等标签。标签意识会导致社区戒毒人员出现低自尊感、挫折感和敌对情绪等问题，从而使他们在压力情绪环境下易出现复吸行为。人和环境是不可分离的。禁毒社工在开展社区戒毒服务过程中，要为社区戒毒人员构建良好的互动环境，既要提高个人适应社会环境的能力，也要为社区戒毒人员改善环境，调动环境资源，为他们排除戒毒过程中的环境障碍。

六、社区戒毒社会工作服务内容

在社区戒毒中，禁毒社工为服务对象及其家属提供知识辅导、心理疏导、教育、帮教等六大主要服务内容。

① 整合相关部门资源为社区戒毒人员开展就业培训指导以及就学、就医援助等；
② 协助公安机关对社区戒毒人员开展定期的及不定时的毒品检测；
③ 帮助服务对象增强戒毒动机；
④ 协助服务对象掌握预防复吸的方法与技巧，降低服务对象的复吸率；
⑤ 改善服务对象家庭关系，构建更好的家庭支持系统；
⑥ 整合资源，重新构建社区戒毒人员的社会支持网络。

第二节 理念及理论

一、契约精神

在社区戒毒中，以街道办为单位，与社区戒毒人员通过签订"社区戒毒协议书"，以社区为平台，寻求多元力量参与吸毒成瘾人员戒毒的工作。签订"社区戒毒协议书"这种"契约式"的柔性管理，是戒毒社会管理创新的体现，让戒毒管理由权力性、强制性向非权力性、非强制性的方式转变，使参加社区戒毒人员感受到尊重，使其对自己的选择更加有责任感。通过引入"契约式"合作精神，以最大限度地利用各种戒毒资源，使社区戒毒人员戒除毒瘾，降低吸毒所带来的社会危害性，实现良好的社会治安秩序。在社区戒毒中，禁毒社工是社区戒毒人员履行这份契约的重要管理者，禁毒社工在社区戒毒执行期间担负起社区戒毒人员日常尿检管控和心理辅导两项重要工作，采用专业的工作方法，改变社区戒毒人员对毒品及滥用药物的不良认知，增强其戒断动机，提升他们融入社会的信心等。

二、社区为本

社区为本的社区戒毒社会工作以系统理论为基础，将整个社会处境视作一个大的系统，这些系统分为微观、宏观和中观三个层次，社区戒毒社会工作以位于中观层次的社区系统为立足点来开展工作。在社区戒毒中，禁毒社工的工作目标是帮助社区戒毒人员利用社会资源——家庭成员、朋友、邻里、社区组织和社会服务机构等，来帮助戒毒人员解决问题。社区作为社区戒毒人员成长最为重要的外部环境，为社区戒毒人员及家庭提供归属感，提供文化、信仰、情感支持。社区为本理念的核心是社区优先原则，具体体现在戒毒措施的应用上，在既可以进行强制隔离戒毒又可以实施社区戒毒时，应以社区戒毒为优先选择，最大限度避免强制隔离戒毒所带来的社会耻辱感与隔离感。社区戒毒体现了社区为本的理念。

三、全人发展

社区戒毒社会工作专业服务在我国刚刚起步，在专业发展过程中，要秉承"助人自助"的专业理念，以全人发展理念为本，协助药物成瘾者身、心、社、灵全面发展。

"身"，强调强健体魄，学习实用技巧，满足作为一个人的基本需求；

"心"，从感性出发，让成瘾者学会管理自己的情绪，寻找生活的乐趣；

"社"，注重人与人之间的合作，强调人的社会支持网络的建立和社会责任感以及社会适应力的培养；

"灵"，即灵魂，让人了解生命真正的意义，强调对社会的关注与贡献，促进自我实现。

在社区戒毒社会工作服务中，社工介入的重点在于协助社区戒毒人员处理"心""社"两个方面，协助社区戒毒人员增强戒毒动机，学会管理好自己的情绪；提升社区戒毒人员自身的家庭和社会责任感，协助他们融入社区。

第三节 干预策略

一、无缝衔接，助力出所平稳过渡

社区戒毒是吸毒人员在被公安机关查处后，被拘留7~15天（最多不超过20天）后转入到社区再执行的一个戒毒过程，在社区戒毒社会工作服务中，开展无缝接轨是一个非常重要的环节。主要通过组织禁毒社工不定期入所、提前介入，为即将出所的吸毒人员拟订社区戒毒计划；由禁毒社工参与接所，提高出所人员的接回率、社区戒毒的报到率，实现了从拘留出所到社区戒毒的无缝衔接。

二、社区为本，根据需求主动介入

所谓"社区为本、主动介入"，就是社工根据不同社区的药物滥用情况及社区戒毒康复者的不同需要,设计多层次的介入策略,并通过整合社区内有关服务机构和团体及其他社区资源,以跨专业的合作方式去协助社区居民远离毒品。以深圳为例,禁毒社工目前一般以社区或街道为单位,按照一社区一社工的岗位设置,主动为社区戒毒康复者提供戒毒服务,包括就业指导、心理辅导、法律咨询、督促定期尿检等。"社区为本、主动介入"的社区戒毒策略以禁毒社工和相关社区资源为依托,坚持预防为主,以更专业化和人性化的方式提供戒毒服务,这是目前基本的社区戒毒社会工作服务的方向。

三、整合资源,形成多方合力

社区戒毒是一个艰难的综合治理工程,开展社区戒毒服务,需要不同专业之间的相互配合,如禁毒部门、司法部门、医疗以及社会工作等部门的相互配合与合作。社区戒毒更需要社会各方力量的参与,尤其是需要社区民警、禁毒社工、综治部门禁毒专干、社区戒毒人员家属以及禁毒志愿者等人员的多方面密切合作。在开展社区戒毒的过程中,禁毒社工就是在上述各方力量之间进行穿针引线,形成多位一体的服务合力。

四、完善管控措施,全面预防复吸

以山西和深圳社区戒毒人员管理工作为例,在山西省,对在册的社区戒毒人员采用"出所必接、协议必签、动机必建、个案必跟、每月必访、检测必做、脱管必报、档案必全"的"八必"工作原则,打造全流程管控闭环,实现精准管控。

深圳市街道办社区戒毒工作站在工作中采用"三帮"的工作原则,即:①帮思想提升,在对社区戒毒人员进行思想教育方面,除了经常性接触教育之外,坚持"四必谈"的工作原则,即帮教对象思想波动时必谈,对工作不满意时必谈,身体有病时必谈,家庭出现变故时必谈。通过细致的教育引导,不断提升社区戒毒康复人员的思想和意志,防止复吸。②帮就业安置,在就业扶持上,街道根据"分散就业、自主创业为主,公益岗位就业为辅"的就业安置方针,扎实做好户籍社区戒毒康复人员的就业安置工作。同时举办"社区户籍戒毒康复人员结对帮扶"招聘会,为他们打造专场招聘平台,还为戒毒康复人员开展技能培训,帮助他们提高就业技能。③帮困难救助,对生活确实困难的戒毒康复人员,街道积极为他们申报城镇居民最低生活保障,并组织开展针对困难戒毒康复人员家庭的慰问关怀活动。及时解决社区戒毒人员困难,全面预防复吸。

第四节 方法及技巧

一、社区戒毒个案工作法

社区戒毒个案工作法是指禁毒社工运用专业手法,以个别化的工作方式,为社区戒毒人员提供一对一的帮教服务,减少社区戒毒人员对毒品的滥用行为,改善他们个人与家庭、社区之间的关系,使社区戒毒人员恢复正常社会生活状态的过程。

在开展社区戒毒个案中，禁毒社工首先要根据被处置社区戒毒人员的决定书和名单，对处置社区戒毒人员进行"摸底排查"。以深圳为例，在排查建档过程中要充分发挥社区禁毒专干和社区民警的作用与优势。社区禁毒专干是社区戒毒（康复）工作的主要负责人及工作措施的直接落实者，并掌握着本社区户籍在册吸毒人员生活状况详细信息。社区民警对辖区社区戒毒人员的动态掌握得清晰明确。因此，在建档工作开始前，要对接案的社区工作站和社区治保主任、禁毒专干以及社区民警进行走访，先让社区工作人员了解为社区戒毒人员建档并开展个案工作的目的和意义等，最大限度地获取后期开展个案工作的资源。

其次，在社区禁毒专干、社区治保主任以及社区民警的协助下，对社区戒毒人员进行面谈，了解社区戒毒人员基本情况，并根据社区戒毒人员意愿进行个案的跟进服务。

最后，从帮教管控、生活关心、就业指导、增强戒毒动机、家庭关系修复、社会融入等方面开展社会工作服务。

社区戒毒个案工作的开展经过不断的探索，已形成一定的方法和模式，以深圳为例，在开展社区戒毒个案工作时的工作流程如图6-1所示。

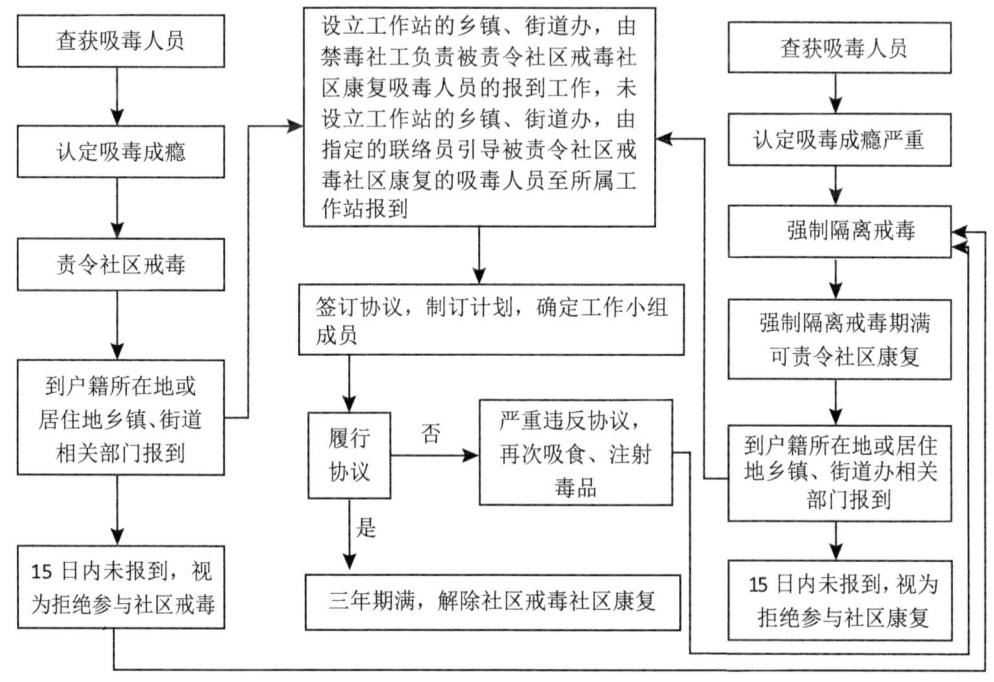

图6-1 深圳市社区戒毒社区康复工作流程图

二、开展社区戒毒小组工作法

社区戒毒小组工作是指在开展社区戒毒人员社会工作服务时，禁毒社工遵循基本的社会工作价值服务理念，运用专业的知识和方法，把在社区戒毒中有相似问题或共性需求的社区戒毒人员或其家属组成两人及以上的小组群体,以开放或封闭式的活动方式,通过有目的的团体活动,解决社区戒毒人员一些共性的问题。

常见的社区戒毒小组有以知识教育、技能学习和戒除毒瘾治疗为目标的小组。在开展社区戒毒小组时,社工可以通过观察服务对象表达的需求,以及运用社区戒毒环境调查、相关的数据分析等方法挖掘社区戒毒人员的团体需求。常见的社区戒毒小组有:禁毒法律法规学习小组、预防复吸技能训练小组、同伴治疗小组等类型的小组。

三、开展社区戒毒社区工作法

以深圳为例,社区戒毒工作的平台是以街道为单位,建立社区戒毒社区康复工作站,是一街道一戒毒(康复)工作站的模式。以戒毒(康复)工作站为单位,给每一名社区戒毒人员建立一个"五位一体"(社区+民警+禁毒社工+家属+网格)的社区戒毒工作小组,由此推动各个街道戒毒人员的社区戒毒康复工作的有效开展,确保社区戒毒工作各项措施的有效落实。禁毒社工主要在社区开展禁毒预防宣传教育及政策宣导等活动,增强居民拒毒意识,加强居民对社区戒毒相关法律法规知识的认识,以及为社区戒毒人员营造良好戒毒回归环境。在开展社区戒毒工作中,禁毒社工常见的工作主要有:

① 社区资源整合。通过与各部门的组织协调,挖掘社区各种人力、物力及信息资源,可以将社区内部彼此相关但分离的职能部门,以及社区外部参与的资源整合起来,搭建一个资源共享、多方协助的互助平台。通过群策群力、互助合作的方式,完善各项服务功能,为社区戒毒人员提供完善和有效的服务。

② 社区核查及回访管控。禁毒社工要本着"以人为本、关怀救助"的工作原则,通过社区核查,对现有所在社区戒毒人员进行排查梳理,禁毒社工依据回访的具体情况,以社区为基础、以家庭为依托的方式为社区戒毒人员制订详细的服务工作计划。社区回访和核查管控有利于禁毒社工更清晰地了解社区戒毒人员的现状,更好地开展社区戒毒帮教,并为有需要的社区戒毒人员提供个案服务。

③ 开展社区戒毒无缝接轨。由驻所禁毒社工提前介入戒毒人员,与戒毒人员面谈,收集相关信息,转介需参与社区戒毒的戒毒人员到街道办,以便各街道禁毒社工做好社区戒毒工作。如深圳某街道经过两年的探索实践,社工逐步探索和形成工作思路,提出无缝接轨禁毒工作方案。无缝接轨社区戒毒主要服务有三个衔接:驻所禁毒服务与社区戒毒服务的衔接;拘留所戒毒人员与街道办禁毒社工的衔接;拘留所戒毒人员与社会的衔接。出所衔接工作服务流程图6-2所示。

四、社区戒毒社会工作内容及介入技巧

社区戒毒是巩固戒毒成效防止复吸的基础性工作。在开展社区戒毒过程中,禁毒社工联合社区民警在对社区戒毒人员分类评估的基础上,拟订多层次的目标干预计划,运用专业的社会工作技巧,和涵盖个人、家庭、社区综合性的工作方法。主要工作内容在个体层面包含心理行为治疗、戒毒信心与动机的提升、毒品诱惑的抵制、复吸借口的应对等;家庭层面包括冲突的处理、关系的重建;社区层面包括去标签化、重构建社会支持网络、"支持性"社区环境的建设等。

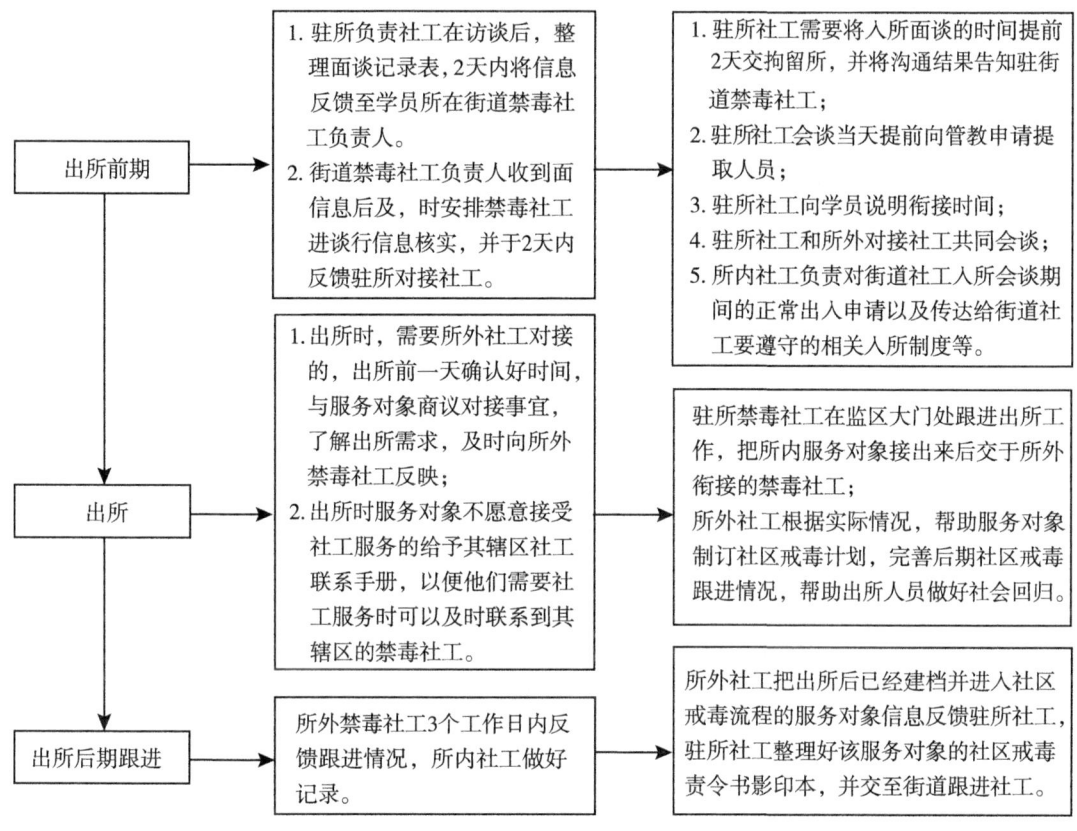

图 6-2 出所衔接工作服务流程图

（一）个人层面

1. 心理行为治疗

毒品成瘾的治疗是通过医学、心理、社会等干预手段，帮助社区戒毒人员在生理和心理上基本解决对毒品的依赖，不再使用毒品，并逐步恢复其社会功能。毒品成瘾的原因是多方面的，因此对于毒品成瘾的治疗也要采取药物治疗、心理干预、职业技能培训、社会干预等综合措施方能有效。社区戒毒人员由于长期使用毒品，在情感、思维和行为模式上都会因吸毒而有所改变，因此，在辅导社区戒毒人员个案时不仅要关注毒品成瘾问题，更要关注社区戒毒人员的整个社会功能康复。心理行为治疗是毒品成瘾者治疗的常用方法之一。心理行为治疗在毒品成瘾治疗中主要是针对毒品成瘾的原因、临床表现及复吸有关的心理社会因素进行干预。在本章中，主要介绍禁毒社工在对社区戒毒人员运用心理行为治疗模式进行辅导时的基本原则和相关技巧。

（1）基本原则

① 尊重接纳，帮助建立信心。毒品成瘾是一种慢性复发性疾病，禁毒社工应有同理心，设身处地从社区戒毒人员的角度来理解和接纳他们，而不应该表现出厌恶或者鄙视的

态度。对社区戒毒人员在参加社区戒毒过程中表达的观点应该持中立、接纳的态度，不去评判与争论。在开展社区戒毒辅导过程中需要有耐心，还有对社区戒毒人员的改变持乐观态度，相信社区戒毒人员是可以改变的，帮助其建立戒毒的信心。

② 理解关怀，不评判。禁毒社工的角色非常具有挑战性，其在社区戒毒介入的过程中可能扮演不同的角色，如教育者、激发者、建议者、引导者等。禁毒社工介入的主要任务是引导、支持社区戒毒人员，使他们坚持参加社区戒毒，并尊重社区戒毒人员的选择，激发社区戒毒人员内在的改变动机，给予他们希望。禁毒社工介入时应以社区戒毒人员为中心，强调社区戒毒人员的长处而非缺点，与社区戒毒人员共同商讨制定戒断目标，而不是为其规定戒断目标，要强调社区戒毒人员在改变中的自己本身的责任。

（2）常用基本技巧

① 倾听。倾听是建立专业关系的基本要求。倾听体现了禁毒社工的真诚态度及对社区戒毒人员的尊重与重视，可帮助禁毒社工准确了解社区戒毒人员的想法与问题。禁毒社工可以通过眼神交流、躯体姿势、言语等表示自己对社区戒毒人员的关心。

② 同理。接纳和理解社区戒毒人员的观点、感受和情绪反应，设身处地站在戒毒人员的角度去理解戒毒人员所面临的问题，体会戒毒人员的感受。

③ 提问与澄清。禁毒社工对自己关注和感兴趣的问题要进行深入的了解，这主要靠提问和澄清来完成。在访谈中，通常结合开放式提问和封闭式提问进行，进一步澄清问题的因果和来龙去脉，这样既能更好地了解社区戒毒人员心理问题发生的原因、背景和发展过程，以便采取针对性介入方案；同时又能帮助社区戒毒人员更好地厘清思路，提高其认识问题和解决问题的能力。

④ 鼓励和摘要。鼓励是对社区戒毒人员所说的话给予积极反应，如"嗯""讲下去""后来呢"等，以鼓励对方继续交谈。摘要是指禁毒社工在谈话中对社区戒毒人员所陈述的核心内容进行小结，让社区戒毒人员感觉到被倾听和理解。

⑤ 总结。这是心理行为治疗中最常用的技巧之一，总结可以体现社工在认真倾听，并表示理解和重视对方的谈话。总结有助于澄清访谈的目的和意义，常用于访谈结束时，对社区戒毒人员的观点、感受与行为等进行小结，可起到升华的作用，让戒毒人员更了解自己的问题及下一步的目标。总结还可以用于访谈的开始，访谈开始时总结上次访谈的内容，重述访谈目标，能起到承上启下的作用，顺利平稳过渡到本次访谈中来。

⑥ 对质。禁毒社工通过表述或提出疑问的方式指出社区戒毒人员言行中矛盾或不适合的地方，引导社区戒毒人员了解自己目前行为与目标之间的差距，从而认识到自己需要做出改变，或者引导戒毒人员面对他正在回避的问题。

2. 增强戒毒信心与动机

大多数社区戒毒人员并没有很强的戒毒动机和信心，以广东省深圳市为例，全面开展社区戒毒工作以来，每一位社区戒毒人员都必须在规定时间内到以街道为单位的社区戒毒社区康复工作站报到，接受禁毒社工的帮教以及辖区公安机关的管控，大部分社区戒毒人员对参与社区戒毒存在一定的抵触，甚至认为他没有成瘾，不需要戒毒。针对此类问题，社区戒毒人员就需要更多的工作技巧，动机强化法就是针对毒品成瘾这一特点而发展起来的。动机强化方法是指采用一定的介入策略强化毒品成瘾者做出改变自己吸毒行为的动机，帮助社区戒毒人员认识和处理目前存在或潜在的问题。动机强化法特别适用于那些不愿意改变或对是否改变犹豫不决的社区戒毒人员，强调个体对自己将来的行为具有选择的权利和责任。工作重点是启发社区戒毒人员对问题的关注，而不是告诉他们应该关注什么。

（1）主要理念

戒毒信心的缺乏跟复吸是密切相关的。信心是自我效能的主要因子，自我效能是社区戒毒人员保持操守的主要影响因素，也影响着其戒毒动机的建立和维持。如果社区戒毒人员认识到吸毒是可以治疗的，戒毒能够成功，且有成功的案例，就可能建立良好的戒毒信心，产生完全戒毒的念头。如果社区戒毒人员对于完全戒毒树立了牢固的信心，即使遇到挫折或困难，也不会轻易退缩和气馁。

动机是行为改变的关键因素，如果有较强的动机，说明戒毒人员已经准备好了去改变，如果没有动机，则对改变毅力相对较小，就会影响行为的改变。动机强化方法主要是激发戒毒人员积极改变自己的内在潜能，通过系统全面地比较吸毒的得失利弊，分析继续吸毒的后果和个人目标之间的矛盾，使社区戒毒人员明白吸毒的收获是微不足道的，而给自己造成的危害却是巨大的，使他们更清楚内心真正的需要，激发对个人未来的责任感，增强他们的戒毒动机。

（2）常用基本技巧

① 正面话语和成功案例的引导。坚持戒毒确实很难，如果不被接纳、不被信任，如难以找到工作等，往往使社区戒毒人员失去信心，甚至"破罐破摔"。采用成功的案例进行引导，可以给予社区戒毒人员带来信心和力量，如果有比他们克服更大困难而成功戒毒的例子，则可以给他们提供信心，帮助他们鼓起面对困难的勇气。在与社区戒毒人员访谈时，除了用成功的案例进行榜样示范外，运用正面的话语也可以让社区戒毒人员提升信心。如用"只要你不放弃，没有什么是不可能的"等这样的正面有力量的话语，告诉社区戒毒人员，只要相信自己永不放弃，就没有不可能推荐。

② 认识吸毒是可以治疗的。许多社区戒毒人员经历过反复多次的吸毒—戒毒—复吸过程后，认为自己不可救药而自暴自弃，并不了解吸毒是可以治愈的，通过将吸毒与其他慢性疾病的复发率进行比较，可让他们了解吸毒与其他慢性病一样是一种可以治疗的疾病，比如：像糖尿病等慢性疾病必须每天服用药，不能痊愈，但是毒瘾不一样，戒毒回到社区后，可以坚持几天、几个月、几年甚至一辈子不吸毒。在社工服务过程中，找出身边成功戒毒的案例和总结个人曾经成功戒断的经历，有助于戒毒人员重新建立戒毒信心。每位社区戒毒人员都曾经有过一段时间不吸毒的经历，由此可以引导社区戒毒人员看到吸毒是可以治疗的一种慢性病。

案例

社区戒毒人员：这个东西搞上了就没法戒，我也就这样了，这辈子没法走出吸毒这条路。

社工：毒品确实难戒（先同理戒毒难，）但也是可以进行戒毒治疗的（输入新的希望和知识点：疾病可以治疗），你认识的人当中有没有人戒毒后一直坚持没有再复吸的呢？

社区戒毒人员：（深思片刻）我们村之前跟我吸毒的有一个，现在已经七八年不吸毒了，他都不跟我们玩，已经真的不吸了。还有一个亲戚也是之前吸毒，后来因为吸毒了离婚，离婚后对他打击很大，也就把毒品戒了，现在跟着女儿做生意。

社工：你说了几个自己身边戒毒成功的例子，他们能戒毒，坚持远离毒品，回归正常生活，由此可以看出，毒品是可以戒断的，你也可以像他们一样，其实毒品就像一种疾病，而且是一种慢性疾病，需要长期治疗。你自己有没有坚持过几个月或者更长的时间不吸毒的经历呢？在坚持的这段时间里，你当时觉得自己有什么改变吗？

社区戒毒人员：（点头同意社工的观点）我现在也听说过有的人把我们吸毒者当成病人，吸毒是疾病可以治疗这样的说法。我上次出了戒毒所后，有大概半年的时间没有去搞毒品，那段时间我感觉家里人都开心了不少，特别是我妈每天都说我长进了，不让她操心了，我自己心里也踏实了，出门也不紧张了，看到警察都不怕了。后来因为有段时间心情很糟糕就又搞上了。

社工：从你谈到自己的曾经戒断经历看，你是很有潜力远离毒品，戒断毒品的，只要你及时正确处理自己遇到的问题，戒断毒品的时间就会越来越长。

③ 吸毒好坏对比评价表。每个人采取某种行为的出发点都是希望从中得到好处，让自己得到某些方面的满足，但采取这种行为的同时也可能带来某些方面的坏处，基于此，通过好与坏的评价对比，让社区戒毒人员根据自己的经历共同总结出吸毒的短期与长期得失，让他们能更全面而且清晰地了解吸毒的坏处，学会权衡利弊，提高采取戒毒的正确选择的能力。如提问："吸毒给你带来了哪些好的方面？如果没有毒品，你的生活中会缺少什么？你为什么喜欢毒品？吸毒给你带来了哪些困扰？如果继续吸毒三年、五年、十年后你会变成什么样？"通过这些提问，让社区戒毒人员归纳出因吸毒行为给个人、家庭带来的巨大伤痛和危害，以及继续吸毒几年后的结局等，以此强化社区戒毒人员的戒毒动机。

表 6-1　　　　　　　　　　　　　吸毒损益评价表

吸毒给你带来的好处	吸毒给你带来的坏处
感觉很爽、可以减肥、减轻一会烦恼……	失去尊严，提心吊胆，破坏家庭，失去健康的身体……
……	……
不吸毒的好处	不吸毒的坏处
自信了，家人关心我了，爱人不跟我离婚了……	可能没那帮"哥们"了，没有那种 high 的感觉……
……	……

④ 找出矛盾。通过让社区戒毒人员回顾听到刺激性语言时的感受和讨论生活目标，让社区戒毒人员思考吸毒导致他们社会地位的改变和个人期望的差距，找出吸毒和个人生活目标的冲突，促使社区戒毒人员产生对吸毒行为的憎恶情绪，提高其戒毒动机。如提问："当人们提到'吸毒的'这个词语，你会想到什么呢？""当别人说你是'吸毒的'，你内心深处有哪些感受？""未来三到五年，你最想达到的生活目标是什么？继续使用毒

品将会怎样影响你达到这个生活目标?"

案例

　　社区戒毒人员：我对"吸毒的"这个词很敏感，每次听到都会想，是否别人知道我吸毒啊！有一天我坐公交车，车上有人谈到他的女朋友吸毒，家里人反对他们在一起，我听到了心里堵得慌，心里特别难过，想想要是我女朋友家里人知道我吸毒，他们肯定不会同意我们在一起的。

　　社工：(寻找出矛盾点) 你听到"吸毒的"这个词，无论别人是否针对你，你都感到难过、不舒服，对这个词非常敏感，这个确实是会给你刺激，但是你也很希望未来自己能跟女朋友在一起，并得到她家人的认可，不希望吸毒给你的未来生活带来影响，对吗？

⑤ 找出改变的有利因素。让社区戒毒人员进一步思考毒品对个人的重要程度，评价吸毒行为改变的可能性、有利条件和困难，找出促进改变的有利因素，进一步强化戒毒动机。如提问："使用毒品对你来说有多重要？""你有多大把握能做出改变？"总结出社区戒毒人员心目中毒品重要性的评估，和他们愿意改变的把握有多大，对改变的信心有多少，以及对他们有帮助改变的有利条件，根据这些问题，引导社区戒毒人员进行深入思考。

表 6-2　　　　　　　　　　　5 分钟简短动机评估表

0~9分尺度：0=完全不重要，9=非常重要	0	1	2	3	4	5	6	7	8	9
使用毒品对你来说有多重要？										
0~9分尺度：0=完全没把握，9=非常有把握	0	1	2	3	4	5	6	7	8	9
你有多大的把握可以让自己做出改变，远离毒品？										

通过表 6-2 寻找出社区戒毒人员为什么给自己打那样的分？社区戒毒人员认为多少分会是他能改变的？怎样可以帮助社区戒毒人员提高改变把握度的分数？

案例

　　社区戒毒人员黄某在评估中说吸毒对他来说并不是很重要，给自己打了 2 分，对改变他去戒毒的把握程度打了 6 分。他觉得毒品不是他的全部，甚至不重要，但他认为自己能改变自己去戒毒的把握只有 6 分。通过社工询问，黄某认为他要做出改变去戒毒还有很多阻力，前妻与他离婚了，心情不好时不知道怎么去调节，只会用毒品去麻醉自己，如果前妻与自己复婚，自己可能会懂得怎么去调整自己的情绪，学会拒绝毒品诱惑，就可能有 8 分甚至 9 分的把握去彻底戒断毒品。

3. 毒品诱惑的抵制
（1）主要理念

大多数社区戒毒人员需要解决一个关键性的问题，即有效地拒绝毒贩或"毒友"，以减少获得毒品的渠道，因为毒品的获得对社区戒毒人员是一种刺激，会引发社区戒毒人员对毒品的心理渴求以及继续使用毒品行为。如果不能果断地拒绝毒品提供者，不采取措施降低毒品的获得方式，戒毒人员复吸的风险就会大大增加。一些社区戒毒人员的社交圈狭窄且朋友几乎都吸毒，碍于情面和害怕陷入社交孤立，他们很难切断和毒友们的联系。还有的戒毒人员社交面广，"毒友"很多，想要完全与之隔离也有很大的难度。这些社区戒毒人员需要有效的应对技巧来拒绝毒品提供者，并阻止其供应毒品，以实现自己远离毒品的目标。

（2）常用基本技巧

① 评估毒品的可获得性。社区戒毒人员对毒品的可获得性越高，他得到多并吸食的概率就越大。社工应通过与社区戒毒人员讨论，让戒毒人员明确自己对毒品可获得性的高低及其与复吸的关系，找出降低毒品可获得性的方法。

由于现代化通信设备的发展，毒品的供给渠道向社会各个层面渗入，使得毒品具有较高的可获得性，而很多其他因素会进一步增加毒品的可获得性，如身边有一些吸毒的朋友、家人或毒贩等。毒品的可获得性越高，复吸的概率就越大，因此，必须从外部切断获得毒品的渠道，从内部坚定自己的戒毒决心，标本兼治，才能达到远离毒品的目的。

② 拒绝毒品的方式。尽管销售毒品是违法的，但毒贩，社区戒毒人员的朋友、工作伙伴甚至家庭成员都可能提供毒品，这对社区戒毒人员来说具有很大的威胁。通过找出戒毒人员可能的毒品提供者，与戒毒人员探讨可采取的拒绝方式，减少与其接触的措施，杜绝外界诱惑的方法。

③ 被动式、攻击式和果断式拒绝的方式。社区戒毒人员拒绝毒品提供者的形式通常有三种：一是被动式，如"家人不让吸毒"；二是攻击式，如"你再来找我，我就不客气了"；三是果断式，如"我戒毒了，以后也不再吸，请你以后不要在我这里再提毒品的事情"。被动式拒绝显得社区戒毒人员戒毒决心不大、信心不足，可能给毒品提供者留有余地；攻击式拒绝会导致社区戒毒人员与毒品提供者之间发生言语甚至肢体上的冲突；果断式拒绝表明了社区戒毒人员的态度和决心，让毒品提供者没有可乘之机。

结合戒毒人员拒绝毒品提供者的经历，总结三种拒绝方式的效果，发现果断式拒绝是三种拒绝方式中最有效的，既能拒绝毒品，又能避免负面事件发生。

> **案例**
>
> 在一次访谈中，社工与社区戒毒人员讨论拒绝毒品方式时，社区戒毒人员是这样说：从拘留所出来后，本想着千万不要再去吸毒了，一次跟朋友去 KTV 生日聚会，朋友们又开始"溜冰"，他们让我一起，我跟他们说"家里老婆不让吸"。但是他们

都说管老婆怎么说,自己开心就好,在他们的劝说下,我又再次吸上了。感觉"家人不让吸"这个借口就是自己不想戒毒,别人根本就不会信,人家听了还是会继续劝你吸,甚至嘲笑你,所以又会很快复吸。

社工介入:这种拒绝方式我们称之为被动式拒绝法,会让毒品提供者认为你自己不想戒毒,戒毒只是家人的愿望,潜意识里你自己也会这样认为,这样的借口很容易使你经不住诱惑,被引诱出复吸的借口和毒瘾,很快就会走上复吸的道路。被动的拒绝方式很容易导致事情不按照自己本来的愿望发展下去,本来是想拒绝的,结果却接受了。

④ 拒绝毒品的技巧练习。许多社区戒毒人员对于说"不"感到心虚或不舒服,或者内心对于完全戒断尚处于矛盾状态,不能坚决有力地拒绝毒品提供者,最终仍然无法摆脱毒品。社工通过教授戒毒人员拒绝的技巧和进行角色扮演的练习,可让戒毒人员在今后面对毒品提供者时能更有效地拒绝。同时,角色扮演有利于社会工作者更好地发现戒毒人员对拒绝技巧的理解和应对中的不足,以便指导他们更好地掌握果断式拒绝毒品提供者的技巧。在教授这一技巧中,社会工作者要肯定社区戒毒人员所表现的正确、有效的拒绝行为,对不足的地方要及时指出并提出改进建议。有效拒绝毒品的三个基本原则是:① 反应迅速(不含糊其词,敢于发表意见,毫不犹豫);② 直接的眼神接触;③ 清楚而坚定地说"不",并请对方以后再也不要提供毒品,对毒品的提供者不留任何可乘之机。

4. 社区戒毒人员复吸借口的应对

(1) 主要理念

被处置社区戒毒后,戒毒人员一般都想重新开始新的生活,但部分人却以复吸而告终,主要原因之一是社区戒毒人员戒毒后可能会产生一些所谓合理的复吸借口,如补偿一下、享受一下、再吸最后一次等理由,纵容了吸毒行为的再次发生。调查发现,有17%~77%的社区戒毒人员是由于找借口而复吸。社区戒毒人员遇到复吸触发因素时,脑海里通常进行理性自我和成瘾自我间的思想斗争,一边寻找复吸的借口,使复吸合理化,一边又找出保持操守的理由。在这场思想斗争中,通常复吸合理化借口占了上风。合理化借口也是触发因素引发的自动思维,如果不能及时识别和应对,接下来就可能引发对毒品的渴求和复吸相关行为。社区戒毒人员若拥有明确的生活目标,并认识到合理化借口的危险性和带来的后果,学会和熟练应用应对借口的技能,建立防范意识,便能打断复吸事件链,改变事情发展轨迹,成功预防复吸。

(2) 常用基本技巧

① 认识各种各样的复吸借口。社区戒毒人员在生理上和心理上对毒品仍有一定的需求。外部和内部原因会让社区戒毒人员脑海里自动闪现使复吸合理化的念头,这种念头本质上是社区戒毒人员为复吸寻找的借口。认识和评价内、外部原因产生的各种各样的合理化借口及危险性,有利于提高社区戒毒人员的警惕和应对能力。

第一,认识外部原因产生的合理化复吸借口,如"别人的错误"、重大负面生活事件、庆祝等。这些事件其实都是社区戒毒人员为自己复吸合理化找的借口,而这些借口都具有一定的危险性,与复吸密切相关。

"别人的错误"：在社区戒毒人员中，有些人员在复吸后，总觉得是别人的原因导致自己再次复吸，并不是自己的原因，复吸的错误是他人造成的。

💬 案例

有一次，社工与社区戒毒人员进行访谈时，社区戒毒人员讲述自己复吸的经历，"上次复吸是因为有一次我出去跟同学玩，回来后我妈就反复追问我是不是又去吸毒了，被她问多了，我觉得她们还是不相信我，最后，我觉得反正家里人都是不相信我的，我再怎么努力戒毒也是没用的，我一点自由都没，一出门她们就会认为我是去吸毒了，最后我干脆又去吸了。"

重大负面生活事件：在社区戒毒人员的生活中有时难免会遭受到一些人生的重大打击等，有的社区戒毒人员觉得生活看不到希望，接受不了重大的打击，觉得自己不得不靠复吸来解决目前的状态，并把这样的复吸原因合理化。

💬 案例

社区戒毒人员说："我母亲去世了，我那会很伤心难过，觉得没有可以调节自己的办法，就又去吸了。""我妻子跟我吵架，要跟我离婚，我觉得日子都没法过了，生活也没意思了，一直吸下去，吸死算了。"

助兴：在整个社区戒毒过程中，有的社区戒毒人员会因为某些认为需要庆祝的事情，如生日聚会、工作加薪等他们认为可以值得庆祝的事件，而怂恿自己放纵一下，复吸一次。

💬 案例

在一次访谈时，问到社区戒毒人员为什么坚持了一年多后又再次复吸。社区戒毒人员讲述，那次自己过生日，公司同事为她庆祝，老板也在庆祝会上表示要给她加薪，庆祝会结束后，还处在兴奋状态下她想给自己庆祝这么重大的事情，想到去复吸毒品，并表示自己当时只想着再吸一次就好，没想到复吸了第一次就有了第二次、第三次，最后一发不可收拾。

第二，认识内部原因引发的借口，如误认使自己已经戒毒不会复吸，检测自己。

有的社区戒毒人员有很长一段时间没有吸食毒品了，他们就会误认为自己已经戒毒不会复吸。

检测自己：有的社区戒毒人员因为想证明即使自己面对毒品，也能够抵挡得住诱惑，可最终还是复吸了，面对这样的复吸原因，他们会认为是自己的一次失误导致自己复吸，使自己的复吸借口合理化。

> **案例**
>
> 社区戒毒人员在讲述自己复吸过程时说:"这次复吸之前已经戒毒两年,我一直认为自己已经戒断,不会有瘾了,有一天,为了检测下自己,我就坐到曾经经常去购买毒品的那条街道路口,想看看自己会不会犯瘾,结果到那里坐下来后,一杯奶茶都没喝完我就忍不住了,最后又去买了一包吸上了,一吸就不可收拾,走上复吸的路。"

第三,情绪问题等,如有的复吸者因为情绪不好而找一些借口支持自己复吸。

情绪问题是很多社区戒毒人员复吸的借口,禁毒社工经常会遇到社区戒毒人员这样讲述自己因为情绪导致复吸的借口。"我当时很生气,没法控制自己,就去吸了";"那时候手头紧,心里很郁闷,就把剩下不多的钱拿去买毒品了""被客户骂了,心里很委屈、很愤怒,就叫了几个哥们去吸了两口忘记烦恼",等等。

② 应对合理化借口的方法:

第一,对于社区戒毒人员,如果复吸借口闪现在脑海里的时候,要迅速警告自己这些借口的极端危险性,采取某些方法应对,可以遏制毒品的渴求。

第二,采取回避策略。禁毒社工在辅导时,可以让社区戒毒人员想想自己戒毒一个月、半年、一年后的目标是什么?(目标的设定不应该是不切合实际的目标,应该是细化的、可达成的目标)。让社区戒毒人员常常想想自己的人生目标和戒毒的目标,以此来回避或减少吸毒的借口。

(3) 应对借口的策略

禁毒社工引导社区戒毒人员回想其成功应对借口的方法,并对他们成功的经验给予肯定,告知社区戒毒人员还有很多应对复吸借口的策略,鼓励其保持操守。简单介绍一些应对借口的小方法:弹橡皮筋法、深呼吸法、正面思想战胜复吸借口法、回忆负面结果法、分散注意力法、谈话或者打电话法等。

弹橡皮筋法:每当产生复吸借口时,就在手上松松地套一个橡皮筋,然后猛地弹橡皮筋,并对自己说"不",不断练习几次,渴求的状态也就慢慢过去了。

深呼吸法:深呼吸 5 次,逐步放松,无论什么时候产生复吸借口时都可以重复做深呼吸,用逐步放松的方法来缓解渴求的产生。

正面思想战胜复吸借口法:借口——"今天太难受了,很郁闷,再吸一次就好";正面思想——"今天确实有点难过,有点烦,但是挺挺不吸也会过去的"。

回忆负面结果法:制作一张预警卡,上面写着戒毒的原因和吸食毒品给自己带来的负面结果,当想复吸时,拿出来看上至少 5 遍,通过回忆过去因为吸食毒品给自己带来的痛苦,来缓解对毒品的渴求。

分散注意力法:当想复吸毒品时,可以通过上网听听音乐、看网页、逛街、运动等方式来分散注意力。

谈话或者打电话法:当想找借口复吸时,可以通过找到可信赖的朋友或亲人、社工等,跟他们聊聊天,说出自己现在的想法,这样可以驱散复吸的借口,强烈的复吸借口当自己表达出来时就失去了它的力量,渴求的愿望也就随之降低了。

(二) 家庭层面

1. 主要理念

吸毒不但是戒毒人员个人的问题，也是家庭需要共同面对的问题。毒品成瘾严重影响家庭关系，家庭成员会因曾受到社区戒毒人员的伤害而易对其失去信心和信任，家庭成员之间也会因缺乏交流与沟通，相互埋怨，互相伤害，甚至导致家庭破裂，这些都不利于社区戒毒人员的康复。禁毒社工通过介入社区戒毒人员的康复辅导，加强社区戒毒家庭成员之间的沟通，让家庭成员相互理解彼此的想法，了解吸毒是可以治愈的一种疾病。教授家庭成员识别吸毒与复吸的相关因素，寻找有利于社区戒毒人员戒毒康复的方法，促进家庭成员积极正面帮助和提升社区戒毒人员保持操守的信心。家庭层面的介入主要包括加强社区戒毒人员及家庭成员之间的沟通、改善家庭关系，使社区戒毒人员与家庭成员重建互相信任与理解的关系，争取家庭成员的支持，使亲属采用有力措施，为社区戒毒人员提供良好的社区戒毒条件，与社区戒毒人员共同管理戒毒维持操守。

2. 介入技巧

(1) 协助沟通理解，加固亲情纽带

在社区戒毒人员的早期戒毒阶段，家庭成员一般比较积极配合社区戒毒的戒毒管理，但是有的社区戒毒人员在经历了戒毒—复吸—戒毒多次循环后，对家庭成员造成不同程度的心理伤害，甚至给家人带来身体上的伤害。为了让社区戒毒人员康复，家庭成员也想尽了办法，其中不乏唠叨、责骂等方式来规劝戒毒人员，而这样的规劝方式或多或少对戒毒人员心理造成了伤害，家人之间可能会产生一定的隔阂，甚至沟通困难。禁毒社工对社区戒毒人员家庭层面介入，可以创造机会让他们进行心理沟通，扫清社区戒毒人员和家庭成员之间的心理障碍，恢复他们之间的关系，加固亲情关系纽带，从而为家庭成员后期耐心的支持社区戒毒人员奠定基础。在这个过程中，禁毒社工要充分肯定戒毒人员和家人沟通的积极性，重点强调亲人都是关爱社区戒毒人员的，虽然他们平时可能没有表露出来，或表现的只是表面的唠叨，但内心深处却对社区戒毒人员充满爱。

(2) 重构家庭成员与社区戒毒人员的关系

吸毒是家庭成员的共同问题，家庭不良关系的交互作用模式强化了社区戒毒人员的吸毒行为，家庭成员的某些心理和行为特征会在一定程度上给社区戒毒人员造成负面影响。重建家庭成员与社区戒毒人员之间的关系，让家庭成员认识到良好的家庭关系有助于社区戒毒人员对戒毒问题采取正确的态度和行为，促进他们心理和行为的转变，进而帮助社区戒毒人员的用正面有效的心理和行为来面对社区戒毒。

(3) 探索挖掘家庭自身资源优势

家庭本身有一定的资源和修复功能。社工可以引导家庭成员从过去社区戒毒人员成功戒断毒品的时段或事件中看到希望，并找到有利于戒毒的方法，使他们认识到家庭在社区戒毒人员戒毒过程中的作用，相信社区戒毒人员转变的可能性。总结过去成功的经验，可激励家庭成员利用好所具备资源，协助社区戒毒人员顺利完成戒毒。

案例

社工在一次家访社区戒毒人员，与家属访谈时，家属说女儿第一次（自愿戒毒）戒毒后三天，就又吸上了，第二次管了她两个月，家属觉得已经做出了很多努力，费了很多心思，觉得女儿心情好时就能管得住她不去吸毒，女儿心情不好时一出去就吸上了。这名社区戒毒人员讲述，父母在家老是唠叨，不信任她时，她就会心烦，一心烦就会想出去吸两口，但是有时候父母夸她，鼓励她时，她就会觉得吸毒很对不起他们，愿意去戒。这名社区戒毒人员还谈到自己家有公司，吸毒后家人都不让她去上班，整天看着她，这样她更烦，就想着干脆继续吸下去算了，反正家人也不相信自己，觉得自己没用。

社工切入点：看到这名社区戒毒人员家属对女儿比较关心，对她的戒毒也做出了很多努力，且这名社区戒毒人员就业资源丰富，可以充实生活，寻找戒毒后的新的支撑点。引导家属认识到鼓励、赞扬的方法比看管、戒备更适合帮助女儿戒毒。

(4) 采用家庭行为契约与社区戒毒人员共同预防复吸

行为契约是让当事人对自己行为负责的一种方法，通过协商，制定行为契约，对当事人的行为有一定的约束力；当按照行为契约行事，则就给予一定的强化，使期望的行为继续保持下去；如果未按行为契约行事，则当事人要承担一定的责任和接受惩罚，使当事人加强自我负责、自我管理与自我约束的意识。

家庭成员与社区戒毒人员一起制定行为契约，配合强化与惩罚机制，让社区戒毒人员为自己的行为负责，有助于家庭成员协助社区戒毒人员加强复吸行为的自我管理。

(三) 社会层面

1. 主要理念

社区戒毒不仅仅是戒除吸毒人员生理上的毒瘾，更是广泛运用社会各种资源的前提下实现对吸毒人员的人文关怀，促使其在良好的生活环境中戒除毒瘾，体会到社会力量的帮助，尤其促使其在家庭、社区的帮教过程中认识到吸毒的危害并且有充分的戒毒信心，有更大的决心戒除毒瘾，回归社会。以社区戒毒机构为核心，各相关部门之间相互配合，充分发挥社会力量的积极作用，提高吸毒成瘾者的社会适用能力，实现戒毒康复的目标。社区戒毒人员一般离群索居，远离社会，被主流群体所歧视、排斥，社会认同度和自我认同度较低，不被社会所接纳。由于得不到足够的社会支持，他们普遍觉得不被尊重、理解，心理脆弱，自卑感强，禁毒社工应帮助社区戒毒人员恢复原有的自我，发掘他们自身潜力，尊重社区戒毒人员的价值和尊严。使他们的需要得到满足，能力得以发挥。同时通过改变社区居民对社区戒毒人员的排斥，引导社区居民正确对待戒毒人员，尊重他们并接纳他们。同时帮助戒毒人员从自身出发，接受社会的主流价值观和行为规范，以获得居民认可和尊重，重新回归社会。

2. 介入技巧

(1) 从社区戒毒人员自身出发，主动参与社区活动，赢得社会尊重

在社会层面的社区戒毒中，禁毒社工要关注社区戒毒人员因为社会的不接纳而带来

的负面心理情绪和冲突，引导社区戒毒人员主动参与社区活动，实现自身的社会价值等。通过参与社区公益活动等，让社区居民了解、认知到社区戒毒人员自身也是毒品的受害者，只是在解决毒品侵害问题上出现了行为偏差，社区戒毒人员用自己的行为去获得社区居民的认可。同时恢复社区戒毒人员的社会功能，让他们主动融入社区，用自己的行动去影响社区，化消极因素为积极因素，在与社区居民共同参与社区活动中建立起和谐的社区关系。此外，还可以通过社区协调，帮助戒毒人员在社区内寻找就业机会，以解决社区戒毒人员及家庭的经济困难。组织社区戒毒人员在社区内参加各种公益活动或承担一定的服务性工作，为社区及居民付出劳动，将会为社区戒毒人员及其家庭赢得社会的尊重。

> **案例**
>
> 社区戒毒人员阿红，在参加社区戒毒一年后，主动参与到禁毒义工平台的各类义工活动，如"禁毒义工进校园"，向戒毒同伴传授瑜伽，以"禁毒骑行"为主题的过来人义工活动等。在参与义工活动时，极大减轻了她的心理压力，也让她看到自己的社会价值，并赢得了别人的尊重，让她的戒断信念得到增强。

(2) 发掘社会资源，为社区戒毒人员"去标签"化，构建社会支持网络

在社区戒毒中，构建其他的社会支持网络，对社区戒毒人员也非常重要，禁毒社工可以组织发动社会资源，加强与社区戒毒人员的互动，让社区戒毒人员积极参与禁毒社工、社区等组织的各项活动，同时，禁毒社工也要主动改善社区戒毒人员的人际冲突，为社区戒毒人员去"标签化"，改变社区居民的认识，减少社区居民对社区戒毒人员及其家人带来的压力，从而实现社区戒毒人员的社会回归。

(3) 进行人文与政策方面的宣导，从宏观系统层面进行干预

任何人及其行为都离不开一定的环境，有效的社区戒毒离不开良好的社区人文环境、社会和文化环境。禁毒社工在社会文化和社会政策方面可以为社区戒毒人员创造良好戒毒环境提供相关政策倡导，改变社区居民、邻里之间对社区戒毒人员的歧视，让社区文化层面，引导人们以"慢性病"患者的态度接纳社区戒毒人员。在社会政策方面，要戒毒人员与吸毒人员区别对待，不仅需要给予社区戒毒人员必要的福利照顾政策，而且在制订社区发展规划时，应将社区戒毒工作纳入其中，营造一个包括社区戒毒人员在内的和谐的社区关系和社区互动。而在禁毒政策的制定与执行方面，要减少对社区戒毒者的危害提到首要位置，让社区戒毒有一个能够得到认可和支持的社会环境。

第五节 案例：预防复吸技能在戒毒康复个案中的运用

一、基本资料

服务对象：Y某，男，39岁，初中学历。服务周期：2016—2019年。

二、案例介绍

（一）个案来源

服务对象是一名未报到的社区戒毒人员，根据 2016 年《关于敦促已处置社区戒毒社区康复吸毒人员到乡镇街道报到的通告》的要求，工作员主动联系服务对象，督促其参加社区戒毒。经过工作员政策解说后，服务对象逐步接受社区戒毒管控，经过多次接触后，初步评估服务对象的问题与需求，进行后续跟进服务。

（二）家庭资料

服务对象是深圳本地人，拥有良好家庭条件，是家中最小的孩子，从小父母宠爱，兄姐爱护，家人对其比较纵容。十年前，因为交友不慎，在朋友的引诱下走上吸毒的道路。服务对象离异，育有一女，女儿已经上初中，在跟进服务对象的 3 年过程中，服务对象重新组建家庭，目前与妻子、女儿生活在一起。在与家人关系中，因多次的复吸问题导致他与父母之间关系紧张，现任妻子和女儿对服务对象非常关心和支持。

（三）精神状况

因多次复吸经历，服务对象对自己的未来充满了担忧和沮丧，对家人充满自责。目前无业，精神状态不佳，没有生活目标，但非常渴望走出复吸的魔掌，回归正常人的生活。

（四）健康状况

服务对象有十年的吸毒史，有较强的毒瘾，曾经使用过海洛因、K 粉、冰毒等多种毒品，一度身体状态不佳，经过治疗后，目前身体状况已经恢复良好。

（五）行为表现

不喜欢与人沟通，情绪状态不佳，心理压力较大。

三、问题分析

结合服务对象的实际情况，禁毒社工以社会学习理论与认知行为理论为依据进行分析，具体分析如下：

（一）社会学习理论的问题分析

社会学习理论是在"刺激—反应"学习原理及认知学习理论基础上发展起来的，着重阐述人是怎样在社会环境中学习的。其主要代表人物班杜拉认为，人的行为，特别是复杂行为，主要是后天习得的。该理论所强调的是观察学习或模仿学习，在观察学习的过程中，人们获得了示范活动的象征性表象。吸毒行为是一种后天习得行为，服务对象的吸毒问题不是固有的，所以可以由学习好习惯来改变现存的问题和坏习惯，故可以通过学习相关技巧和方法来预防复吸行为。服务对象有主动戒断毒品的想法，但是由于毒品的巨大诱惑力和缺乏有效的预防复吸方法和技巧，服务对象一直处于戒毒—复吸—思考—戒毒—复吸的循环过程中。

（二）认知行为理论的问题分析

认知行为理论强调人的行为是心理活动的外在表现，而心理活动的产生则是以内环境的生理冲突和外环境的信息为动力，认为行为是可以通过学习和训练加以控制的。吸毒是后天习得的行为，随着不断练习而熟练，形成了自动思维和行为模式，吸毒成瘾之后，服务对象每当遇到情绪、压力等问题时，就会自动想到采取吸毒的方式来解决，这是导致复吸的重要原因之一。认知行为疗法是一组通过改变思维和行为的方法来改变不良认知，达到消除不良情绪和行为的短程心理治疗方法，强调认知的改变，从而产生思维与行为方面的改变。该疗法以结构化问题为取向，教授、鼓励和支持减少或停止他们的有害行为，提供技能，帮助服务对象实现戒断和保持操守。在辅导该服务对象时，禁毒社工通过认知行为疗法的引入，让服务对象者初步认识到吸毒是习得行为，复吸过程是由一连串事件组成的，采取新的行为打断事件链方法来预防复吸，这类新的行为也可以习得，反复练习逐渐形成新的行为模式。

四、服务计划

在评估问题的基础上，结合服务需求，禁毒社工与服务对象共同制定了以下的服务目标和服务计划：

（一）服务目标

① 协助服务对象正视自己的过去和现状，学习预防复吸技能和方法，改变过往不良复吸行为，重拾其保持操守不复吸的信心；
② 增强服务对象应对戒断后预防复吸过程中处理困难和问题的能力；
③ 发掘并整合服务对象周边资源，合理利用资源帮助其筑牢预防复吸之墙；
④ 帮助服务对象重新获得家庭支持网络，运用家庭动力，完善预防复吸系统；
⑤ 最终目标：帮助服务对象建立理性的戒断信念，成功预防复吸，融入新生活。

（二）服务策略

① 选择从现实的社区戒毒问题入手。恰当运用澄清、引领等专业技巧，引导服务对象正确对待社区戒毒处置问题，说明相关政策，让服务对象积极参与社区戒毒。从与服务对象回顾过往吸毒—戒毒—复吸历程的角度出发，促使服务对象表达自身真实感受与经验，从而建立稳固的专业关系。

② 从服务对象最关心、最迫切需要解决的复吸问题入手，与其建立良好的信任关系。加强引导，淡化矫正色彩，着重了解服务对象的思想动态情况，疏导其情绪，提升服务对象戒断动机，帮助服务对象改变对复吸问题的症结认知，提升服务对象的防

复吸信心。

③ 以循序渐进的方式，在辅导中以知识输入方式教授服务对象预防复吸的方法和技巧，形成新的处理情绪、压力等问题的思维和行为模式，阻断复吸行为。

④ 从全面完善预防复吸的系统出发，协助服务对象发掘自身存在的优势条件，整合相关资源，协调解决服务对象的就业等问题，从而进一步完善服务对象预防复吸系统。

⑤ 协助服务对象获得家庭支持网络，运用家庭动力，让服务对象勇敢地面对家人、面对社会，以家庭责任强化其不复吸的信念。

五、介入过程

（一）第一阶段

介入重点：收集服务对象的基本资料，建立良好专业关系，与服务对象共同确定具体服务目标。

主要内容：向服务对象说明社区戒毒政策的重要性以及不配合执行将给其带来的问题等，在获得服务对象认可并接受服务后，逐步与服务对象建立稳固的专业关系。同时与服务对象一起分析其面临的主要问题，以及对于预防复吸他自身所具备的优势，获得服务对象的认同。再根据问题预估，与服务对象共同制定适宜的服务目标。

（二）第二阶段

介入重点：全面了解服务对象的个人和家庭情况，提升服务对象的戒断动机，坚定不复吸信念。

主要内容：借助每次的社区戒毒管控机会，一步步了解服务对象个人和家庭情况，从中挖掘服务对象戒断的动机，唤起服务对象预防复吸的动力。在这个过程中，禁毒社工了解到促使服务对象能决心戒断毒品的主要原因是与前妻的离异事件，该事件让服务对象认识到因为吸毒行为，有家人开始放弃自己，服务对象不愿意失去亲人，特别是离异后女儿跟着他一起生活，为人父的责任让服务对象思考自己必须远离毒品。但因多次戒毒后又复吸的经历，让其戒断信心不足。在了解到这些信息后，禁毒社工采用同理心、增强矛盾感和增强自我效能感等辅导技巧，进一步提升服务对象的戒断动机，初步开始探索预防复吸技能方法。

（三）第三阶段

介入重点：总结以往经验，让服务对象初步认识到吸毒是习得行为，协助服务对象探寻合适的预防复吸方法，输入相关方法与技巧。

主要内容：根据服务对象曾经的戒毒到复吸经历，与服务对象一起总结以往他自己在复吸过程中所做出的努力，肯定服务对象努力的结果，让服务对象初步认识到吸毒行为是一种习得行为，不是自己固有的问题。在这个阶段，服务对象一方面迫切希望这次自己能彻底戒断毒品，另一方面又担心自己会跟以往一样因为一次情绪的波动或者挫折就再次复吸，一直处于担心纠结中。同时因为多次的复吸经历，家人对服务对象的支持度和信任度也下降。针对这些问题，工作员通过戒断成功案例给予服务对象对毒品成瘾可戒断的正面认知，给服务对象输入希望，让服务对象和家人看到戒断毒品不复吸的可能性和存在性。同时采取循序渐进的方法，给服务对象及其家人示范预防复吸的方法技巧，从正确有效的情绪管理到渴求（犯瘾）的应对、貌似无关决定的识别、借口的应对、毒品的拒绝技巧等方面，教会服务对象如何面对复吸念头产生时采取有效的应对，让服务对象看到通过正确的方法和技巧，自己是可以做到远离复吸的，逐步提高预防复吸的信心。

（四）第四阶段

介入重点：走访社区工作站等部门，整合服务对象周边潜在资源，为预防复吸提供有利的环境支持。

主要内容：服务对象生活条件优越，虽没有工作，也不存在经济困难。每天在家无所事事，精神空虚，朋友圈也相对较窄，禁毒社工评估服务对象目前这种状态是走向复吸的危险信号。对此，工作员有计划地走访社区工作站及村委等部门，定期将服务对象在戒毒过程中的积极表现告知这些部门，为服务对象得到社会的接纳打下基础。并与社区戒毒管控相关部门共同探讨解决服务对象预防复吸的方法，强调良好的社会环境支持对预防他们复吸非常重要。在社区和村委相关人员经过一段时间的考察后，为服务对象争取到了一份社会公益岗位的工作机会。服务对象非常珍惜这次就业机会，努力工作。服务对象的改变，让他获得了社区和周边同事以及家人的认可和信任，在预防复吸的过程中有了精神的支撑和良好的社会环境支持。

（五）第五阶段

介入重点：走访服务对象家庭，改善其家庭关系，为其争取预防复吸过程中家人的情感支持。

主要内容：工作员充分利用服务对象对孩子、对家庭的责任感，强化服务对象不再复吸的信念和决心，协助服务对象找到支撑不复吸的动力点。让家人看到他现在做出的改变和努力，同时也教授服务对象家人帮助和监督他预防复吸的技能方法，鼓励服务对象及家人要在这个漫长的预防复吸道路上保持耐心和恒心，改善服务对象与家人的关系，让他重新获得家人的信任和情感支持。

（六）第六阶段

介入重点：继续强化不复吸动机，肯定服务对象的改变，做好结案准备。

主要内容：在工作员的建议下，服务对象不断练习和实施预防复吸的相关技巧，取得了很好的效果，顺利解除社区戒毒管控措施。对于服务对象的取得成果给予肯定，鼓励家人对他的改变给予更多的认可和支持。经过禁毒社工计划性地跟进辅导，服务对象已获得家人的信任与支持，以及社会的认可，顺利地完成3年社区戒毒。在即将结束服务时，服务对象还接受了媒体采访，用自己经历，鼓励其他戒毒者，用正确的方法可以做到不复吸。3年来，服务对象获得很多支持和认可，在同事的介绍下，认识了现任妻子，重新组建了家庭，妻子对服务对象的支持和接纳，让服务对象看到人生的新希望。

六、评估

（一）目标达成情况评估

① 服务对象不自信心理基本消失，能够正视自己过去和现在，对未来生活充满了信心。

② 在工作员的辅导下，服务对象改变过去面对压力和挫折只会用复吸来应对的思维模式，开始用行动来证明自己是可以做到不复吸。

③ 面对保持戒断操守过程中出现的问题和困难，在禁毒社工的示范和引导下，服务对象不断地练习各种预防技能并付诸行动，自己逐渐找到有效的解决办法。

④ 家人愿意再次帮助服务对象面对预防复吸问题，为他提供情感支持，家庭关系渐趋和谐。服务对象重新组建新家庭，过上了幸福美满的生活。

⑤ 服务对象顺利完成社区戒毒，在这期间也得到社区等的社会认可和支持，工作生活状态良好。

（二）问卷评估结果

禁毒社工通过问卷调查的方式来以及访谈的方式来了解服务对象对工作员服务的满意度，以10分制计算。问卷调查的结果显示，服务对象对为其制订的服务计划完成进度和对自己的改变满意度以及对工作员服务过程中对资料保密度均为10分；服务对象对整个服务过程满意度为10分。

七、反思

戒毒康复人员在戒断后出现复吸是一种常见问题，服务对象会把复吸原因归结为自己的一时情绪问题所导致的，或归为他因所致。工作人员发现这类型服务对象复吸的根本原因，在于动机不强、认识有偏差和防复吸技能方法不足这几大重要原因，情绪等只是复吸的一个导火索。在辅导该案例时，就是一个不断探索、发现、完善该类型服务对象常见问题及解决该类问题难题的过程，初步探索出适合该类型个案服务模式。在该案例服务过程中，先后使用动机式晤谈法来提升服务对象的动机，运用认知行为理论改变服务对象的偏差认知，促进正面行动的形成，结合社会学习理论，相信服务对象的吸毒行为是后天习得而形成的，自然防止复吸行为也是可以通过示范引导让服务对象不断练习改变。纵观整个辅导过程，能够让服务对象成功地走出复吸的关键在于：一方面，禁毒社工能合理适宜地运用专业知识与手法，通过访谈方法和技巧，提升服务对象自身的戒断动机，改变认知，输入新的方法和技能，挖掘个案自身优势，发挥服务对象应有的潜能；另一方面，整合社区和家庭资源，完善和健全预防复吸中社会和家庭支持环境，特别是社会的接纳和家庭的支持作用对服务对象彻底戒断毒品、保持操守、预防复吸有着至关重要的作用，从情绪的有效管理，到维持操守不复吸动机提升，再到改变认知，学习新技能，最后到彻底远离毒品，维持不复吸状态，每一阶段都体现了社会接纳和家庭对服务对象的支持的重要性，禁毒社工的专业辅导和家庭的支持以及社会环境的改善，才最终使得服务对象成功不复吸，重新回归家庭和社会。

社工札记

禁毒社工礼仪及入户探访

一、礼仪篇

禁毒社工服务质量的高低受多种因素影响，而服务态度是重要影响因素。在与服务对象接触中，礼仪作为服务态度的一个有效表达方式，是社工为了表达对服务对象的尊重、友好、接纳及展示自身专业形象而采取的一系列具有明显的社会道德文化色彩的行为礼节规范。社工礼仪，能够有效促进社工与服务对象关系的建立，从而保证服务的顺利开展。下面从个人衣着打扮、电话礼仪三个方面来具体说明。

（一）个人衣着打扮

（1）注意保持自己的着装整洁，衬衫的领口与袖口不得有污渍；在访谈服务对象时，裤装/裙装应过膝盖；不宜着奇装异服；

（2）保持头发整洁，男社工不能蓄长发，切勿留怪异发型；不论何种发型，必须注意整齐；社工如染头发，可选择大众颜色，色彩不宜夸张鲜艳；

（3）女社工不宜浓妆艳抹，可选择淡妆；男社工胡须不宜过长，应经常修剪；

（4）男社工如果佩戴领带，领带必须整洁，不得破损褶皱或歪斜松弛，领带夹需夹在衬衣第三、第四个扣子中间位置；

（5）注意经常修剪指甲，指甲不宜过长；女社工如用指甲油，宜选择用浅粉色；

（6）女社工高跟鞋不宜过高，鞋子颜色不宜太艳；不宜穿拖鞋。

（二）电话礼仪

（1）在接听电话时，最好在电话铃响第二声或第三声的时候接起，以给对方最为适宜的心理准备时间，同时体现高效的办公效率；

（2）接听电话时要主动报出机构的名称或者部门、所在办公地点的名称，如"您好！这是××××社区戒毒（康复）站"；接听电话时应使用文明用语，语速适中，态度亲切、温和、耐心，同时简明扼要；要耐心倾听对方讲述，并记下要点；未听清时，应及时告诉对方，请其重复；结束时，礼貌道别，待对方切断电话后，自己再放下话筒；

（3）转接电话时，同样要耐心礼貌，在说过"请您稍等"之后，以最快的速度将电话转到相关同事；当该同事不在时，应礼貌地请对方稍后再打，或者请对方留下信息及联系方式帮助对方转达；

（4）转达信息时，一定要注意准确性，要礼貌地向对方重复及核实确认重要信息，并及时转告相关同事；

（5）当接到不指名的电话，而自己不能处理时，可坦白告诉对方，并马上将电话转交给能够处理的人，或者请其留下联系方式，稍后回复处理方式；

（6）对外拨打工作所需的电话时，应注意使用礼貌用语；不论遇到何种情况，均应避免在电话中与对方发生争执或使用过激的语言，要耐心、冷静、有修养地解决问题。

（三）访谈礼仪

（1）在约定的时间内，不缺席、不迟到；确因无法控制的原因而缺席或者迟到时，应提前告知服务对象并解释原因，必要时另约见面时间；服务对象来访时，须马上起身，问候、让座、再倒水（并注意续水），如没有提前约好，则需问明来意，进行访谈；

（2）访谈时最好不要跷二郎腿，服务对象话未讲完，不要插话，如需插话，则应挑选适宜时机，切勿因插话而使服务对象感受到不被尊重；访谈时要精神充足，不能无精打采、漫不经心；

（3）访谈时手机应调节到振动或者静音，如有重要电话，则应对服务对象说"对不起"，并做出解释，再离开接电话，并告知返回时间。

二、入户探访篇

在目前社会工作实践中，鲜有服务对象主动上门求助，更多情况是社工入户探访，主动挖掘个案并提供服务。药物滥用人群因其群体特征，入户探访则显得尤为重要。下面从入户探访在药物滥用个案中的作用和入户探访流程两个方面详细说明。

（一）入户探访的作用

在我国，职业化的社工才刚刚起步，大多社工需要主动入户探访，开发个案，去为服务对象提供服务，因为我国法律明确规定药物滥用是违法行为，药物滥用者个人一旦被贴上"违法者"的标签，为了避免受社会歧视，会尽量隐瞒涉药实情，其家属也不希望被人知道，因此，这类服务对象常常是隐秘的，需要禁毒社会工作者主动排查发掘。

信任是建立良好专业关系的前提，由于长期处在偏见与歧视之中，许多药物滥用人员异常敏感，缺乏信任感，不愿意向别人谈及药物滥用问题，因此社工在与他们接触的过程中，建立彼此间的信任关系至关重要。只有服务对象信任社工，才会接受社工的服务，从而使得服务取得一定的成效。社工入户探访，服务对象身处自己熟悉的环境中，会有所放松，而且，药物滥用人员本身因为滥用药物问题，与周围亲友鲜有往来，社工带有关怀性质的主动入户，也会使其感受到自己并没有被社会遗忘，从而易于信任社工，与社工建立良好的关系。

入户探访可以让社工收集到更加全面的信息，包括服务对象家庭结构、邻里关系、个人特质（如注意整洁）等，这些信息对于评估服务对象需求、发掘服务对象能力及搭建服务对象社会支持网络有很大的帮助。

（二）入户探访流程

1. 入户探访前的准备工作

（1）确定探访目的，准备访谈提纲。

入户探访不同于一般的串门，具有如下几个特点：第一，目的的明确性，比如认识服务对象，让其了解社工服务内容，建立信任，收集服务对象资料等；第二，内容的选择性，由于入户探访具有明确的目的，因此需要有选择性地展开，谈话内容都是有限定范围和用心选择的；第三，过程的计划性，通常情况下，入户探访是一个正式安排的会面，事先需约定具体时间。

如果是首次探访，社工没有掌握到服务对象的联系方式，应该先从社区工作站、派出所等相关部门了解服务对象的基本信息，做到心中有数，并做一些有利于探访的安排，比如服务对象是否有工作，如果有，安排晚上/周末前去探访，这样见到服务对象的概率会更大；如果服务对象家中有小孩，可以为小孩准备小玩具；如果服务对象非常排斥与陌生人接触，可以请社区工作站工作人员带领上门，由其介绍社工，提高首次探访进门率。

（2）出发前再次确认探访。

部分药物滥用人员由于长期滥用药物，记忆力受损，并且行为能力受损，不能像普通人那样遵守约定，因此，社工可能会被服务对象"放鸽子"，所以，在出发前，再次跟服务对象确认探访是否合适，也给服务对象有一定的心理准备。

（3）检视装束与仪容。

社工在进行入户探访前，要注意检视自身着装，避免奇装异服或穿着过于暴露，建议穿长裤搭配运动鞋或休闲鞋，同时也需注意不宜穿标志明显的工服，避免因着装泄露服务对象的身份信息。女社工除注意前文所述着装要求外，还应尽量避免佩戴耀眼饰品、化浓妆和喷香水，素净的仪表配上亲切的笑容是社工最好的装饰。

（4）检查外出随身物品。

社工在入户探访前应准备：通信工具，方便与机构同事及时沟通联系；少量现金及公交车卡，方便出行；其他需要的物品，如笔、记录本、宣传单、社工名片等。需要特别注意的是，自带饮用水，尽量避免饮用服务对象家中的水。

（5）约伴出行，并交代去向。

入户探访工作要两位社工结伴同行，最好能有一名男社工。外出探访前要保证办公室有人知道你的去向及大概返回办公室的时间。

2. 入户探访过程中的细节技巧

（1）准时到达。

社工应提前出门，并在约定时间到达探访对象家中，保持守时的专业形象。若在前往途中遇到特殊情况以至未能按约定时间到达，一定要及时告知探访对象。若社工在约定时间到达但无人应门时，可打电话向探访对象询问情况；若无人接听，可留纸条说明此次来探访不遇的情况，并请他们回来后与社工联系，然后将纸条连同宣传资料一起放在门口显眼处，或者通过短信的方式告知服务对象。

（2）进门前的礼仪。

若为首次探访时开门者为探访对象本人，社工应面带微笑地站在门口的位置向探访对象做简单自我介绍，说清来意，并展示工作证，让探访对象清楚确认社工的身份；若为家人开门，则应该先询问探访者是否在家中，不直接说明来意，因为有可能家人不清楚服务对象存在药物滥用的问题。社工在进门前要注意观察探访对象及其家中的情况，若发现探访对象满身酒气、仪容不整或神志混乱时，可以先不进门，在门外了解情况并做出评估,但注意避免露出嫌弃或不满的表情。对于如何称呼服务对象,可事先询问,如没有特殊称呼,则一般采用尊称"女士"或"先生",对于女性服务对象,避免称呼"小姐",因为药物滥用常被怀疑与卖淫挂钩,以免因此而引起服务对象不悦。

(3)选择适当的座位位置。

社工落座的位置最好选取靠近大门且面向门口,打开窗户(如果处于关闭,可以建议服务对象打开窗户;如果谈话内容容易被窗户外的人听到,则可以建议只拉开窗帘),尽量坐在上风处,并与探访对象保持 0.5~1.5 米的距离,该距离为社交距离,符合社工与服务对象交往的距离。尽量选择在大厅交谈,避免在卧室等非常私密的空间交谈,如果服务对象租住的是单房,较为拥挤,则另做考虑。若进门时探访对象开着电视,可请其将音量调小或关闭电视机,以免影响谈话。

最后,在入户探访过程中,要注意察言观色,当服务对象出现一些不耐烦的举动,如频繁看时间等时,社工应该尽快结束探访。

3. 结束探访

探访时长一般控制在 45 分钟以内,但可依据实际情况进行调整。结束交谈时,应运用礼貌用语,感谢服务对象同意此次入户探访,如需要,可约定下次入户探访的时间。可能出现的状况有:挽留社工用餐,这时要感谢对方的美意,但坦言工作上还有事情需要处理;赠送社工食品,此时可先向探访对象表示感谢,再委婉拒绝。社工在辞别探访对象出门后,须及时将探访情况摘录在随身的便签纸上,便于回去填写完整的探访记录。若探访过程中评估到服务对象有进一步的服务需求,应继续保持跟进并制订合理的服务计划。

入户探访是社工日常最基本的工作内容之一,最需具备的是一颗尊重他人并且真诚的心。只有设身处地地站在探访对象的角度看问题,认真倾听探访对象的需求,才能与其建立积极良好的专业关系,继而了解他们的真实需要,走进他们的内心。在此过程中,经常会出现各种突发情况,非常考验社工的临场应变能力。因此,社工要在工作中不断接受历练,注意反思和总结,丰富自身实务经验。

第七章 强制戒毒服务

第一节 对象及需求

一、强制戒毒服务的内涵

强制隔离戒毒是强制性地限制人身自由，对吸毒成瘾人员进行生理、心理治疗，以及进行思想教育、法制教育、生活技能培训的戒毒措施。强制戒毒和自愿戒毒、社区戒毒共同构成了现阶段我国戒毒措施的基本体系。本书所指的强制戒毒服务是在我国《禁毒法》背景下的禁毒社会工作者在强制隔离戒毒场所内开展的禁毒社会工作服务。

我国《禁毒法》还规定，对于被解除强制隔离戒毒的人员，强制隔离戒毒的决定机关可以责令其接受不超过3年的社区康复，社区康复服务内容在本书第八章有详细介绍。

二、强制戒毒服务对象

强制戒毒服务对象主要以强制隔离戒毒的人员为主，包括自愿接受强制隔离戒毒的人员以及由公安机关决定强制隔离戒毒的吸毒成瘾人员。

根据我国《禁毒法》第38、39条的规定，吸毒成瘾人员有下列情形之一的，由县级以上人民政府公安机关作出强制隔离戒毒的决定：（1）拒绝接受社区戒毒的；（2）在社区戒毒期间吸食、注射毒品的；（3）严重违反社区戒毒协议的；（4）经社区戒毒、强制隔离戒毒后再次吸食、注射毒品的。对于吸毒成瘾严重，通过社区戒毒难以戒除毒瘾的人员，公安机关可以直接作出强制隔离戒毒的决定。吸毒成瘾人员自愿接受强制隔离戒毒的，经公安机关同意，可以进入强制隔离戒毒场所戒毒。怀孕或者正在哺乳自己不满一周岁婴儿的妇女吸毒成瘾的，不适用强制隔离戒毒。不满十六周岁的未成年人吸毒成瘾的，可以不适用强制隔离戒毒。

> **小贴士**
>
> **《吸毒成瘾认定办法》（公安部令第115号）**
>
> 第二条 本办法所称吸毒成瘾，是指吸毒人员因反复使用毒品而导致的慢性复发性脑病，表现为不顾不良后果、强迫性寻求及使用毒品的行为，同时伴有不同程度的个人健康及社会功能损害。

第七条 吸毒人员同时具备以下情形的，公安机关认定其吸毒成瘾：
（一）经人体生物样本检测证明其体内含有毒品成分；
（二）有证据证明其有使用毒品行为；
（三）有戒断症状或者有证据证明吸毒史，包括曾经因使用毒品被公安机关查处或者曾经进行自愿戒毒等情形。

戒断症状的具体情形，参照《阿片类药物依赖诊断治疗指导原则》和《苯丙胺类药物依赖诊断治疗指导原则》确定。

第八条 吸毒成瘾人员具有下列情形之一的，公安机关认定其吸毒成瘾严重：
（一）曾经被责令社区戒毒、强制隔离戒毒（含《禁毒法》实施以前被强制戒毒或者劳教戒毒）、社区康复或者参加过戒毒药物维持治疗，再次吸食、注射毒品的；
（二）有证据证明其采取注射方式使用毒品或者多次使用两类以上毒品的；
（三）有证据证明其使用毒品后伴有聚众淫乱、自伤自残或者暴力侵犯他人人身、财产安全等行为的。

三、强制戒毒服务对象需求

强制隔离戒毒由公安机关下达决定，属行政强制措施，但目前强制隔离戒毒的执行分别由公安机关和司法行政机关负责。被强制隔离戒毒的人员在公安机关的强制隔离戒毒场所执行强制隔离戒毒3~6个月后，转至司法行政部门的强制隔离戒毒场所继续执行强制隔离戒毒。强制隔离戒毒人员投送司法行政机关强制隔离戒毒场所（强制隔离戒毒所）执行后，经诊断评估，强制隔离戒毒场所可根据戒毒人员实际戒毒情况，提出提前解除或延长强制隔离戒毒的意见，报强制隔离戒毒的原决定机关批准。

从我国现行的戒毒体制来说，强制隔离戒毒服务不仅要发挥国家强制力，还要满足吸毒成瘾人员的需求，以确保吸毒成瘾人员能够完成生理脱毒和基本的心理康复，同时学习一定的生活技能，以便更好地回归社会。因此，结合法定要求及社会工作专业评估，对强制戒毒服务对象的需求分析如下：

① 生理、心理治疗的需求。强制隔离戒毒人员，大多是因吸食、注射毒品严重成瘾，具有一定年份的吸毒史，多伴有躯体疾病或传染病，还有部分可能存在心理危机，因此有生理、心理治疗的需求。

② 知识增长的需求。强制隔离戒毒人员对法治知识、禁毒政策、疾病预防等知识存在盲区或误解，有法制等知识教育的需求。

③ 生活技能提高的需求。分为两个层面，首先，强制隔离戒毒属于强制性封闭式隔离式戒毒，且时间较长，首次参与强制隔离戒毒的人员需要接受入所生活教育，使其尽快接受及适应所内生活；其次，为使强制隔离戒毒人员日后回归社会能迅速融入社会生活，不被社会抛弃，需提高其职业能力、文化水平，使其掌握生活所需的技能。

④ 体育锻炼、娱乐生活的需求。由于大多数强制隔离场所实行军事化管理，作息有严格规定，节奏有规律，但也不免枯燥，所以强制戒毒者有体育锻炼及娱乐生活的需求。

⑤ 回归社会的需要。在强制隔离戒毒期满后，正常的家庭生活、稳定的就业关系是

戒毒人员融入社会的重要表现，因此强制戒毒人员有回归社会的需要，以便戒毒人员出所后尽快融入社会。

第二节　理念及理论

一、人道主义的价值理念①

人类社会对罪犯的惩罚，从"以牙还牙"到"杀鸡儆猴"的观念转变，持续了数千年。到18世纪末，人们才开始采用感化的方法来对待罪犯，而不再单纯以残酷的刑罚惩治罪犯。引起这一巨大变化的是起源于欧洲文艺复兴时期的人道主义思想的广泛传播。人道主义提倡关心人、尊重人、以人为中心的世界观，深信人性具有高度的可塑性和丰富的"潜藏"性，只要给予适当的机会和善加引导，必能改过自新。人道主义思想反映在刑罚观上，就是反对封建主义的残酷野蛮的刑罚制度，主张改善徒刑的监禁条件，给犯人以人道的待遇和自新的机会。

我国原有法律法规的规定，对吸毒成瘾的人员要进行强制戒毒，发现再次吸毒者要处以劳动戒毒。过去的强制戒毒和劳动戒毒对吸毒者都带有一定的惩罚性，是一种剥夺吸毒者人身自由的行政强制措施。至2007年12月通过《禁毒法》之后，我国的戒毒模式与措施做出了重大的调整，提出了新的戒毒措施。《禁毒法》规定了自愿戒毒、社区戒毒、强制隔离戒毒和社区康复等戒毒模式。它改变了过去以强制戒毒为主导的戒毒模式，将最初对吸毒者以惩罚为主转变为以治疗、康复、教育为主，突出了将吸毒人员视为病人的中心理念。

二、"社会—心理"的介入理念

"社会—心理"视角是一种将服务对象得到心理状态、心理过程同其生活的社会环境结合起来考虑并开展工作的理论观念。每一个人都有其内部心理世界，同时又与外部的社会环境密切相连，所以，我们需要将人作为一个整体去认识，即"人在情境中"。根据国际通行做法，戒毒治疗一般分为三个阶段：生理脱毒阶段、心理康复阶段和回归社会阶段。戒毒能否成功，除了戒毒人员自身意愿和意志力之外，其周围环境非常关键。戒毒人员从强制隔离戒毒所回到社区后，如果能及时获得必要的帮助和关心，前期的戒毒治疗效果将得到进一步巩固，戒毒成功的可能性将大大提高。

吸毒行为的产生，既有其自身心理因素的原因，又有其周围环境因素的影响；戒毒成效既取决于戒毒人员自身的努力，又受制于社会环境的影响。所以，禁毒社会工作者应该具有"人在情境中"的系统认识论视角，来整体、全面地去了解、认识戒毒对象，既向戒毒对象提供改善自我认识的服务，又提升其应对所处社会环境能力。这就是直接介入和间接介入融于一体的综合服务的模式。

---

① 《社会工作实务（中级）》（2012版）全国社会工作职业水平考试教材编写组，中国社会出版社2012年版。

第三节 干预策略

一、服务内容

结合我国强制隔离戒毒所的实际工作情况,禁毒社会工作者可以提供的服务内容包括新入所戒毒人员入所适应、宣传教育、戒毒康复辅导、技能兴趣培训、无缝接轨等。需要特别注意的是,强制隔离戒毒所是由公安、司法行政部门管理的,因此,禁毒社工在所内开展服务时,一定要与当地的政策要求相结合,做与不做,做多做少,做深做浅,需要灵活把握,而非一成不变,拘于某一模式。具体的服务内容如下:

(一)入所适应

强制隔离戒毒的对象通常是在毫无心理准备的情况下被公安机关查获,然后判处强制隔离戒毒的。因此,入所之后首先要了解戒毒人员是否存在所外未完结的事项,社工可协助进行沟通协调,这样可以让戒毒人员能够安心地在所内生活;第二,需要帮助新入所的戒毒人员尽快适应所内的环境,了解所内的生活规则,帮助他们尽快适应所内团体生活的习惯,处理好与其他戒毒人员的关系等;第三,需要针对戒毒人员入所时的心理状态进行及时的干预,如有些戒毒人员对被判处强制隔离戒毒存在不解或者不服的心态,对两年期的强制隔离戒毒表现得比较迷茫,在心理上存在自责、愧疚、失落等情绪,需要禁毒社工及时介入,以帮助他们对强制隔离戒毒树立正确的认知;第四,需要帮助戒毒人员规划好所内生活,使其有积极的心态参与所内的生活,并从中获益。此外,禁毒社工也需要协助戒毒所做好戒毒人员的分类评估及分类管理,根据戒毒人员生理状态、吸毒属性等进行分类,便于戒毒所的后期管理。

(二)宣传教育

宣传教育的内容包括强制隔离戒毒所管理规定、禁毒法律法规、毒品知识、毒品危害、艾滋病等传染疾病知识。禁毒社工在所内针对戒毒人员开展宣传教育工作,目的是通过宣传教育,倡导其知法、懂法、守法,避免其再次触犯法律;加深其对毒品危害的理解,丰富其识毒、防毒、拒毒的知识结构,强化和巩固其戒瘾动机和信心,预防其再次复吸。

此外,驻所社工也需要对前来强制隔离戒毒所参观学习的青少年学生、社会团体等开展毒品预防教育工作,向社会大众宣传毒品预防知识。

(三)戒毒康复

戒毒人员在强制隔离戒毒所期间会经历生理脱毒和心理康复两个脱瘾阶段,禁毒社工在这个过程中可以三种形式进行介入:第一种为帮教访谈,即为戒毒人员提供一到两次的专业辅导,没有形成长期跟进的服务计划;第二种为专业个案,即通过定期面谈,制订帮教计划,进行一对一的戒瘾辅导,巩固戒瘾效果;第三种为团体辅导,即通过小组工作的形式，为有共性需要的戒毒人员提供专题辅导，如对即将解戒的人员提供社会适应能力提升小组服务等。戒毒康复辅导的目的是为协助戒毒人员巩固戒毒成果，养成健康生活方式，引导戒毒人员发挥自身优势，提升自我效能。

（四）技能培训

为丰富戒毒生活，培养戒毒人员正向的兴趣爱好，提升其社会技能以及有效转移其对药物的渴求及注意力，禁毒社工在强制隔离戒毒所内会针对戒毒人员开展一些技能类、兴趣类、劳动类的活动。禁毒社工一方面需要动员戒毒人员积极参与，另一方面需要评估戒毒人员的需求和能力，还需要组织开展一些技能培训类的服务。

（五）无缝接轨

针对即将解戒的人员，需要禁毒社工为其制定无缝接轨方案，做好出所衔接，与所外社工合作，与其亲朋好友、相关部门等做好对接，为其出所后的工作生活做好准备，降低其复吸率。

二、干预策略

强制隔离戒毒的期限为 2 年[①]，戒毒人员根据其成瘾症状的不同，进入强制隔离戒毒所之后一般会经历生理脱毒期、心理康复期，禁毒社工根据强制隔离戒毒服务工作流程，针对不同发展阶段的戒毒人员提供不同的干预策略。可参考表 7-1。

表 7-1　　　　　　　　　　　　强制隔离戒毒干预策略

入所时间	发展阶段	干预的策略	干预的内容
0~2 个月	入所适应阶段	1. 个别面谈 2. 分类评估 3. 知识宣讲	1. 掌握戒毒人员生理、心理、社会状况； 2. 所外未完结事项处理； 3. 所内生活适应； 4. 提供必要的心理支持
2~6 个月	生理脱毒期	1. 知识宣讲 2. 个别面谈 3. 团体活动	1. 缓解脱毒期的不适反应 2. 恢复正常的生活习惯 3. 强化毒品认知，增强戒毒动机

---

① 《戒毒条例》第 27 条规定，强制隔离戒毒的期限为 2 年，自作出强制隔离戒毒决定之日起计算。

被强制隔离戒毒的人员在公安机关的强制隔离戒毒场所执行强制隔离戒毒 3~6 个月后，转至司法行政部门的强制隔离戒毒场所继续执行强制隔离戒毒。

执行前款规定不具备条件的省、自治区、直辖市，由公安机关和司法行政部门共同提出意见报省、自治区、直辖市人民政府决定具体执行方案，但在公安机关的强制隔离戒毒场所执行强制隔离戒毒的时间不得超过 12 个月。

续表

入所时间	发展阶段	干预的策略	干预的内容
6-18个月	心理康复期	1. 团体辅导 2. 个别辅导 3. 文体活动 4. 技能培训	1. 消除矛盾心理 2. 减少戒毒障碍 3. 找到预防复吸的关键要素 4. 发展兴趣爱好 5. 提升社会技能
18~24个月	出所准备期	1. 团体辅导 2. 个别辅导 3. 家庭介入 4. 社区资源链接	1. 社会生活适应 2. 个人管理 3. 家庭关系 4. 就业技能培训

小贴士

《禁毒法》实施以后，强制隔离戒毒服务分别由公安机关和司法行政机关负责，通常情况下，戒毒人员在由公安机关出具强制隔离戒毒决定书之后移送公安机关强制隔离戒毒所，在公安机关强制隔离戒毒所实行强制隔离戒毒服务3~6个月后再移送由司法行政机关管辖的强制隔离戒毒所，最终达到强制隔离戒毒服务期满出所。下面分别介绍公安机关和司法行政机关管辖的强制隔离戒毒服务工作流程。

（一）由公安机关管辖的强制隔离戒毒所内的服务流程

1. 入所

（1）凭公安机关开具的《强制隔离戒毒决定书》，接受戒毒人员；

（2）对戒毒人员进行必要的健康检查，排除不适用于强制隔离戒毒的条件，并填写《戒毒人员健康检查表》；

（3）对身体有外伤的戒毒人员予以记录，由送戒人员出具伤情说明，并由戒毒人员签字确认；

（4）办理入所手续，向强制隔离戒毒决定机关出具收戒回执，填写《戒毒人员入所登记表》，并在全国禁毒信息管理系统中录入相应信息，及时进行信息维护；

（5）戒毒人员人身及物品检查，进行物品登记或物品移交；

（6）核查戒毒人员身份，无其他在逃记录或违法犯罪信息者顺利收戒。

2. 分级管理

（1）根据戒毒人员的性别、年龄、患病情况、吸食毒品的种类等情况设置不同病区，分别收戒管理；

（2）根据戒毒人员戒毒治疗的不同阶段和戒毒人员的表现，实行逐步适应社会的分级管理；

（3）入所24小时内进行谈话教育，书面告知戒毒人员在场所内应当遵守的管理规定及权利，进行基本情况的了解，疏导心理，引导其适应所内环境；

（4）保障戒毒人员通信自由和通信秘密；

（5）经批准，戒毒人员可与亲友、监护人或所在单位及就读学校通话联络。

3. 戒毒医疗

（1）根据戒毒人员吸食、注射毒品的种类及其成瘾程度等情况，对戒毒人员进行有针对性的生理治疗、心理治疗和身体康复训练，建立个人病历；

（2）对患有传染病的戒毒人员，按照国家有关规定采取必要的隔离、治疗措施。

4. 心理教育

（1）强制隔离戒毒所民警与戒毒人员定期谈话，掌握戒毒人员基本情况，包括戒毒人员自然情况、社会关系、吸毒经历、思想动态和现实表现等；

（2）对戒毒人员开展法治、禁毒宣传、艾滋病性病预防宣传等主题教育活动；

（3）采取多方式对戒毒人员进行综合教育，包括集中授课、个别谈话、社会帮教、亲友规劝、现身说法等，邀请有关专家、学者、社会工作者以及戒毒成功人员协助开展教育工作；

（4）积极联系劳动保障、教育等有关部门，向戒毒人员提供职业技术、文化教育培训。

5. 康复训练

（1）组织戒毒人员开展文体活动、体能训练；

（2）采取多形式对戒毒人员进行心理康复训练；

（3）依据实际情况，组织戒毒人员自愿参加康复劳动，劳动时间在规定范围。

6. 出所

（1）需转至司法行政部门强制隔离戒毒所的，应与司法行政部门办理移交手续；

（2）对外地戒毒人员，如户籍地同意接收，则可移交户籍地强制隔离戒毒所继续收戒；

（3）对戒毒人员的戒毒康复、现实表现、适应社会能力等情况做出综合评估，将戒毒人员考核情况一并移交司法行政部门强制隔离戒毒所；

（4）强制隔离戒毒所妥善保管戒毒人员档案，办理出所凭证等有关资料。

（二）由司法行政机关管辖的强制隔离戒毒所内服务流程：

1. 接收

（1）根据县级以上人民政府公安机关强制隔离戒毒决定书接收戒毒人员；

（2）核对戒毒人员身份，进行必要的健康检查，填写强制隔离戒毒人员入所健康状况检查表；

（3）戒毒人员身体有伤的，应当予以记录，由移送的公安机关工作人员和戒毒人员本人签字确认；

（4）对不适用于强制隔离戒毒的人员，不予接收；

（5）对戒毒人员身体及携带物品进行检查，进行物品登记或者亲属领回或者办理代为保管服务；

（6）确认接收，填写《强制隔离戒毒人员入所登记表》，查收戒毒人员在公安机关强制隔离戒毒期间的相关档案资料；

（7）入所后，在规定时间内书面通知戒毒人员家属。

2. 分级管理

（1）根据性别、年龄、患病等情况，对戒毒人员实行分别管理，根据戒毒治疗的情况，对戒毒人员实行分期管理，根据戒毒人员表现，实行逐步适应社会的分级管理；

（2）建立安全管理制度，进行安全检查，排除安全隐患，制定突发事件应急预案，定期演练；

（3）安排专门警察负责强制隔离戒毒所内的安全警戒工作；

（4）在依法保护戒毒人员通信自由和通信秘密的基础之上，对往来戒毒所的信件、物品进行检查，排除违禁物品隐患；

（5）经批准，戒毒人员可与亲友、监护人或所在单位及就读学校有关人员通话联络；

（6）戒毒人员亲属及所在单位或就读学校工作人员，可按照探访规定探访戒毒人员；

（7）戒毒人员亲属或家庭发生重大变故的，可在规定情况下申请外出探视；

（8）对不遵守戒毒所管理规定或发生违法犯罪等事件的，根据事件程度，依法处置。

3. 治疗康复

（1）应根据戒毒人员吸食、注射毒品的种类、成瘾程度和戒断症状等进行有针对性的生理治疗、心理治疗和身体康复训练，对公安接管强制隔离戒毒所移送的戒毒人员，做好戒毒治疗的衔接工作；

（2）应当定期对戒毒人员进行身体检查，对患有疾病的戒毒人员，应当及时治疗，对患有传染病的戒毒人员，应当按照国家有关规定采取必要的隔离、治疗措施；

（3）对符合条件的戒毒人员办理所外就医服务，并按时按期备档；

（4）建立戒毒人员心理健康档案，开展心理健康教育，提供心理咨询、心理治疗服务，对存在危险倾向的戒毒人员进行心理危机干预；

（5）组织体育锻炼、娱乐活动、生活技能培训等服务，帮助戒毒人员恢复身体机能、增强体能；

（6）根据戒毒的需要，组织有劳动能力的戒毒人员参加必要的生产劳动，并支付劳动报酬，劳动时间在规定范围内。

4. 心理教育

（1）对新入所戒毒人员进行入所教育；

（2）对戒毒人员进行集中授课，内容包括卫生、法治、道德、形势政策等；

（3）对戒毒人员开展有针对性的个别教育，熟悉其基本情况，掌握其思想动态，每月安排个别谈话；

（4）开展戒毒文化建设工作，运用影视、广播、展览、文艺演出、图书、报刊、宣传栏和所内局域网等文化载体，活跃戒毒人员文化生活，丰富教育形式；

（5）加强与有关部门和单位的联系，签订帮教工作协议，吸纳所外社会团体来所开展帮教服务；

（6）协调人力资源社会保障部门，对戒毒人员进行职业技能培训和职业技能鉴定，鉴定合格的，颁发相应的职业资格证书；

（7）在戒毒人员出所前进行回归社会教育，教育时间不少于 1 周。

5. 生活卫生

（1）应当保持戒毒人员生活区整洁，定期组织戒毒人员理发、洗澡、晾晒被褥，保持其个人卫生；

（2）应当保证戒毒人员的饮食安全；

（3）应当做好疾病预防控制工作。

6. 解除

（1）应当按照有关规定对戒毒人员进行诊断评估，对强制隔离戒毒期限届满且经诊断评估达到规定标准的戒毒人员，应当解除强制隔离戒毒。对符合提前解除或延长期限的戒毒人员，按照有关规定协助办理相关申请；

（2）解除通知，在解除强制隔离戒毒 3 日前通知强制隔离戒毒决定机关，同时通知戒毒人员家属、所在单位、户籍所在地或者现居住地公安派出所将其按期领回，所外就医人员应及时来所办理解除手续；

（3）向戒毒人员出具《解除强制隔离戒毒证明书》，同时发还代管财物；

（4）应当妥善保管戒毒人员档案信息。

第四节　方法及技巧

一、禁毒社工角色及功能

我国现行《禁毒法》规定了强制隔离戒毒所不仅要实施强制隔离戒毒，还需要对吸毒成瘾人员进行生理、心理治疗，以及提供思想教育、法制教育、生活技能培训等服务，以确保吸毒成瘾人员能够完成生理脱毒和基本的心理康复，同时学习一定的生活技能，以便更好地回归社会。

以深圳为例，为有效地辅助强制隔离戒毒所开展戒毒人员的教育工作，公安机关及司法行政机关开展了强制隔离戒毒所禁毒社会工作服务招标工作，以岗位招标的形式，聘请禁毒社会工作者在强制隔离戒毒所内针对戒毒人员开展入所适应、心理帮扶、康复训练及回归社会等服务。由此可见，禁毒社工一方面是所内民警的协助者，另一方面是开展戒毒帮扶服务的协助协助执行者，同时也是戒毒人员个案管理的主要负责人。以我国澳门特别行政区为例，每一位被法院判处入澳门监狱服刑的犯人，均要接受澳门惩教管理局社工的个案管理工作，接受社工的面谈和持续的辅导，并订立后续的教育工作计划等。

综上，禁毒社会工作者在强制戒毒服务中所扮演的角色及功能主要有以下几点：

（一）协助监管者

作为强制隔离戒毒场所内的辅助力量，禁毒社工通常需要配合所内民警开展戒毒人员管理工作，将戒毒人员的基本情况、心理动态及时向负责民警汇报。当所内开展戒毒人员日常管理及诊断评估工作时，禁毒社工也要根据日常的服务跟进情况向有关负责民警提出意见。

（二）法制宣教者

禁毒社工通常需要根据强制隔离戒毒所内的工作安排，对每一位入所的戒毒人员开展法制宣传、毒品教育、疾病防控等知识的宣传教育工作，以能在知识层面提升戒毒人员对于所内规范、戒毒法律法规、禁毒法律法规、毒品相关知识、艾滋及相关传染疾病等知识的了解，增强其对毒品危害的认知，坚定其远离毒品的信念。

（三）活动策划者

为丰富戒毒人员的文化娱乐生活，提升其积极向上的健康生活态度，强制隔离戒毒所会不定期地为戒毒人员开展文化娱乐体育活动。禁毒社工可对戒毒人员展开兴趣调研、活动意向调查等，在所内策划并组织开展相关活动。

（四）个案管理者

个案管理，也称照顾管理或服务管理，是指专业人员为一个或一群服务对象协调整合一切助益性活动的一种程序。这种程序使得来自相同或不同福利及相关机构中的各个工作人员能彼此沟通协调，以专业的团队合作方式提供服务对象所需之服务，并扩大服务的效果。原则上，禁毒社工应为每一个新入所的戒毒人员建立戒毒康复档案，确保戒毒人员能够很快适应所内环境，同时能够有效地接受戒毒治疗以及完成心理康复，确保其在一定程度上提升毒品防御能力、提升就业竞争力等，在戒毒人员即将解戒的时候，为其提供社会生活适应能力提升、无缝接轨等服务。在这里，社工就需要扮演一个能够掌握各方资源并能够联动医疗、公安、司法、社区、家庭等多方面资源的个案管理者。

（五）资源整合者

禁毒社工需要整合所内外的资源为戒毒人员提供有需要的服务。重点体现在戒毒人员即将解戒时，禁毒社工整合社区戒毒康复资源，帮助戒毒人员在解除强制隔离戒毒之后能够回归社区继续接受戒毒康复，包括接受药物维持治疗等计划；此外也包括禁毒社工为戒毒人员提供就业、住宿等资源，帮助戒毒人员在出所之后能够很快安置就业，尽快适应所外的生活。

（六）家庭治疗师

当戒毒人员家庭面临比较重大的问题或挑战时，禁毒社工需要介入戒毒人员的家庭，此时禁毒社工扮演家庭治疗师的角色，为戒毒人员及其家属开展帮扶服务，进行戒毒人员及家庭成员个别会谈、家庭会议等。禁毒社工通常可在家属探访的时间与戒毒人员家属进行沟通，在有需要的情况下，禁毒社工也可以安排所外的家访工作等。在此，禁毒社工也可以寻求所外社工的帮助，一同开展所外的访视服务。

二、社工服务技巧及方法

在强制隔离戒毒所内,社工通常采用个案面谈、小组工作、讲座、文体活动、趣味活动等服务形式来开展社会工作的介入服务。根据戒毒人员不同时期的主要干预内容,下面是社工服务技巧及方法的部分要点:

(一) 如何增强戒毒动机

吸毒成瘾人员进入到强制隔离戒毒所的原因有多种,大部分吸毒者是因为其吸毒行为被公安机关查获而被责令强戒,有的吸毒者则是自愿强戒,还有一种特殊情况就是吸毒者被亲友举报而被抓强戒。除了极少数自愿强戒的以外,大部分是被动强戒,他们几乎没有任何戒毒动机,甚至有的进入强戒所之后还辩称自己并未复吸,只是被别人陷害等,否认自己复吸的事实。

被动强戒的对象即使身在戒毒所,心不一定在戒毒所,吸毒成瘾者往往是陷入在自我享乐的状态下而持续的使用毒品,沉浸在毒品给他塑造的极乐世界当中,自动屏蔽或者看不到周边群体对他的殷切期待和渴望。因此,禁毒社工需要强化其戒毒动机,促使其积极地参与戒毒治疗,做到更好的康复。

需要注意的是,大部分吸毒者并非不愿意戒毒,而是多次戒毒失败导致他们失去了戒毒的信心,特别是吸食海洛因的患者群体,因为海洛因的戒断反应痛苦得常人无法忍受。大部分吸毒者在顺利戒除毒瘾获得良好的康复之后,他们又极容易"好了伤疤忘了疼",存在已经彻底戒断毒瘾的盲目自信,当社工要与其探讨一些复吸的风险因素时,他们会持抗拒的态度。

强化动机可采用动机式晤谈法,该方法通常使用的技巧包括表达同理心、与抗拒缠斗、避免发生争辩、增强自我效能感、建立矛盾感等。有时也会运用苏格拉底式提问法,以追问的形式进一步帮助戒毒人员找到问题的矛盾点或者问题的答案。下面列举一些提问的例子:

① 你亲眼见过身边吸毒的朋友因为吸毒而导致的危害有哪些?(如:有没有跳楼、自伤、他伤、精神分裂等)看到这些现象之后,对你自己有什么触动?

② 你觉得如果自己持续吸毒,上述这些危害会不会发生在自己身上?

③ 你觉得如果发生这样的事情,会给你的家人带来什么影响?

④ 这么多年,你觉得你有没有承担起一个父亲/丈夫的责任?陪伴过孩子/妻子多少时光?

⑤ 你是否会在意孩子未来的成长?你希望他成长为一个什么样的人?希望他走你的老路吗?你觉得你现在这样,有没有给孩子的成长带来一些负面影响?

⑥ 你的孩子/妻子依然渴望得到你的陪伴,你是否留意过他/她的这份渴望?

⑦ 你认为自己可以控制毒品,可以随时喊停,那么请问一下,为什么你又回来到这里(强戒所)?是什么促使你又一次吸食了毒品?

⑧ 强戒所里太苦了,你再也不想回到强戒所,但是为什么你明知道这么苦,却又给自己制造了机会回到这里?

(二) 如何找到预防复吸的关键要素

通过以下提问，也许可以帮助戒毒人员找到防复吸的关键要素：

① 第一次吸毒的原因是什么？当时知不知道那个是毒品？为何最终还是尝试了一下？

通过这个提问来判断吸毒人员是属于明知故犯还是无知好奇，以了解其对毒品认知的情况。

② 保持操守（戒毒-复吸的间隔期）最长的一次有多长时间？那段时间与其他时候有什么不一样？（也可以继续提问：那段时间是在哪里？做什么工作？与什么人在一起，等等。）

通过这个提问识别其保持操守的主要因素，包括其所在的城市、在一起的人、工作等。

③ 隔了那么久都没有复吸，最后又复吸了，是什么原因？发生了什么事情？

通过这个提问识别影响其复吸的负面因素，如变换工作、变换环境、遇到某些朋友、遇到家庭事故等。

④ 这次强戒也是因为复吸，这次复吸的原因是什么？复吸持续了多长时间？过程中有没有想过要停？什么原因使你没有停下来？

通过这个提问了解影响其复吸的多个因素，并且试图了解他曾经是否有过戒毒动机或者寻求过帮助，最终了解是什么具体的事情令他没有做出改变等情况。这些可以帮助社工判断影响其复吸的关键因素。找到了这些关键的因素之后，禁毒社工可更有针对性为其进行防复吸技巧的干预辅导。

(三) 如何处理"道中友人"① 的关系

在面对禁毒社工提问如何处理道友关系的时候，戒毒人员常会告知社工不再联系道友，方法就是离开之前生活的地方、变更电话号码或删除道友的联系方式等。而实际的情况是，道友们总是会找到方法取得联系，包括在强戒所认识的朋友，通常后出所的人会联系比他先出所的戒毒人员，有的是为了获取短期的接济、借钱或者其他原因。

在处理道中友人的关系时，戒毒人员存在以下两种特殊的心理活动：

第一，短期接济道友，戒毒人员难以断绝与道友之间的关系。戒毒人员表示，"大家都是道中友人，当自己条件尚可时，如遇道友过来寻求帮助，多少都会给一些帮助"。当进一步追问的时候，发现戒毒人员存在一种兜底的心态，就是"现在我接济你是为了预防将来不好（复吸）的时候我找你，也会被接济"。这里隐隐中可以看到戒毒人员对未来的不确定性，尤其是对待自己戒毒状态的持久性是不够坚定的。

第二，与已经戒毒的朋友保持联系。在社工多年服务的过程中发现，戒毒人员态度坚定地表示已经与道友切断联络，但却往往还会与曾经一起吸毒但目前处在戒毒状态中的朋友保持紧密的联系。当社工发起假设性提问："是否会介意你的孩子/兄弟姐妹和一个曾经吸毒但已经戒了毒的朋友一起玩？"大部分戒毒人员会表示"比较介意"，并会阻止自

---

① 道中友人，在本书中特指具有吸毒史人员之间的互称，简称道友。

己的亲人和戒毒的朋友保持联络，当社工进一步追问原因时，戒毒人员表示，"戒毒恐怕是一个终身的课题，现在戒了不代表将来不吸，自己也不敢保证以后不会复吸，如何能够相信其他人能够守住一辈子呢"。由此可见，戒毒人员也默认了即使戒了毒也存在复吸的风险。禁毒社工可以借此让戒毒人员明白，道友也是定时炸弹，可能会导致其复吸，正确处理好道友关系可降低复吸的风险。

（四）社会生活适应包含哪些范畴

社会生活适应性话题是为即将解戒的人员而准备的，对于他们回归社会之后有可能面临的问题做提前的预警，以帮助其学习应对的技巧，使他们平缓过渡到所外的生活，最终目的是希望他们可以很好地适应所外的生活，不要因复吸再次回到戒毒所。社会生活适应性话题包含以下几个范畴：

① 稳定的住所；
② 稳定的工作/收入；
③ 家庭关系的处理，包括处理家人的质疑、家人的不信任、家人的指责（反复性问题）；
④ 个人作息的保持或调整，时间管理等，包括如何应对夜间失眠的问题；
⑤ 面对公安机关、网格管理等多部门的频繁盘查、尿检要求等的时候，如何调整个人情绪以及处理随之而来的家庭纠纷；
⑥ 稽延性戒断反应症状的辨识和应对等。

（五）如何开展无缝接轨工作

无缝接轨工作是指戒毒人员即将出所之时，所内的工作人员与戒毒人员户籍地/常住地所在社区戒毒康复工作小组人员及其家属取得联系，以保证戒毒人员出所后被顺利移交到社区戒毒康复工作小组人员手中。无缝接轨的工作内容包含：所外禁毒社工提前入所与戒毒人员建立关系，出所时与家属一同接所，回到社区后执行社区戒毒康复工作。无缝接轨工作体现了不同戒毒系统之间相互融合的作用。一方面保证戒毒人员不脱失、不脱管，帮助戒毒人员直接过渡到社区戒毒康复工作，免除戒毒人员回归之后再度求助的程序；另一方面在一定程度上降低戒毒人员出所后"还心愿"① 的风险。

💬 案例

小刚（化名）是清徐县的一名吸毒人员，今年32岁，有15年吸毒史。2005年，因为好奇，他第一次沾染毒品，吸的是土制海洛因。2008年，他吸毒被清徐警方抓获，认定吸毒成瘾被强戒半年。2012年，他在忻州贩毒被现场抓获，被判有期徒刑5年，出来没几天，又因吸毒被强戒2年。因为吸毒，他和家人的关系几乎决裂。2019年5月10日是他从太原市强制隔离戒毒所出所的日子。

早在1个月前，禁毒社工小李开始对接小刚的出所工作，收集小刚的家庭情况、

---

① "还心愿"是句俗语，通常在吸毒人员圈子中流传，意思是戒毒人员在戒毒所期间经受了长时期的毒品渴求，在出所时，会尽快想办法吸食一口毒品以弥补这长时期的渴求感。

特长及其他基本信息,建立档案,以便出所后能精准帮扶。

5月10日上午8:30,两位禁毒社工以及小刚的哥嫂早早来到强戒所,对于来接小刚这件事,哥嫂二人起初非常不情愿,经过两位社工多番动员,才让他们放下成见。

刚从强戒所出来的小刚,对自己出所后的生活没有明确的方向,前来对接的禁毒社工第一次见到小刚时,他十分戒备,始终不肯说真心话。社工同理了他目前的处境并介绍了社工所能提供的服务,通过社工真诚的沟通,慢慢地获得了小刚的信任。

在禁毒社工和家人的陪伴下,小刚来到街道办事处报到,并签订了社区康复协议,完成"无缝对接"的相关手续。

开展无缝接轨工作需要所内禁毒社工与所外禁毒社工密切合作,所内禁毒社工根据戒毒人员的动态,掌握即将出所戒毒人员的基本信息,确定出所后对接的单位,与所外禁毒社工取得联系。首先,安排所外禁毒社工提前入所与戒毒人员建立专业关系,为戒毒人员出所做有关准备;其次,所外禁毒社工根据戒毒人员提供的相关家庭信息,联络戒毒人员家属,疏导家属的情绪,做好接所的工作准备;最后,安排接所,将戒毒人员接回社区,做社区康复工作的相关解释,与戒毒人员签订社区康复工作协议。图7-1所示为深圳市某区强制戒毒服务无缝接轨工作流程。

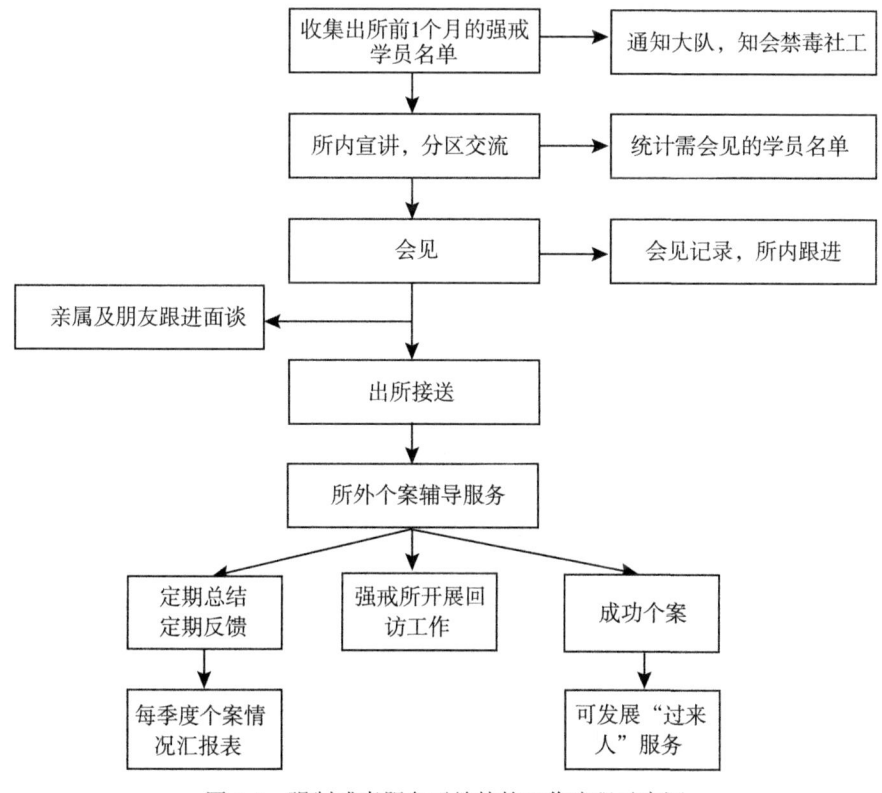

图7-1 强制戒毒服务无缝接轨工作流程示意图

第五节 案例：戒毒康复回归社会预备小组

一、案例一：戒毒人员叙事治疗小组

叙事治疗是辅导者通过将问题外化的方式帮助案主在自己以往的经历中找到与问题叙述不同的经验，借助独特的经验描述，促使案主找到更多的正面经验，以此把独特经验发展成自己较喜欢的新故事；同时，在新故事的不断反思中，拓展故事的发展空间和可能性，从而替换案主的问题故事，重构自己"另类"的主流故事。这里的"故事"，是指案主对自己、对个人历史事件、对其身处环境及将来的诠释。

对于戒毒所的戒毒者来说，被隔离在专门的场所内戒毒是一种强制的戒毒模式，在这种模式下，戒毒者人身自由受到较大限制，同时戒毒者容易被贴上"罪犯""坏人""危险人物"等负面标签。处在这样压抑的环境及身负各种不良标签的戒毒者，容易将毒瘾问题内化，将问题等同于自己，认为事已至此，都是自己的错，并且可能逐渐对戒毒及自身的未来失去信心和动力。叙事治疗小组活动通过叙事疗法，引导戒毒者叙说自己曾经戒毒的故事，并在过程中帮助其将毒瘾问题外化，挖掘以往故事中被隐藏或忽视的积极的经验，并对戒毒者赋权，帮助他们重新建立自我评价、接纳，增强他们的戒毒信心及动力，从而建构新的、更加正面的故事，强化戒毒者的戒毒动机和信心，引导戒毒者树立未来生活的发展发向和努力目标。

二、案例二：戒毒人员回归期的预防复吸训练小组

该小组以社会学习理论为支撑，认为药物依赖行为是一个不良行为模式，由一系列适应不良的行为习惯组成，如追求即刻满足、沉溺于危险情境、不平衡的生活方式等。在社会学习理论的基础上，Marlatt 和 Gordon 于 1980 年提出预防复吸（relapse prevention）的概念，Marlatt 等于 1985 年建立了复吸的认识-行为理论模型，提出戒毒康复者在高危情境中的认知与应对模式决定了是否发生复吸的可能性，即当戒毒康复者在高危情境中如不能有效应对，则会导致复吸。治疗者可通过帮助患者识别复吸的高危情境，通过认知和行为的训练，教会他们相应的应付技巧，降低戒毒者对危险情境的敏感性，提高患者抵御毒品诱惑的能力。该小组通过预防复吸训练工作方法的运用，借助高危情境的辨识技巧、渴求的应对技巧、借口的识别、貌似无关决定的识别等预防复吸技能练习，教会戒毒康复者在出所以后防复吸的技巧和方法，预防戒毒康复者在出所后复吸行为的出现，从而降低戒毒康复者的复吸率。

三、案例三：解戒人员综合能力提升小组

认知行为治疗（cognitive behavior therapy）认为，通过正确理性地认识毒品以及正当可行方法的处理，可以帮助受助者面对不愿接受的情境，打破所处的无助模式，从而建立相关应对技能。本小组主要运用认知行为治疗理论来引导小组成员学会控制自己的情绪及改变小组成员消极行为，通过改变小组成员对自己、他人或事件的看法与态度来消除不良

的情绪和行为，以使得小组成员在出所后可以有较佳的状态及情绪控制能力，降低其复吸的可能性。

该小组的组员均来自某戒毒所即将（1~3个月内）解除隔离戒毒的对象，小组内容的设置分为七个部分，包括认识自己、家庭关系、人际交往、择业就业、预防复吸、情绪管理、时间管理，这几个部分的内容都是戒毒人员回归社会的过程中将要面对的。在解除隔离戒毒之前就提前介入，让他们提前适应，可有效地帮助他们回归社会之后能够有效应对面对的各种问题。小组工作的难点在于让所内的学员在小组行进的过程中，社工与学员、学员与学员之间有效地合作，避免组员仅仅只是应付。其次，组员的特性可能差异较大，如部分组员是被多次强戒的，也有组员是初次强戒的，在小组互动的过程中，某些事例会起到正面的效果，但同时也会有负面效果的事例，工作人员就需要及时把控，减少负面事例对小组的影响。

社工札记

强制戒毒服务中社工可能遇到的提问及应答指引

以下 X 代表学员，S 代表社工

X：你们可以给我们钱/工作/住所吗？

S：不可以。我们没办法直接为你们提供钱、工作和住所，但是我们会通过整合资源，浏览相关的文件，如果你们符合条件的话，我们会协助你们申请相关救助。

X：参加你们的计划能不能减期？

S：这个问题涉及戒毒所管理制度，请大家向管教咨询，管教会给你们满意的答复。

X：没有资金的帮助，也不能减期，那么你们能帮到我什么？

S：我也好想给你一个确切的答案，可是在不能了解彼此的情况下就冒昧给你承诺，可能对你也是不负责任的，你们报名的时候管教会给你们答复的，请你也能体谅我们的难处。

看到你这么急切地想了解我们的服务内容，我们很高兴，大家知道很多学员之所以出去以后又复吸，就是没有得到及时的帮助。我们的服务首先就是协助你们在出所之后能克服各种困难，避免复吸，为此，我们可以帮忙你们去和家人相处，去找工作，去争取一些政府福利，等等。

X：能不能帮忙联络家人寄钱？

S：我们可以帮忙联络家人，因为现在对于钱财的诈骗比较多。你的家人对我们也可能会不相信，所以最好是社工帮忙联系上家人之后，你自己告诉家人你的需要。

X：社工跟警察、政府行政人员的不同之处是什么？

S：警察是负责发现吸毒之后要进行强戒，而社工则主要在预防复吸方面提供服务；另外，其他政府部门服务于不同的需求，但其人员不足或者戒毒专业性不足等，主要靠社工来做康复方面的服务。

X：你们是不是来监视我们的？

S：这个问题提得好，我很明白，你们刚戒毒出来又遇到我们，好不容易才获得的自由又没有了，要是我处在你们的位置上，一开始我可能也会感到很生气/郁闷/不甘心/不情愿，所以你有这样的疑问是很好、很正常的，而且完全可以理解，也让我感到现在介绍社工是很有必要的。其实我们并不是要监管你们，那是派出所的事情，我们只是社工，很多吸毒的朋友戒毒之后又复吸，我们的工作就是希望能够像朋友一样去关心他们，并在康复/预防复吸的过程中提供一些服务，所以如果你们愿意在今后的生活里和我们保持联系，我们会很高兴同你们一起去面对生活/工作中的一些挑战和困难，和你们结伴同行。

X：政府能安排工作吗？

S：现在政府是能提供一部分岗位，但是失业人员也很多，我们还是要很努力才行。方便的话，社工也可以陪你去找工作，或者看看你有什么兴趣爱好特长，再帮你联系一些培训，提升你的就业技能。

第四篇　社区康复篇

第八章 社区康复服务

第一节 社区康复概念

一、社区康复概述

（一）概念

康复是指恢复到原有状态。医学康复是指从医院的角度，运用医学手段，对病患进行诊断、评定和治疗等，促使病患在身心方面的功能恢复。

（二）社区康复概念

社区康复是指以社区为基础的医学康复。我国《禁毒法》中，社区康复是指在城市街道办事处、乡镇人民政府组织领导下，由戒毒康复工作小组具体落实的，对戒毒对象进行教育、帮助、实施心理干预、行为矫治和身心康复，促使其融入社会、回归社会的一个戒毒过程。《戒毒条例》第三十七条规定，对解除强制隔离戒毒的人员，强制隔离戒毒的决定机关可以责令其接受不超过 3 年的社区康复。社区康复在当事人户籍所在地或者现居住地乡（镇）人民政府、城市街道办事处执行，经当事人同意，也可以在戒毒康复场所中执行。社区康复与社区戒毒的区别在于，其基本职责和方法参照社区戒毒执行，特殊之处主要在于社区康复是强制隔离戒毒完成后，吸毒人员按照公安机关责令到社区康复场所继续进行社区康复性质的康复。这样就使我国的戒毒制度形成了比以往更加完整的、符合科学的戒毒治疗康复模式，实现生理脱毒、心理康复、融入社会相互衔接的一体化戒毒康复新模式。

因此我们可以将社区康复解释为：社区康复就是在吸毒人员有效戒毒以后，由社区牵头监管，通过整合家庭、社区、公安以及卫生、民政等力量和资源，使吸毒人员在社区里实现康复的一种戒毒措施。

二、社区戒毒（康复）实施要素、意义

（一）实施要素

社区戒毒（康复）执行地公安机关出具《解除社区戒毒（康复）通知书》送达社区

戒毒（康复）人员本人及其家属，并在 15 日内通知社区戒毒（康复）执行地乡（镇）人民政府、城市街道办事处。

根据我国《禁毒法》规定，社区康复是社区戒毒和强制隔离戒毒之后的整个戒毒工作中的一个后续环节，其实施要素包括：

① 社区康复主要依靠本社区的人力资源（包括他们的家属、所属社区相应的卫生部门、教育部门、劳动就业部门和社会服务部门等）。

② 社区康复尽可能利用社区原有的卫生保健和民政工作网点等现有条件。

③ 社区康复尽可能因地制宜、因陋就简；充分发挥社区和家庭现有功能和资源。

④ 社区康复对吸毒成瘾患者进行身体、精神、教育、职业和社会生活等方面的康复训练，使吸毒成瘾患者在不超过 3 年的社区康复时间内得到全面康复，逐步回归社区、融入社会，使吸毒患者能在社会正常生活中，同时成为社会的建设者和维护者。

（二）意义

由《2018 年中国毒品形势报告》可知，中国整体吸毒人员数目呈下降趋势，但是毒品滥用人数规模依然较大，新增吸毒人员减少，冰毒成为新一代"头号毒品"，大麻滥用人数也随之增多。调查显示，复吸人员滥用合成毒品居多，交叉滥用者更加突出，且毒品的伪装性越来越强，如出现"巧克力""曲奇饼"等形式的毒品。实际毒品滥用和成瘾者数量数倍于公安机关查处的数量，如果将吸毒人员仅仅当成违法犯罪群体，只依靠公安打击，以重处严惩来达到禁毒的目的，恐怕结果只能适得其反，使他们的抵触情绪和反社会心理增强，成为与社会对立的群体，禁毒和药物滥用防治的两大策略是：减少毒品犯罪供给和降低毒品非法需求。社区戒毒和社区康复的开展，可以使吸毒成瘾人员进入社区，并在社区内得到医学救护、人文关怀、帮教监护、生活安置、控制流失等。从社会效果上，控制和减少毒品消费人群，极大萎缩了毒品需求市场，从而为根本解决毒品问题开创了又一有效途径。

三、社区戒毒与社区康复

根据我国《禁毒法》规定，一般情况下，社区戒毒优先于强制隔离戒毒措施，但不是强制隔离戒毒的前置措施。通过社区戒毒，仍难以戒除毒瘾的吸毒成瘾人员，公安机关可以直接做出强制隔离戒毒的决定。社区戒毒与社会康复的异同见表 8-1。

表 8-1　　　　　　　　　　　社区戒毒与社区康复的异同

区别属性	社 区 戒 毒	社 区 康 复
参与对象	吸毒时间不长、程度不深、本人有戒毒意愿且具备家庭监护条件的吸毒人员	被解除强制隔离戒毒措施的戒毒人员
参加时间	3 年	3 年
所在场地	所居住社区	所居住社区
相关要求	不定期被派出所抽检尿液，3 年不少于 22 次	不定期被派出所抽检尿检，3 年不少于 12 次

社区戒毒和社区康复与强制隔离戒毒和自愿戒毒模式相比，最突出的优势在于社区所具有的帮教条件和监管环境，吸毒人员在原生场所接受戒毒康复，使社会力量和资源的作用得以发挥，有利于戒毒长效机制的建立和实施。同时，吸毒人员回到原生环境之中，在治疗中生活，在生活中治疗，有利于增强吸毒人员的归属感和社会融入度，也使社会对该人群认同感和接纳度得以提高。

第二节　对象及需求

一、社区康复的对象

现行法律制度以及开展服务过程中，常常把社区戒毒和社区康复合并称为"社区戒毒康复"，为便于区分，本书会进一步区分社区戒毒及社区康复的对象。

戒毒康复的对象：根据工作的实际和法律规定，戒毒康复的收治对象主要有两种人：一种是社会上或解除强制隔离戒毒后自愿到戒毒康复场所接受戒毒康复的毒品成瘾人员；另一种是根据《禁毒法》规定，由强制隔离戒毒决定机关责令接受社区康复的被解除强制隔离戒毒的人员。对于未满18周岁的人，艾滋病患者，盲、聋、哑人，严重病患者，怀孕或哺乳未满1年的妇女，精神病患者，以及其他不宜接收的人员，戒毒康复场所可不接收。

社区康复的对象：被责令社区康复、愿意接受社工专业服务的强戒期满吸毒人员，或接受社区戒毒满3年后的社区戒毒人员。

二、社区康复者的需求

社区康复者存在如下几种心理：

（1）外在压力大

每个人生活中会有不顺心的事情，而戒毒者则面临更多来自家庭、单位、社会的压力，吸毒时依赖毒品来应对压力，戒毒后则因缺乏有效的心理应对能力和技巧，而出现抑郁、焦虑等不良情绪。

（2）缺少自信，自卑感严重，情绪低落

戒毒康复者因既往吸毒造成经济拮据，无正当职业，无法正常工作，戒毒后非常自卑，自信心不足，回归社会后希望立刻得到家人和社会的肯定与信任，否则就会产生严重的挫败感，觉得自己的努力与决心都没有意义，仅存的一点自信和自尊也被一扫而光，会陷入抑郁与消极的情绪之中，甚至自暴自弃，再次以毒品解除苦闷。

（3）孤独、空虚心理

吸毒者以往依靠毒品来慰藉孤独、空虚的心灵，一旦脱离了毒品，这种心理状态会占据他们生活。戒毒后原有的生活模式必须改变，原有的"毒友"不能再交往，这时，新的社交圈尚未建立，他们需要基本的交流，但却没有交流对象，加之没有适当的工作、学习和兴趣爱好来填补这一空白，易出现孤独、空虚的心理。因此，戒毒后如何应对孤独、空虚的心理状态，建立健康的生活方式，是戒毒康复的一个重要环节。

(4) 错误认知导致侥幸心理

戒毒康复者对戒毒康复过程存在较多错误认知，如认为戒毒全靠自己的意志，别人是无法帮助自己的；对毒品依赖性认识不足，有侥幸心理，认为"自己已经戒毒了，偶尔吸一口不会上瘾"或"继续与吸毒朋友交往，想要证明自己可以一直坚强，即使看到别人吸毒，也能控制住"，原有的"毒友"不会影响自己，等等。

(5) 内疚自责心理

吸毒期间给自己及他人造成了许多伤害，吸毒时，生活被毒品控制住了，整天忙于买毒品、用毒品，无暇考虑自己的行为后果，一旦戒除毒品，会重新考虑个人的前途、家庭、工作等，但面对吸毒时所造成的一些破坏性行为及产生的后果，非常后悔、内疚自责，整天沉浸在懊恼悔恨之中难以自拔，如不能有效应对，也可能导致戒毒失败。

康复者的需求包括：

(1) 预防复吸，保持戒断操守的需求

社区康复人员从强戒所出来后，相对自由，此时的服务对象已经没有生理上的毒瘾，只有"心瘾"，如果社区康复人员能够不接触过去的"朋友圈"或者是掌握一些常见的防复吸技巧，有利于社区康复人员保持长期的戒断操守。

(2) 修复家庭关系的需求

研究发现，长期滥药者的躯体化、抑郁、焦虑、偏执性精神病等因子得分显著高于正常人，性格的扭曲使得滥药者与家人、朋友及亲戚之间的关系出现裂痕。当社区康复人员戒药成功回归社会时，需面临的首个问题便是如何融入家庭。因此，增加康复人员对吸毒所造成婚姻、家庭和社会危害的认识，并有意识地去减少这些危害，争取家庭成员的信任与支持，建立相对完整的家庭支持网络，可以大大降低复吸率。

(3) 融入社会的需求

由于长期吸毒，社区康复人员在社会上容易被贴上"吸毒者"的标签，社交圈仅限于"毒友"等，较难融入正常的社会生活。戒毒康复对象出所后，面临首个问题便是就业，吸毒留下的案底导致服务对象很难找到工作。再者，由于刚从戒毒所出来，回到原居住的环境，周边的邻居难免对其指指点点，或者直接将服务对象隔离在朋友圈外，所以社区戒毒康复人员有融入社会的需求。

(4) 重建社会支持系统的需求

戒毒康复对象由于长时间吸毒，社会支持系统非常脆弱。戒毒康复对象戒断毒品后，他们需要重新学会建立外在的社会支持系统，包括服务对象与父母、配偶、子女、同事以及过去周边朋友的关系。支持系统的建立，有利于戒毒康复对象长时间地保持戒断操守。

第三节 理念及理论

社区康复工作为服务对象营造类似"家"的环境，解决部分服务对象"回归社会"的问题，有利于服务对象的康复，使戒毒工作更加人性化。

我国的戒毒形势依然严峻，如何更加人性化、专业化地开展社区康复工作，是戒毒工作者不断探索的一个方向，也是多元化戒毒的一种探索方式，意义重大。本书就禁毒社工如何运用社工的专业技巧方法介入社区康复工作做了详细的说明，下面重点介绍常见的几个工作理论。

一、"去标签"理论

标签理论是一组用来解释犯罪发生原因的理论，该理论认为犯罪是社会互动的产物。个人的越轨行为被社会上的他人贴上标签，描述为犯罪者，他或她就会逐渐接受社会对其的不良评价，自我修正，越来越表现出偏差行为，从而成为犯罪者。"去标签"是指通过一种重新定义或标定的过程，促使那些原来被认为或自认为"有问题的人"恢复为正常[1]。

二、社会支持理论

社会支持主要以动态、多维的人际关系形式出现，包括个体与家庭成员和其他社会成员之间的关系等。社会支持的缓冲模型认为，正性、良好的社会支持可以对应激状态的个体起到缓冲、保护作用，对有戒毒愿望的成瘾者来说是必不可少的外部条件[2]。

三、家庭治疗模式

维吉尼亚·萨提亚（Virginia Satir, 1916—1988）创立的家庭治疗流派在当今世界极负盛名，为了纪念这位家庭治疗的先驱，该模式被命名为"萨提亚模式家庭治疗"。萨提亚所建立的这套心理治疗方法最大的特点是着重提高个人的自尊，改善沟通，以及帮助人活得更"人性化"，而非只求消除症状，治疗的最终目标是个人达致"身心整合，内外一致"。由于该治疗法有很多地方与传统治疗方式不同，故被称为"萨提亚治疗模式"。通过家庭治疗模式，修复社区康复人员与家人之间的关系，帮助他们建立表里一致的沟通模式，促使家庭成员之间建立一种健康的互动模式。

四、认知行为治疗模式

认知行为疗法是一组通过改变思维或信念和行为的方法来改变不良认知，达到消除不良情绪和行为的短暂心理治疗方法。认知理论认为，认知过程是由情绪与行为共同决定的，人们可以通过改变人的认知过程来改变人的观念，进而来纠正其情绪和行为。行为疗法认为，行为是通过学习而得来的，因此可以通过一些实际的操作方法来消退、抑制、改变和替代原来的不良行为。社区康复人员的吸毒行为后天习得性行为，是通过学习得来的，所以社区康复人员的戒毒行为也可以通过后天学习来纠正这种不良行为。

---

[1] 全国社会工职业水平考试教材编写组. 社会工作综合能力（初级）[M]. 北京：中国社会出版社，2016.

[2] 杨波，刘旭，杨苏勇，安莎莎，应柳华. 人格、社会支持和非理性信念对男性戒毒劳教人员药物渴求的影响[J]. 心理科学，2007（06）：1413-1417.

第四节　干预策略、方法及技巧

社区康复人员经过前述戒毒治疗之后，基本上没有生理上的毒瘾，回到社会，主要是以巩固戒毒效果及预防复吸为主。以深圳某区社区康复人员为例，10 名社区康复人员中，9 名是从强戒所出来的，1 名是由于社区戒毒脱离管控而后续需要继续做社区康复。社区康复人员基本完成了生理脱毒，进入心理脱瘾，回归社区阶段，因此根据他们回归家庭、回归社会的需求，禁毒社工的干预策略是"巩固成果，预防复吸"以及"融入家庭，回归社会"。

禁毒社工在跟进社区康复人员过程中，常用的方法有个案、小组及社区宣传活动，在运用的时候，一般需要结合个案的特点来使用。针对问题比较突出且比较特殊的服务对象，社工在跟进的时候，一般是以个案工作为主。针对具备同质性问题的个案，社工可以将他们召集起来，开展小组活动，通过小组活动的动力，推动服务对象找到解决问题的办法，帮助服务对象做出改变。社区宣传主要是针对服务对象的"去标签化"开展的相关禁毒宣传活动，当服务对象戒除毒瘾准备回归原有的社区时，常常会面临不被社区居民接纳的问题。社工重点是在社区开展一些倡导性的活动，让社区居民认识了解社区康复人员这群特殊的居民，争取以开放式的姿态来包容他们的过去，帮助他们合理规划未来。

在个案服务工作中，服务对象基本上都是从强戒所出来的，服务对象面临的比较严峻的问题就是如何预防复吸，所以在跟进服务对象时，社工重点要教授服务对象一些防复吸的相关技能。

一、个案工作在社区康复工作中的运用

（一）预防复吸技巧

社会学习理论认为，药物依赖行为是一个过度学习的不良行为模式，由一系列适应不良的行为习惯组成，如追求即刻满足、沉溺于危险情境、不平衡的生活方式等。由于受早年环境、习得性体验、优势强化条件（奖惩）、认识期望以及生理因素等影响，个体没有学会采取适应性的行为，当他们在生活中遇到应激情况时，只能通过不适应性的方法来代替。在社会学习理论的基础上，针对各种药物依赖行为，Marlatt 和 Gordon 于 1980 年提出"预防复吸"的概念，认为可把克服药物依赖的过程看成重新学习新的适应性行为的过程，包括三个步骤：承诺和产生动机（准备改变）；特定的行为改变（终止某种行为）；维持行为改变（预防复吸）。戒毒康复者在高危情境中的认知与应对模式决定了是否发生复吸的可能性，即戒毒康复者在高危情境中如不能有效应对，则会导致复吸。治疗者可通过帮助戒毒康复者识别复吸的高危情境，通过认知和行为的训练，教会他们相应的应付技巧，降低戒毒康复者对危险情境的敏感性，提高戒毒康复者抵御毒品诱惑的能力。

1. 帮助个案认识复吸与偶吸的关系

禁毒社工应该掌握预防复吸技巧，在个案中，预防复吸技能训练法利于提升戒毒康复

者的戒断成效，保持戒断操守。复吸是指戒毒康复者在脱毒治疗完成，保持一段时间戒断操守以后，又因为种种原因再次使用脱毒前所依赖的药物的过程。复吸是一个过程，包括三阶段：失足或偶吸，即戒毒后重新开始使用毒品，只偶尔用了一次或几次；偶吸与复吸之间的转化状态，偶吸后继续间断使用毒品，但尚未再次产生依赖；从偶吸后继续使用毒品，发展到再次有规律地使用毒品直至依赖状态，最终转换成复吸。复吸与偶吸是不同的，偶吸是在脱毒并保持戒断操守一段时间以后重新开始尝试毒品，是一次或几次破坏规则事件，可以迅速终止，不再重复；复吸则是完全破坏自己制定的操守规定，回到治疗前的水平，是偶吸的恶性发展不能控制的状态。例如：服务对象面对社工的约访，屡屡回避，后经了解，服务对象在朋友的引诱下吸食了毒品，服务对象内心很愧疚，觉得自己复吸了，不愿意见社工。社工在跟进此类个案时，可以协助服务对象认识复吸与偶吸的概念，帮助服务对象找到偶吸的原因，以避免类似情况的再出现。

社工在跟进个案的过程中，当与服务对象建立良好的专业关系后，需要帮助服务对象了解一些导致复吸的常见高危情境，例如：处于熟悉的、与曾经吸毒有关的环境中（处在以前吸毒的酒吧或者是会所），体验到负面情绪或非常开心时刻、感到空虚无聊、身体不舒服时，产生渴求感时（通俗地讲就是毒瘾发作的时候），突然拥有许多现金，认为偶尔吸一次没有关系，等等。

2. 提升个案自我效能

社区康复对象由于长期吸毒，自我效能感（即个体对有效地控制自己生活某方面的能力的知觉或信心）较低，社工在跟进康复对象时，需要帮助提升社区康复对象的自我效能感。通常，社区康复对象能够在高危情境下（例如：拒绝朋友引诱的吸毒）完成一次有效的应对反应，康复者的自我效能感就会有所提高，复吸的可能行会降低，但是如果康复者在高危情境下没有完成一次有效的应对，那么他的自我效能感就会降低，会感到自责无助，进而导致下一次的吸毒行为发生，从而引发全面的复吸。所以，社工在跟进服务对象时，要注意观察服务对象的行为表现，若发现服务对象有"偷吸"的行为，禁毒社工需要及时介入，以避免服务对象发展为全面的复吸。例如：一位"过来人"受社工曾分享自己的成功经验，他表示，自己在戒断毒品的过程中，也失败过很多次，后来找社工咨询，社工了解其过往吸毒历史，并重点了解其过去的成功经验，通过过去成功经验的分享，帮助其重拾信心，增强其自身的自我效能感，以便在以后再出现类似情况的时候，能够用过去的经验来应对。

3. 帮助服务对象识别看似无关的决定

社区康复对象在经过一段时间的戒断操守保持后，往往会出现一些过度的自信，康复对象会认为自己已经成功戒断毒品，而故意将自己暴露在高危情境中，如去毒品可及的场所，或者与以前一起吸毒的朋友聚会，往往是这些看似无关的决定，将康复者保持多年的戒断操守毁于一旦，重新走上吸毒的道路。

4. 教授服务对象应对突如其来的"渴求"

部分社区康复人员从强戒所出来后，回到了原居住的社区环境，熟悉的环境让服务对象很容易接触到过去的吸毒的朋友圈或者是接触到吸毒工具，容易引发康复对象产生渴求行为，所以在个案服务工作中，如何教会服务对象应对渴求感，是关乎康复对象能否成功保持戒断操守的关键因素。

社工在开展预防复吸训练时，需要注意以下几点：

① 灵活：社工与服务对象讨论工作目标设定时要注意态度灵活，当服务对象还没有准备好怎样改变的时候，社工切忌操之过急，应等服务对象做好充分准备的时候再开始改变。

② 同理：禁毒社工在跟进康复对象的时候需要具备通情和倾听技巧。他们必须尽力了解患者的实际情况和内在的困难。这样有助于建立良好的关系，对制定目标有好处。当服务对象出现沉默或者持反对意见时，社工也不要反驳或指责他们，应客观接受他们的意见，并引导他们参与讨论，了解康复对象内心真实感受，以确保后续工作能够连贯开展。

③ 积极关注：社工在跟进服务对象时，要积极关注服务对象的改变，不管是正向的改变还是负向的改变。当康复对象出现正向的改变时，社工要及时抓住这一信号，给予鼓励，让正向的改变越来越多，以增强他们的自信心。

（二）动机晤谈法

动机晤谈法，也称动机访谈法，由美国心理学及精神医学教授米勒（William R. Miller）和英国心理学家罗尔尼克（Stephen Rollnick）创立。动机晤谈法主要是通过独有的面谈原则和谈话技巧，协助人们认识到现有的或潜在的问题，从而提升其改变的动机。在动机访谈过程中，辅导者并非担任权威的角色，而是以同理心去了解服务对象的处境，肯定他们自己有能力做出改变。辅导者主要是协助其认识到目前的问题，建立一个正面的氛围，促使其走向改变之路。

1. 低动机服务对象特征

禁毒社工经常会遇到一些低动机的服务对象，他们往往具有以下几个特征：

① 耍太极型。未意识到吸毒所带来的影响，对劝诫其戒毒的禁毒社工不予理睬，采取推三阻四、避之则吉的态度。

② 反抗/逃避型。对因吸毒而产生的违法行为，不愿意承担相关责任，对戒毒采取不合作及反抗的态度。

③ 专家型。吸毒行为对其生活未产生较大影响，他们有较高的自信，认为自己能够控吸毒的分量，未意识到有失控的危机。

④ 放弃型。这类服务对象已有较长的吸毒史，已意识到毒品对自己带来的影响，曾尝试过戒毒，但未能成功而重吸，渐渐对自己失去信心。

2. 动机晤谈法的五个假设

动机晤谈法的运用是基于以下五个重要的假设：

① 动机是一种状态，而不是一个特质；

② 抗拒感不是一个我们必须解决的问题；

③ 矛盾的产生是利于增强改变的动机；

④ 辅导者与服务对象应该是盟友关系，而不是对手；

⑤ 通过学习，人可以达至恢复和转变（成长），进而内化为一种经验。

3. 行为改变六个阶段模式

行为改变分为六个阶段，分别是懵懂期、沉思期、决定期、行动期、维持期和复发期。如图 8-1 所示。

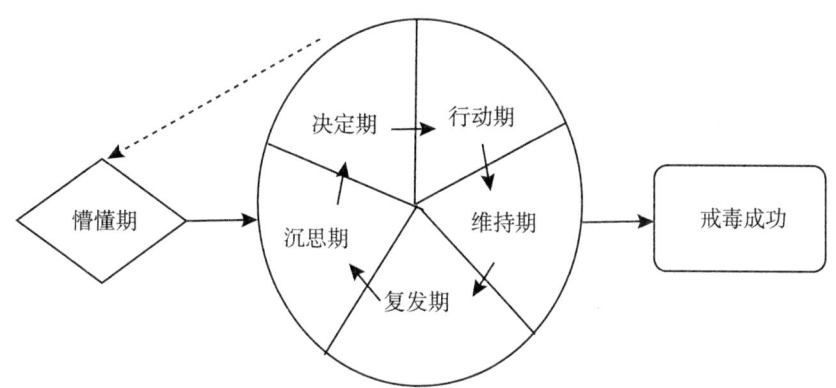

图 8-1　动机晤谈法行为改变六个阶段模式①

成瘾者在成功戒毒之前，往往在这六个阶段往返，每一次往返，成瘾者从中吸取到不同的教训，从而得到正面的经验，进而建立新的行为模式，见表 8-2。

表 8-2　　　　　　　动机晤谈法行为改变六个阶段对应的行为模式

阶段	吸毒者行为模式	社工服务重点
懵懂期	未意识到吸毒所带来的影响，未有改变的意愿	增加戒毒人员对吸毒行为的危机意识，引起其对吸毒问题的关注
沉思期	开始意识到吸毒的负面效果，考虑是否要做出改变	发掘其转变的原因，及探索不转变的危机
决定期	意识到需要做出改变，改变的动机不断增强	协助戒毒人员订立戒毒的可行目标，增强其改变的能力
行动期	开始制订改变的计划，并付诸行动	协助其按照戒毒目标和计划实行，并提供支持
维持期	能在较长的时间内维持已做出的改变，逐步适应新的生活	增强戒毒人员维持的能力，协助戒毒人员预防复吸

---

① 心理学家 James Prochaska 及 Carlo DiClemente（1982）提出一个有关行为改变的范式，即改变之轮（Wheel of Change）。他们认为，每个人在改变的路程上步伐不一样，但通常都会经历五个或六个阶段。

续表

阶段	吸毒者行为模式	社工服务重点
复发期	在维持已做出的改变中遭受挫折，从而引致重新吸毒	协助戒毒人员反省和评估改变的过程，注入希望，重新帮助戒毒人员订立改变的目标和计划

4. 在不同的时期的跟进技巧

不同时期禁毒社工采用的跟进技巧不同，表 8-3 列出各个时期吸毒人员的特征、社工任务及相关提问技巧。

表 8-3

特 征	社工任务	提问建议
懵 懂 期		
没有意识到滥药的后果	增加戒毒人员对吸毒行为的危机意识	你是怎样开始吸毒的？
不觉得滥药是一个问题行为	引起吸毒人员对毒品问题的关注	吸食的毒品是什么样的？
没有改变行为的意图、不会采取行动，即使要求改变也不情愿		当你吸食的时候，你有什么感觉？
即使出现个人及社会困境，也不认为是其行为所导致的		吸毒对你来说，有什么意义？为你带来什么好处？
缺乏自我评估能力		你的家人对你吸毒有什么看法？
抗拒社工介入		如果你吸毒行为没有什么变化的话，会有什么后果？
沉 思 期		
开始意识到滥药的负面后果	发觉转变的原因	是什么原因让你现在想做出改变？
内在充满矛盾	探索不转变的危机	当你决定戒毒后，你预计会有什么好处？
或许会出现身体机能或者其他问题	增强转变的能力	你认为自己有什么能力去戒毒呢？
愿意与社工交谈		若不戒毒，你预计会有什么后果？

续表

特 征	社工任务	提问建议
决 定 期		
意识到要改变	协助戒毒人员订立戒毒的可行性的目标	你以前用什么方法戒毒呢？没有成功的原因是什么？
改变动机增强	增强戒毒人员改变的能力	给予这些不成功的因素，你现在可以如何改善，利用什么方法帮助自己戒毒呢？
了解相关资料		这些方法的好处和坏处分别是什么？
		你认为最好的戒毒方法是哪一种？
愿意配合社工开始戒毒		你预计在采取这些方法戒毒的时候，会遇到什么困难，你会如何克服？
		谁能够支持你？
行 动 期		
减药、停药、戒药	协助戒毒人员按照戒毒目标和计划实施	你会何时开始实行你的计划？
将计划付诸实施	探索在实行的时候，有什么困难，并提供支持	你戒毒的具体目标是什么？
接受社工辅导或者转介	提高戒毒人员继续改变的能力	为达到这个目标，你会具体做什么？
需要别人支持		你在实施的过程中，会遇到什么困难？
预防复吸		有什么人能够帮助你实行呢？
		你认为要达到什么情况，你才算戒毒成功？
		你如何鼓励自己迈向成功戒毒？
维 持 期		
保持操守	增强戒毒人员维持的能力	你认为最容易导致你复吸的因素是什么？
适应新生活		当你遇到这些因素时，你会如何处理？
接受学业/职业技能训练	协助戒毒人员预防复吸	你认为使你不复吸的因素是什么？
学习面对诱惑		你如何维系这些因素来协助你成功戒毒呢？
自我评估能力增强		
自我效能感增强		

续表

特 征	社工任务	提问建议
复 发 期		
想改变但失败	协助案主反省，评估改变的过程	是什么原因令你复吸？
复吸	了解复吸的原因	复吸的时候你心情如何？
挫败感增加	注入希望，重新帮助案主继续订立改变的目标和计划	从这次复吸的经验里，你有什么体验和发现吗？
		这些体验和发现，对你处理这些复吸有什么启示呢？
		你期望怎样处理复吸的经历呢？
		你会订立一些什么样具体的目标和方案呢？

5. 动机晤谈法的五原则

当禁毒社工与服务对象建立了初步的专业关系后，需要遵循以下几个原则，以帮助社工更有效地与服务对象建立良好的辅导关系，减低服务对象的抗拒感，从而使服务对象建立改变的动力：

（1）表达同理心

同理心是指禁毒社工进入并了解服务对象内心世界，并将这种了解传给服务对象的一种技术和能力。同理心包含初层次同理心和高层次同理心。初层次同理心是指禁毒社工让服务对象知道他了解服务对象的感受，以及在这些感受下的经验和行为。高层次同理心则不仅要了解服务对象的陈述，同时，也要了解服务对象所隐含的或者是没有表达出来的意思。

> **案例**
>
> 服务对象（眼神伤感及情绪低落）："我是吸毒者，这是我很少有正常朋友的原因。"
>
> 从这句话中能够同理出初层次的意思："看起来你很在乎你的吸毒行为。"再来看第二层意思："听起来你很在乎你的吸毒者身份，吸毒与交友没什么关系吧？"第三层意思："听起来你似乎很在乎你吸毒者身份，而且你很希望能够交到没有吸毒的朋友。"第四层意思："听起来你似乎很在乎你吸毒者身份，而且你很希望能够交到没有吸毒的朋友，但是因为你身体吸毒的行为让你遭受一些挫折。"同理如果用得好，会帮助社工逐步走进服务对象的内心世界。

（2）建立矛盾感

矛盾感主要是指帮助服务对象建立与毒品的矛盾感，或者是因吸毒带来的结果与自己规划的人生目标产生的矛盾感。建立的矛盾感尤为重要，能让服务对象更进一步了解自己对毒品的可控性，同时也让服务对象看到戒毒后的美好未来。

帮助服务对象建立矛盾感主要从以下几个方面来做：

第一，让服务对象了解到吸毒不是人生目标，帮助服务对象提高对吸毒后果的警觉性。改变的话最好让服务对象自己说出来，可以通过一些提问的方法和技巧来实现。例如："你在两三年后有何理想生活，估计有什么阻力？""若你继续吃下去，两三年后会怎样，你满意那种生活吗？""若你停止吃药，你估计两三年后这改变对你的家人/朋友有何影响？""若你继续吃下去，你估计两三年后，对你家人/朋友有何影响？"

第二，帮助服务对象了解吸食毒品后果的警觉性。这也可以通过一些技巧性提问来实现。例如："如果你继续吃药，你最怕会发生什么？""如果你不戒毒，你估计你将来会变成怎样？""你最不愿意见到及最坏的后果是什么？""若事情变到最坏，什么人最受伤？""你已经搞到了连工作都找不到了，再吸下去，你觉得还会发生什么事情？""你的家人已经很担心，你再出事的话，他们会怎么样。？"这些提问会引起服务对象的思考，如果再吸食下去，自己的生活会越来越糟。尤其是与家人之间的关系紧张，甚至到了断绝的地步，如果戒断毒品，可能修复自己与家人的关系，家人会重新接纳自己。

（3）与抗拒缠斗

很多服务对象都尝试过靠自己戒毒，但都以失败告终，如何帮助服务对象摆脱"戒不了毒"这一观念很重要。

禁毒社工与服务对象访谈时，可以从以下两方面来开展工作：

一是认知方面，避免直接与服务对象进行辩论。运用相关技巧，让服务对象对其处境和问题有一个新的认知。例如：当服务对象因曾经失败很多次，表示对禁毒社工提供的服务表示怀疑时，社工可以说："你排除了很多失败的方法，证明你离成功越来越近了。"

二是观点方面，相信人对事物的认识是可以改变的。鼓励服务对象参考新的观点，但绝不强加于服务对象。例如：服务对象表示自己戒了毒，却还是得不到信任。社工可以说："戒了毒，就可以慢慢建立信任感。"

（4）避免发生争辩

社工在与服务对象做访谈时，经常会劝服务对象不要吸毒，或者不知不觉给服务对象"贴标签"，更有甚者与服务对象发生言语上的冲突。避免以上情况的发生，要求社工掌握以下几个技巧：

① 避免标签化。很多吸毒者会被贴标签为"吸毒人员"，如果社工也把服务对象标签化为"吸毒人员"，则很不利于专业关系的开展。例如：服务对象："我吸了这么多年的毒品，早就没有什么正常朋友，我的朋友圈就是我的'粉友圈'。"

社工："那你的'粉友圈'为什么不一起聊聊怎样戒毒呢？"

② 避免说教。服务对象自己是一名吸毒者，所以他对毒品的危害有很深刻的了解，社工在跟进服务对象时最忌讳的就是反复劝说服务对象不要吸毒，说教容易引起服务对象的反感。社工可通过开放式的提问，引导服务对象做利弊分析，帮助服务对象树立正确的

认知观。

③ 避免争辩。争辩通常发生在对吸毒危害的认知不一致方面，尤其是新型毒品的危害，服务对象认定新型毒品不成瘾，但是依照社工掌握的知识认定新型毒品也是会成瘾的。

> **案例**
>
> 服务对象："我吸了两年多的冰毒，没有上瘾，我能控制自己，不吸也不会难受。"
>
> 错误示范：
>
> 社工："你肯定成瘾了，只是你不知道而已。"
>
> 服务对象："我比你了解我自己，我根本没有上瘾，我不想吸就可以不吸，你没吸过，你根本不懂。"
>
> 社工："你不了解自己，但你却以为你了解自己，要不你怎么会因为吸毒到我这里来……"
>
> 正确示范：
>
> 社工："我明白，你认为你想吸才吸，那么我很好奇，是什么促使你再次使用了毒品呢？"（避免争辩，正面引导服务对象给出更多有效的信息）

（5）增强自我效能感

自我效能感高的人对自己充满信心，面对潜在威胁时不会产生恐慌。而自我效能感低的人往往会自我怀疑，面对危机时易于恐慌焦虑。对于有吸毒史的人，提升其自我效能感尤为重要，因为自我效能感高的人更容易摆脱毒品束缚，保持戒断操守，以下是提升自我效能感的几种方法：

① 协助服务对象建立改变的自信。服务对象相信自己能够改变，是引发其戒毒动机的重要因素。

② 将目标具体化并循序渐进地付诸行动，能有效地协助服务对象建立改变的信心。

例如，服务对象想修复自己与妻子的关系，他说："戒毒后，因为没有工作，老婆每天都和我吵架，现在老婆想离婚，但我不想，况且孩子还小。"社工在跟进过程中，可以将服务对象想修复关系这一层目标具体化，如目标是减少吵架，行动是每天争取少吵一次，然后变成每周少吵一天……让服务对象记录每天的变化，最后，服务对象会发现，经过一段时间的改变，服务对象与其妻子找到了沟通的方法，也不吵架了，夫妻之间的关系较之前有很大的改善。

③ 过来人分享。邀请"过来人"分享经验，帮助戒毒人员重燃希望，增强改变的信心。

(三) 家庭治疗模式在社区康复中的运用

在恢复家庭功能方面，社工主要从以下四个方面来介入：

① 帮助服务对象建立合理的自我评价，提高服务对象在家庭中的自尊。例如，服务对象刚开始接触社工的时候，向社工表达出想得到家人的关心和爱，社工经过一段时间介入后，服务对象觉得自己正被家人关心和爱着，服务对象发展出合理的自尊，能够接纳自己的过去及现在，并在社工和家人的支持下保持戒断操守。

② 帮助服务对象的家庭建立表里一致的沟通模式。表里一致是指内心所想、语言表达与自己行为一致。例如，服务对象从强戒所出来，偶尔出去时间长了一些，家人就开始唠叨说服务对象是不是又见以前的毒友或者是去干不正当的事情了，而服务对象也因为家人的误会而可能再次走上复吸道路。社工通过情境模拟的形式，让服务对象及其家人了解到表里一致沟通的重要性，很多问题都能够通过沟通得到解决，当服务对象与家人发展出表里一致的沟通关系后，服务对象与家人之间的关系也得到了有效修复。

③ 推动服务对象家庭建立合理化的家庭规则，从而促进家庭关系的良性发展。许多服务对象的原生家庭规则很僵化，服务对象因为吸毒，其家人不让他与外界联系，导致服务对象内心很孤独，不利于服务对象产生合理的戒毒信念，社工可以帮助改善原本僵化的家庭规则。例如，可建议如果朋友们可以帮助服务对象戒毒，那么服务对象可以在家人的陪同下去与朋友见面。社工可推荐"过来人"作为服务对象的朋友，大多"过来人"成功戒断毒品，并保持良好操守，愿意用自己的成功经历帮助更多人戒毒）。合理的家庭规则能发展良好的家庭关系，良好的家庭关系有利于服务对象产生积极的情绪和正确的行为。

④ 帮助服务对象家庭建立对事物的准确判断和积极感受。人对事物的反应是一个复杂的过程，正确的反应会激发家庭成员积极的情绪和正向的行为，错误的反应则会导致家庭成员产生消极的情绪和错误的行为。例如，服务对象在戒毒过程中，选择了美沙酮维持治疗，但是其家人认为美沙酮也是毒品，甚至比"白粉"更恐怖，导致对服务对象服用美沙酮有偏见，觉得他以后更难戒断美沙酮。社工在了解服务对象的家庭内部存在这样的一种错误认知后，邀请服务对象及其家人参加公益小组活动"发现他的美"，帮助他们正确认识美沙酮，当他们对美沙酮有了正确的认知后，他们才能发展出正确的行为。

二、小组工作在社区康复中的应用

小组工作在社区康复服务运用较广，常用于家属减压、互助，以及对具有同质性问题的服务对象进行服务，例如当渴求（即"犯瘾"）出现时，如何应对渴求，或者是如何识别貌似无关的决定（该决定容易导致服务对象获得毒品）时，社工可以将具有同类问题的服务对象召集起来，为他们开展有针对性的小组活动。第五节将以深圳市龙岗区彩虹社会工作服务中心的社工开展的预防复吸小组为例，阐述如何以小组工作形式开展预防复吸的相关技能训练。

三、社区宣传活动在社区康复中的运用

由于社会大众受媒体等相关报道的影响，认为吸毒就是犯罪，吸毒人员就是犯罪分子，所以，社会整体对吸毒人员有所歧视。当服务对象回到自己生活的社区环境时，如果周围投射过来的都是歧视的眼光，是不利于服务对象戒断毒品，保持戒断操守的。所以社工可以针对社会大众，策划一些禁毒宣传活动，倡导社区居民了解戒毒康复人员的过去及现状，包容他们给他们一个回归社会的机会。相关内容将在本书第十章"社会融合"中详细阐述，此处不再赘述。

第五节 案例：防复吸技能训练小组

一、相关理论

社会学习理论认为，药物依赖行为是一个过度学习的不良行为模式，由一系列适应不良的行为习惯组成，如追求即刻满足、沉溺于危险情境、不平衡的生活方式等。由于受早年环境、习得性体验、优势强化条件（奖惩）、认识期望以及生理因素等影响，个体没有学会采取适应性的行为，当他们在生活中遇到应激情况时，只能通过不适应性的方法来代替。在社会学习理论的基础上，针对酒精和各种药物依赖行为，Marlatt 和 Gordon 于 1980 年提出预防复吸（relapse prevention）的概念，认为可把克服药物依赖的过程看成重新学习新的适应性行为的过程，包括三个步骤：承诺和产生动机（准备改变），特定的行为改变（终止某种行为），维持行为改变（预防复吸）。Marlatt 等于 1985 年建立了复吸的认识-行为理论模型，提出戒毒康复者在高危情境中的认知与应对模式决定了其是否发生复吸的可能性，即当戒毒康复者在高危情境中如不能有效应对，则会导致复吸。治疗者可通过帮助患者识别复吸的高危情境，通过认知和行为的训练，教会他们相应的应付技巧，降低戒毒者对危险情境的敏感性，提高患者抵御毒品诱惑的能力。

二、目的及目标

目的：通过开展此次的小组活动，切实提高社区戒毒人员应对高危场所的能力，避免其出现复吸的行为。

目标：①通过本次小组活动，帮助社区戒毒人员掌握一到两种高危情境的辨识技巧；②通过本次小组活动，帮助吸毒人员掌握至少 3 种以上防复吸的技能。

三、招募及宣传手法

招募：通过相关活动招募各社工负责的尿检人员，并利用集中尿检的时间开展相关的服务对象招募工作。

宣传：微信转发，社工微信通知，警务室帮忙招募。

四、流程安排

小组进程安排表

节次	时间	主题	本节目标	内容	形式
第一节	4月18日	渴求的应对	1. 与组员共同建立初步关系，协助组员相互认识； 2. 让组员明白活动的性质、目的与流程并共同制定小组规范，增强小组凝聚力； 3. 让组员了解渴求的概念、可控性、具体表现，并列明诱发因素； 4. 总结本节内容	社工通过设置破冰游戏，帮助服务对象相互了解。社工为服务对象介绍本次小组活动的主题与内容。同时，社工通过在小组中讨论渴求，引发服务对象对渴求的思考，并让服务对象对渴求有正确认知，重点让服务对象了解到渴求的可控制性	互动、分享
第二节	4月23日	借口的应对	1. 帮助服务对象了解常见的吸毒借口； 2. 帮助服务对象掌握常见的借口的应对技巧	1. 回顾上节学习内容，帮助巩固渴求的概念； 2. 通过情景模拟，引出吸毒常见的借口； 3. 引导组员讨论如何应对常见的借口的应对方法； 4. 一名组员总结应对借口的方法，其他组员相互补充； 5. 总结本节内容	
第三节	4月26日	貌似无关决定	1. 帮助服务对象了解"貌似无关决定"的概念； 2. 了解"貌似无关决定"的几种常见类型； 3. 掌握应对技巧	1. 回顾上节学习内容，帮助巩固常见的借口及如何应对； 2. 社工引导服务对象分辨哪些是"貌似无关的决定"； 3. 引导组员分享自己遇到的常见的"貌似无关的决定"； 4. 组员讨论，总结出识别常见的"貌似无关的决定"的方法； 5. 总结本节内容	
第四节	4月30日	总结本次小组，形成"拒毒锦囊"	1. 引导组员回顾本次小组活动，提取拒毒要点，形成拒毒锦囊； 2. 帮助组员掌握毒品的拒绝技巧； 3. 处理组员的离别情绪	1. 回顾本次小组活动所讲述的内容，引导服务对象讨论分享； 2. 由一名组员总结以上活动内容的应对技巧，其他组员补充，形成毒品的拒绝技巧； 3. 告知组员本场活动的结束，并处理组员的离别情绪； 4. 总结本节内容	

每节活动计划列表

小组第一节计划书

本节主题：__渴求的应对__
本节目标：让参加者了解诱发渴求的因素、渴求的可控性及应对技巧。

日期	4月18日	时间	14:30	地点	×××	人手编配	统筹人员：××× 协助：×××		
时间段	环节目标		内　　容			形式	分工	物资	
14:25—14:30			物资及人员到场				全体工作人员		
14:30—14:45	自我介绍		社工做自我介绍，同时让组员也做自我介绍				工作人员		
14:45—15:00	增加组员之间的相互了解		名字接龙			游戏	组员	卡纸	
14:45—15:00	1. 澄清小组目标； 2. 引导组员订立小组契约		1. 工作人员澄清小组目标，同时了解组员的期望； 2. 让每位成员讨论在小组中应遵守哪些规定，最后将确定好的规则及对小组的期望写在纸条上，让组员举手通过			社工介绍	工作人员	纸、笔	
15:00—15:20	让组员了解渴求的概念、可控性、具体表现，并列明诱发因素		社工通过设置破冰游戏，帮助服务对象相互了解。为服务对象介绍本次小组活动的主题与内容。同时，社工通过在小组中讨论渴求，引发服务对象对渴求的讨论，并让服务对象对渴求有正确的认知，重点让服务对象了解到渴求的可控制性				工作人员	礼品	
15:20—15:30	引导组员总结本节活动经验		让组员了解渴求的概念、可控性、具体表现，并列明诱发因素。 社工总结本次活动，并布置作业，让组员回去练习一次应对渴求的方法，在下次的活动中做分享。告知组员下一次活动的时间和地点				工作人员		

小组第二节计划书

本节主题：借口的应对
本节目标：1. 帮助服务对象了解常见的吸毒借口；
2. 帮助服务对象掌握常见的借口的应对技巧。

日期	4月23日	时间	14:30	地点	×××	人手编配	统筹人员：××× 协助：×××	
时间段	环节目标	内容				形式	分工	物资
14:30—14:45	回顾第一节课	回顾上节活动中的渴求概念及应对技巧，并引导组员分享这段时间的练习情况					工作人员	
14:45—14:55	引入本节内容，引导组员认识了解借口	引入本节小组活动的内容，并引导组员讨论曾经的吸毒史过程中是否有遇到过为自己找借口，然后出去食食毒品的					工作人员	纸、笔
14:55—15:20	通过情景模拟，引导组员了解常见的借口及引导技巧	1. 引导组员回忆以往出现的借口应对场景，并由组员讨论一个场景来做； 2. 情景模拟，引导组员讨论如何应对； 3. 社工对该场活动做总结				游戏	工作人员	道具、礼品
15:20—15:30	引导组员总结本节活动经验，布置作业	社工总结本次小组活动，并布置作业，组员在家练习借口的应对，下节小组活动分享。告知组员下一次活动的时间和地点					工作人员	

小组第三节计划书

本节主题：<u>貌似无关决定</u>
本节目标：<u>1. 帮助服务对象了解"貌似无关的决定"的概念；</u>
<u>2. 了解"貌似无关的决定"的几种常见类型。</u>

日期	4月26日	时间	14:30	地点	×××	人手编配	统筹人员：××× 协助：×××		

时间段	环节目标	内　　容	形式	分工	物资
14:30—14:45	回顾上节小组活动内容，引入本次小组活动内容	1. 社工引导组员回顾上节活动内容，并了解各位组员家庭作业的完成情况。 2. 通过奖励礼品的形式，了解组员在应对借口中采用的方法，并鼓励组员继续努力。 3. 引入本次小组活动的内容。		工作人员	
14:45—15:10	让组员认识到常见的"貌似无关的决定"	1. 社工将列有部分常见决定的卡纸发给组员； 2. 由组员在此基础上展开讨论可以增加，也可以减少常见决定的条目； 3. 由小组投票选出最常见的"貌似无关的决定"，并讨论应对方法	讨论、分享	工作人员	
15:10—15:20	社工总结常见的"貌似无关的决定"	社工将组员列出的"常见的貌似无关决定"的内容总结出来，并让组员回家练习		工作人员	
15:20—15:30	社工总结本次活动内容，布置家庭作业	社工对本次活动做一个总结，同时布置此次活动的家庭作业，告知组员下一次活动的时间和地点		工作人员	移动白板1个、大白纸1张、彩笔1盒

小组第四节计划书

本节主题：__毒品拒绝技巧__
本节目标：__1. 总结本次小组活动的内容，提取每节要点，制作拒毒锦囊；__
　　　　　__2. 处理组员的离别情绪__

日期	4月26日	时间	14:30	地点	×××	人手编配	统筹人员：××× 协助：×××		
时间段	环节目标		内　　容			形式	分工		物资
14:30—14:40	回顾上节活动内容		社工引导组员回顾上节活动内容，并了解组员上节活动中家庭作业的完成情况				工作人员		
14:40—15:10	引导组员对本次小组活动做一个整体的回顾，带领组员做拒毒小锦囊		1. 社工为每位组员设置回忆卡纸，并引导组员对以上每节活动的重点做一个回顾； 2. 社工引导组员总结本次小组活动中学习掌握到的拒毒技巧.				工作人员		小卡纸、礼品
15:10—15:30	小组结束，处理组员的离别情绪，同时拍大合照		社工告知组员本次小组活动即将结束，同时处理组员的离别情绪				工作人员		

五、评估方法

	小组目标	评估指标	评估方法
成效评估	1. 通过本次小组活动，帮助社区戒毒人员掌握一两种高危情境的辨识技巧	小组活动分享中了解到	1. 评估问卷； 2. 现场观察； 3. 工作员总结； 4. 活动后期效果
	2. 通过本次小组活动，帮助吸毒人员掌握至少三种以上防复吸的技能	小组活动分享中了解到	1. 评估问卷； 2. 现场观察； 3. 工作员总结； 4. 活动后期效果
过程评估	评估内容		评估方法
	场地、时间、工作员表现、活动内容、满意度（>80%为满意）等		活动反馈表
	筹备工作、内容/形式之合适度、人手分工、参加者表现等		社工观察

续表

小组目标		评估指标	评估方法
产出	参与人数		报名表
	出席率		签到表

六、附件

渴求感强度评估表

	没有或几乎没有	有时	经常	总是或几乎总是
你平时是否储备一些毒品以备用？				
你是否在早晨醒来以后2小时就要吸毒？				
你是否通过吸毒来缓解周身不适？				
你是否每天在一定时间吸毒？				
你是否通过吸毒来提神？				
醒后的第一件事情是否就是吸毒？				
你是否心里总想着吸毒这件事情？				
你是否把吸毒视为第一需要？				
你吸毒的想法是否十分强烈，甚至无法控制？				
你每天的活动是否总是围绕着如何得到毒品？				

诱发物列表

诱发物	渴求感强度								
卧室	0	1	2	3	4	5	6	7	8	9
卫生间	0	1	2	3	4	5	6	7	8	9
某个朋友	0	1	2	3	4	5	6	7	8	9
与家人吵架	0	1	2	3	4	5	6	7	8	9
无聊	0	1	2	3	4	5	6	7	8	9
……	0	1	2	3	4	5	6	7	8	9
……	0	1	2	3	4	5	6	7	8	9

第九章 社会回归服务

第一节 对象及需求

一、社会回归的重要性

> **案例**
>
> 他只有24岁，因长期吸食K粉，导致患有偶发性的幻听。出了强戒所后，他寻找到市里的美沙酮门诊。因为他的幻听，很难寻找到合适的工作。当他向家人诉说自己因为吸食K粉而导致身体疾病时，家人反而将他赶出家门。他居住的街道领导也说像他这种患有精神疾病的人不要管。
>
> 一位50多岁的男子，多年前曾经吸食冰毒，至今没有找到合适的工作，每天都只能打各种零工，因为吸毒的经历，让他丧失了寻找伴侣的信心，至今仍单身。他怨恨父亲，与亲人几乎没有来往。他曾经尝试过听取社工建议，试图再次与家人联系，但是家人却一味地排斥他，最终他与家人大吵一架。
>
> 他30多岁时因为吸食冰毒进了强戒所，2年后出所，他已一无所有。当时他并没有禁毒社工跟进，无法适应社会。曾在家无事可做半年，那段时间被他称为"颓废的日子"。后来，在家人的鼓励下，他重新振作，从帮朋友做香港的蔬菜生意开始，现在已经将生意做得很大了。他很感谢家人和朋友的鼓励。
>
> 出所3年的他现在已经是2个孩子的爸爸了，按时参加尿检，每次访谈都会和社工聊很长时间。出所后他丢失了原来的工作，不断调整就业意愿后，现在在银行做一名销售。他曾经与家人，尤其是和父亲有矛盾，他描述父亲为当年狠心赶他出门的人。在社工的建议下，他在一年的时间里逐步和父亲缓解矛盾。他在吸食毒品之前，非常痴迷仙侠小说和仙侠游戏，这几年时间里，他慢慢找回了之前的乐趣，他跟社工分享了他最近的收藏，是好几把古剑。

从上述案例中，我们可以看出来，戒毒服务对象都希望自己在戒除毒瘾后回归社会，融入社会的大环境中，但是因吸食毒品导致的身体疾病，以及来自社会的排斥，亲人的不认同，社会的偏见和歧视，还有自身的行为习惯和认知偏差，导致这一过程显得异常困难。不断的挫折经历，也会让服务对象丧失对自己能够完成回归社会的信心。社工在服务对象回归社会的过程中，要做到紧密跟进，让他们接纳自我，重拾信心，帮助他们恢复应有的社会功能，重新建立社会关系，拥有正常的生活。

在所有的毒品戒断过程中，社会回归都是一项重要的环节。社会排斥是客观存在的，社会回归服务工作即是帮助服务对象能否打破因为吸食毒品而造成的阻碍，最终进入社会正常生活。

社会回归服务主要包括帮助和监督两个方面，包含帮助回归社会的戒毒康复人员解决就业问题，提供教育培训的机会，获得社会和家庭的理解、认同与关怀，改善他们生存与生活的境况。同时，还必须加强对他们的协同监督①、定期尿样检测和回访。从重要性来看，社会回归是戒毒康复人员服务的最终目的。

总而言之，社会回归贯穿服务戒毒康复的所有过程，是服务的重要内容和最终目的，决定了服务对象能否找到人生的新起点，重新开始健康的人生。戒毒康复人员接纳自己，融入家庭和社会，能够独立正常生活，从而完成社会回归，不仅仅是戒毒工作的延伸和补充，更是戒毒康复工作的成效和成果的直接体现。

二、社会回归的服务对象

根据前文所述，社会回归的重点对象包括戒毒康复人员，其中包含强制戒毒、自愿戒毒、社区戒毒、社区康复人员等群体。

这些服务对象除了因吸食毒品而导致的社会性行为的缺失，还由于某些限制（例如生理方面、行为方面等）而受到社会排斥，丧失了应有的社会资源，在一定范围内被边缘化、污名化，或被排斥、被疏离，或被固化在社会底层，从而让他们难以真正回归、融入社会，从而造成其社会适应性水平不高。

三、社会适应性需求

社会回归的服务对象，最主要解决其社会适应性需求。研究显示，戒毒康复人员的社会适应性需求是多维度的，在家庭层面包含"家庭参与""家庭成员支持与家庭成员信任"，在个人层面包含"就业及持续的工作投入""理财意识""事务秩序""自我关注""社会知识技能"。

1. 家庭参与

家庭参与通常指的是个体在自己身处的家庭环境中，参与家庭事务。其中涉及与家庭

---

① 协同监督：相互协调，一同督察。在这里指的是社工与以警方为主的相关单位相互协调，一同督察服务对象的回归社会过程中的戒断操守保持情况。

的沟通、关心、家庭成员信任和支持的获得。在马斯洛需求层次理论中，家庭与个体的"安全上的需要""情感和归属的需要""尊重的需要"有关，甚至还与"生理上的需要"有关。那么，参与家庭事务、提升家庭参与度，对满足各类层次需要均有关，处理不好可能会危及个人发展乃至生存。

2. 家庭成员支持与家庭成员信任

心理障碍的存在使得戒毒康复人员要想彻底摆脱毒品，单靠自身的力量几乎是不可能的，必须要有社会和家庭的介入、帮助、支持和监督。绝大多数的吸毒人员都曾有过欺骗背叛自己亲友的经历，这种经历使得吸毒人员可能众叛亲离，成为家庭和社会所抛弃的对象，游离于社会正常轨迹之外，缺乏戒断毒品的外界支援。由此，增加戒毒康复人员的家庭支持，在其毒品戒断、社会回归中显得尤为重要。

在开篇的案例中我们可以看到，在戒毒康复过程中得到家庭成员支持的戒毒康复成员社会回归显得较为顺利。此外，当服务对象需要得到家庭成员的支持时，家庭成员的信任度则决定了服务对象最终能否得到家庭成员的支持。

3. 就业及持续的工作投入

在服务的经验中，就业是社会回归的服务对象重要的社会适应性需求之一。

由于戒毒康复人员大部分属于青壮年，正处于参与社会建设的年龄，其家庭及社会角色也需要参与就业及持续工作。在戒毒康复过程中，稳定的就业是帮助戒毒康复人员维系戒毒操守的有效因素之一。在戒毒康复辅导过程中，禁毒社工需评估其就业需求、就业稳定性。戒毒康复人员往往由于被行政司法机关处罚而导致原有工作丢失，或由于吸毒案底而容易丢失新工作；也有部分戒毒康复人员由于多年进出戒毒所，与社会脱节，缺乏相应的就业技能或者就业信心，而无法就业。社会工作者要帮助戒毒康复人员重新构建对就业的信心，提升其就业技能，进行必要的人际沟通技能培训等，帮助其实现就业。

此外，持续的工作投入是戒毒康复人员稳定就业的重要支持力。持续的工作投入指个体能够以一种积极的行为倾向进行工作，并且表现出适应性行为，能够很好地完成绩效任务。社会工作者应持续跟进戒毒康复人员的就业情况，鼓励其在工作中表现出积极主动及创新的行为。

4. 理财意识

理财，指的是个人对其财富的运用和管理，理财意识和理财能力的培养，有利于个体生活水平的提高，进而实现人生梦想和自我价值。在实际社工工作中，服务对象在经济水平上处于不同地位，但无论贫富，他们大多会表现出在理财意识层面的薄弱。

💬 案例

服务对象刘先生是一位正在物流公司工作的戒毒康复人员。这位服务对象的戒毒康复过程中，有家人的支持，因为家中父母有固定的退休金，也不需要他去负荷大部分的赡养资金，但是他却总说他的工作很累，家中经济很困难，让他感到压力很大，非常焦虑。社工仔细了解后明白，刘先生平时不关心自己与家中的支出与收入对比，家中电器坏了直接就换掉，妻子隔三岔五地去香港购物，平时购买啤酒零食也不计数量。细问之下，刘先生甚至不知道自己的钱花到哪里去了。于是社工向刘先生提出他存在理财意识薄弱的问题，并与刘先生制订了长期的理财意识培养计划，从而帮助刘先生的家庭生活水平得到了提高，也让刘先生的焦虑问题得到了较好的缓解。

从案例中可以看出，戒毒康复对象的理财意识会影响到其个人及家庭的生活压力，从而导致他们的社会适应水平不高，进而影响他们进行社会回归。

实际上，戒毒康复人员并不都是贫穷的人，在现代社会中，家中较为宽裕的戒毒康复人员也为数不少，而这些人员通常都缺少理财意识，有多少钱花多少钱，等到真正有需要的时候，无法得到周转，最终产生强烈的焦虑，而这些焦虑也会极大地增加戒毒康复人员复吸的可能性，让之前坚持的戒断操守化为泡影。总而言之，在适当的时候发现并且告知服务对象他们的理财意识需要增强，并制定理财意识的培养方案，就是培养他们的适应社会的能力和生存能力，提高其社会回归成功概率。

5. 事务秩序

教育家玛丽亚·蒙特梭利（Maria Montessori）说："唯有在秩序中，才能进行一切事务。规则来自秩序。人类生活中曾经和现实存在的各种社会规则，或是来自人际协作或人际交往中已然的、既有的秩序，或是来自人们在一定的社会事务或行为领域中期望并试图建构的一定的秩序。就这样的意义来说，规则的本体即是秩序。"

帮助戒毒康复人员增强事务秩序能力，很大程度上表现为让他们恢复规则意识。规则的建立初衷是为了规范行为，而这之前需对行为进行评估，确定哪些行为"可"，哪些行为"不可"，而"可"与"不可"的辨别标准就是是否对个体、他人和环境最大化有益，这个建立过程正体现了规避风险的意识——最大化确保个体和集体的利益或者维护效率。因而，遵守具体的规则可以保障个体的安全，如过马路要走人行横道，车辆要按照交通规则行驶，上下楼梯要靠右站立，乘坐电梯时不要乱蹦乱跳等。从西方启蒙思想的角度看，人人均认可的规则意味着最大限度地实现和保障了人们的自由。

在社工服务过程中，我们发现对事务秩序的认可表现在戒毒康复人员的自我管理上。拥有较强事务秩序意识的戒毒康复人员能够很好地遵守操守，在遇到冲突的时候，秉持秩序，遵守规则。尤其是处于社区戒毒、社区康复的服务对象，遵守协议的服务对象能够更好地解决问题，保持较好的戒毒、康复心态。例如，在外出请假流程中，国家公安系统之间已经相互联网，外出的服务对象需要在所处的社区戒毒（康复）地进行外出请假流程方能外出，在国内的公安系统中会备档，为服务对象提供一定的便利；反之，未进行请假流程的社区戒毒（康复）服务对象在外出后，若在使用身份证时遭遇公安突击检查等情况，则会为其自身带来不便。

总的来说，遵守规则，重视事务秩序意识的培养，是符合当今社会的行为模式，也是戒毒康复人员在社会回归进程中应该学会的能力之一。而帮助他们培养事务秩序的意识，有利于服务对象减少复吸概率、焦虑，规避风险，安全地完成社会回归任务，建立健康有序的人生。

6. 自我关注

自我也称为自我意识或者自我概念，是个体对自己存在状态的认知，包括对自己生理状态、心理状态、人际关系及社会角色的认知。关于自我的概念，不同学者提出了不同的看法。1890年，威廉·詹姆斯（William James）在《心理学原理》一书中首次提出自我包括主我与客我两个部分，并进一步作出了物质自我、社会自我与精神自我的划分。他认为主我是个体的主观经验，认识的主体，动力成分，活动的过程；而客我则是经验的内容，认识的对象，即被观察者。客我制约主我活动。G. H. 米德（George Herbert Mead）提出"镜我说"，他认为镜我是个体对他人判断所反映的自我概念。我们所隶属的社会群体是我们观察自己的一面镜子，个体的自我观念很大程度上取决于个体认为他人是如何"看"自己的。罗杰斯（Carl Ranson Rogers）提出"自我概念"理论，并把自我概念区分为现实自我和理想自我两个方面，同时认为当个体的两种概念之间出现严重偏差时就容易导致心理障碍，进而发展出自我和谐的概念。罗杰斯认为，自我概念比真实自我对个体行为及人格有更为重要的作用，因为它是个体自我知觉的体系与认识自己的方式。

有学者将自我的结构分为以下几种[1]：

物质自我——其他自我的载体，是个体如何看自己身体的层面。

心理自我——个体态度、信念、价值观念及人格特征的总和，是个体如何看自己心理世界的层面。

社会自我——处于社会关系、社会身份与社会资格中的自我，即个体扮演的社会角色，是自我概念的核心，社会如何看待个体（又被其意识到）的层面。

理想自我——个体期待自己是怎样的人，即在其理想中，我该是怎样的人。理想自我与现实自我的差距往往是个体行动的原因。

反思自我——个体如何评价他人和社会对自己的看法。这是自我概念反馈的层面，决定是否在乎别人的看法、自信度。

以上五个自我分别囊括了所有个体对自己在生理、心理、社会、理想、对比的认知，而任何一项出现偏差，都会导致个体对自我的认知产生偏差。自我在保持个体内在的一致性、某种经验对个体的意义、决定期待上有着重要的影响。在禁毒社工服务工作中，因为戒毒康复人员的吸毒史影响，很多服务对象对自我的关注都会产生忽视或回避的态度，帮助服务对象增加对自我的关注，能够让服务对象认识到自身所处的状况，也能帮助服务对象缓解焦虑，帮助服务对象成长，调整其期待，从而让服务对象培养适合自己的生活习惯，安全而平稳地完成社会回归的任务。

---

[1] 侯玉波. 社会心理学 [M]. 北京：北京大学出版社，2008.

7. 社会知识技能

戒毒康复人员回归社会时，就业成为其立足社会的垫脚石，是摆脱吸毒高危情境的先决条件，是实现人格独立，自我价值的体现，增强戒毒自信的有力抓手，是防复吸，促戒断操守的关键环节。而能否求职成功，也就是找到适合自己的工作，社会知识技能的有无就成为了重要的决定因素。拥有较好的社会知识技能的戒毒康复人员，在就职过程中会有较大的便利，而缺乏社会知识技能的人则通常会产生较大的焦虑。同时，社会知识还决定了戒毒康复人员在与人交往中，是否能够顺利融入当今社会，拥有符合当今社会的思维模式以及行为模式，而不至于让社会大众认为他"与常人不同"，甚至对他产生排斥和歧视。

通过上文的描述，我们可以看到，社会回归的服务对象的需求通常在家庭环境、工作环境、社区环境、个体情况中产生，禁毒社工在评估服务对象的需求时，通常可以从家庭、个体、工作、社区四个维度进行分析，找出服务对象真正需要解决的主体需求并有针对性地开展服务工作。

第二节　理念及理论

一、个人社会化理论与再社会化

帮助吸毒人员进行社会回归服务，首先要理解社会回归的基本意义和主要困难。个人社会化是个人被动接受和能动选择社会的文化教化以实现自己的社会性的人生发展的全部过程（陈成文，1998）。即是说，个人社会化就是一个文化教化过程，这种文化教化过程主要包括：技能（即生活技能和职业技能）社会化、社会价值观念社会化、社会角色社会（即行为模式社会化）。

只有完成了技能社会化、价值观念社会化和社会角色社会化，个体才能满足社会生活的需要。更进一步地说，从个人社会化的类型来看，戒毒康复人员回归社会并非是一个主动继续社会化过程，而是一个被动再社会化过程，即戒毒康复人员的社会化过程是因吸食毒品曾中断或失败之后重新进行的社会化。戒毒康复人员只有完成了这个再社会化过程，才能顺利地回归社会。因此，从社会学的视角来看，所谓戒毒康复人员的社会回归，也是戒毒康复人员改变原有的价值观念、行为模式、知识技能体系，重建新的价值观念、行为模式、知识技能体系，重新融入社会的过程，这本质上是个再社会化的过程。在此理论上，可以描绘出一般戒毒康复人员社会化的大概流程，如图9-1所示。

根据戒毒康复人员的社会回归基本定义及其流程可以知道，戒毒康复人员社会回归的主要困难在于戒毒康复人员在重新构建价值观念体系、重塑行为模式及重建知识技能的再社会化过程中，容易出现无法适应并融入新的环境，最终导致复吸毒品。除此外，社会的接纳程度也在很大程度上影响着戒毒康复人员的社会回归成效，有关社会接纳、社会融合

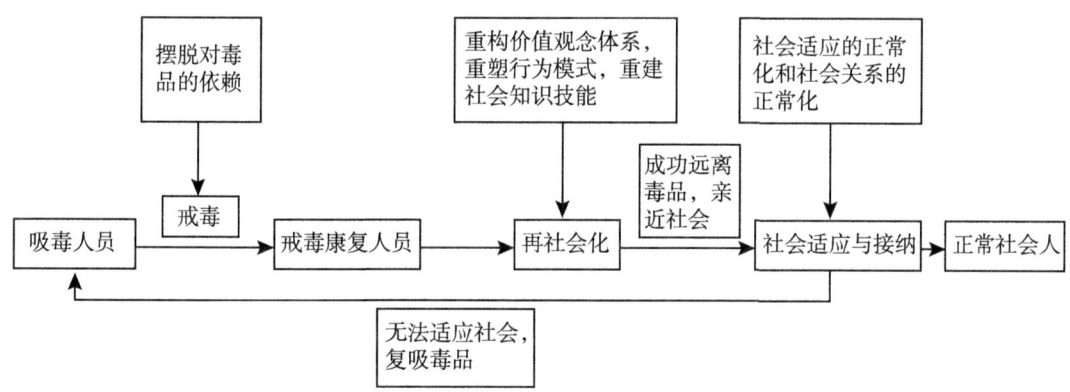

图 9-1　戒毒康复人员回归社会的过程模型

及社会排斥等内容将在本书后续章节着重说明。

二、社会适应性理论

适应性则是指生物体随外界环境条件的改变而改变自身的特性或生活方式的能力。它一方面强调自身能力的改变，另一方面侧重个体与环境之间的融合。因此，我们可以看出，适应性主要侧重于个体与外界环境之间的相互融合，使个体能够与外界环境保持协调、统一，从而使个体具有所谓的适应性；反之，则表现为个体能力、功能等方面的缺失。适应性的本质特征在于主体与客体，尤其是主体与外界境之间的协调和融合。在主体需求与客体属性之间寻求一种平衡，使其在功能属性上更贴近现实环境，益于自身的发展，这在社会心理学中叫做社会适应行为或社会适应能力，一般也统称为适应行为。从社会学的角度来看，适应性，是一个继续社会化的过程。所谓社会适应性，是指行动者通过继续社会化，调整其行为模式和心理状态，使之适应新环境的过程。社会适应是一个多维的、变动的过程，内涵既包括行为的适应，也包括心理的适应。

在这里，我们定义：社会适应性是个体在与环境相互作用过程中形成的符合环境所需的应对系统，其中有适应环境所需的各种技能以及符合社会的人格品质或心理素质。在运用社会适应性理论分析戒毒康复人员社会回归需求与分析成效的时候，应当注意，社会适应性理论有强烈的个人差异性导向，每个人都有不同的各类因素影响其在社会回归中的社会适应性。

三、生态系统理论

生态系统理论认为，人生来就有与环境和他人互动的能力，人与环境的关系是互惠的，并且个人能够与环境形成良好的相互调和度；个人的行动是有目的的，人类遵循着"适者生存"的法则，个人意义是环境赋予的，因此要理解个人，就必须将其置于一定环境之中；个人的问题是生活过程中的问题，对个人问题的理解和判定也必须在其生存的环境中来进行。布里默（Brim，1975）和布朗芬布雷纳（Bronfenbrenner，1977）提出了可被社会工作者加以运用的系统的四个类别或层次：微观系统、中观系统、外观系统和宏观系统。

生态系统理论多用在对戒毒康复人员的信息采集后的分析和制定目标上，将服务对象的信息分为四个层面进行分析，找出服务对象在不同层面的实际需求，并以促进成长和发展、增强适应环境的能力、移除环境阻碍、增加社会和物理环境对服务对象需求的响应和价值的提供为焦点，进行介入的目标设计。

在社会生态系统理论的视角下，服务对象出现问题往往是由于服务对象本身的微观系统内部的阻碍，或是与中观、宏观系统之间的消极互动。所以，禁毒社会工作的主要目标是要帮助戒毒康复人员回归社会后，恢复他们与环境系统间的平衡，并能形成良好、积极的互动。

四、家庭治疗理论

"家和万事兴"这句俗语反映出中国人对家庭的重视。家庭的利益高于个人。家庭幸福是个人幸福的先决条件。传统中国文化中名目繁多的家规家训无一不是为了维持家庭的稳定，使得各位家庭成员能够为了家庭的整体目标而团结统一。中国人的归属感和成就感往往同家庭维系在一起。

家庭往往是支撑戒毒康复人员完成戒毒康复及社会回归的重要影响力。家庭治疗理论也被大量运用到戒毒康复人员的操作实践中。家庭治疗的基本观点认为，没有一个人或一件事是独立存在的，某个人出现病症意味着他同周围的大系统（家庭、社区、社会）的互动出现了障碍。而与社工交流面谈的服务对象，则是整个家庭功能的表征者。因此，要想有效并彻底地解决戒毒康复人员的个人社会回归问题，不能仅从个人身上寻找原因和方法，也应该尝试着以家庭整体作为治疗对象，从家庭整体的角度去理解个人，找到个人问题的真正症结，通过对家庭内部系统的调整和改善来达到对个人问题的治疗。

案例

小黄，女，22岁，身高163cm，大专辍学，有两年的吸毒史，且以吸食K粉、冰毒等新型毒品为主。拘留出所后在家待业，对未来感到迷茫。小黄父母是深圳罗湖私营企业老板，家庭经济情况良好。父母生意忙，与小黄缺乏必要的沟通，只是满足她物质上的需求，缺少对女儿情感上的关心与关怀，小黄在家庭中常感到孤单。她就是因寻求缓解孤独的方法而接触到"毒友"，进而开始吸食毒品。

首先，禁毒社工主要采用共情和倾听来了解小黄的基本情况，消除其紧张感。接下来社工采用循环提问的方式向其家庭成员提问，旨在使父母意识到自己在照管子女过程中的不当之处，启发他们联想自己的行为与孩子吸毒行为之间的关系。

小黄有意愿重新融入回归社会并规划自己的未来。在接下来的过程中，禁毒社工采用结构家庭治疗中的重构家庭策略，采用了正向解读策略，布置小黄的父母和小黄每周至少进行3次正式的交流，包括但不限于电话或者面谈，小黄记录下自己在和父母交流前后的感受。禁毒社工从积极的角度，将小黄对父母的一些"不满之处"重新进行分析，使信息中的积极一面展现出来，这样更利于家庭的改变。在这里，社工用得较多的技术是安排任务，使家庭成员从行动上开始改变。行动的改变能给家庭成员带来不一样的认知。

小黄在治疗前后的改变显著，与家庭的关系愈加紧密，在与父母的交流中也找到了未来的发展规划。

在本案例中，禁毒社工使用多维度的家庭治疗方法，将结构式家庭治疗法、系统式家庭治疗法以及萨提亚家庭治疗法这三种传统的治疗方法予以融合，从更加全面的视角，运用更加丰富的治疗技巧来帮助服务对象及其家庭成员解决家庭问题。通过家庭问题的解决，服务对象不仅获得了社会回归中家庭的支持，而且还对自己的未来有了一定的规划。

第三节 干预策略

在服务过程中，我们发现，社会适应性水平不足的戒毒康复人员极有可能做出复吸行为。复吸是指吸毒成瘾人员在脱毒治疗成功后，又开始使用脱毒前所滥用的成瘾物质，如海洛因、吗啡等。因为社会适应性问题的存在，所以在进行戒毒康复人员社会回归工作时，防复吸是一项常见而又必须需要突破的难点。要帮助戒毒康复人员彻底戒断毒品，帮助其建立正常的社会适应性水平非常重要。单纯地使用外部干预手段，难以从根本上解决戒毒康复人员回归社会的问题，应该从单纯的社会外部干预转变为激发戒毒康复人员的潜能，通过激励、增能赋权，使戒毒康复人员的生活充实起来，进而达到让戒毒康复人员回归社会的目的。结合生态系统理论，社工使用社会回归干预策略主要做到以下几方面：

一、微观系统层面

在微观系统层面上，从优势视角出发，帮助戒毒康复人员重拾信心。

首先，社工不应以一个高高在上的姿态告诉戒毒康复人员"你是有问题的"，而是应该以一个朋友的形象来引导戒毒康复人员以辩证的角度，从另一个视角来看待生命中曾经让自己痛苦的遭遇。在充分运用叙事治疗、理性情绪治疗等专业手法的基础上，让服务对象从逆境中吸取经验。通过同理心等技巧，来缓解服务对象的心理压力，向服务对象传递正面的观念和重新面对社会的勇气。

其次，社工应该从多个维度评估戒毒康复人员的优势和抗逆力。第一，社工要善于挖掘戒毒康复人员的人格优势，例如幽默感、活力、同情心等；第二，社工要善于发现戒毒康复人员拥有的技能和特长，在吸毒之前他们当中很多人其实都有自己的工作，拥有一技之长，例如口才好、动手能力强、精通电子产品等。社工可以起桥梁作用，帮助他们联系与其特长相关的兼职工作，邀请他们参与社区公益活动和志愿者活动等，或邀请他们一同参加体育运动，介绍健康书籍，分散其注意力，通过多途径充实戒毒康复人员的生活；第三，社工可以着眼于戒毒康复人员某个方面的优势开展情绪的疏导，并寻找机会帮助他们发挥长处，例如有些戒毒康复人员家里有年幼的儿女，社工可以从亲情以及家庭责任的角度出发，不断给予他们鼓励，让他们承担家庭责任，来建立起心灵上的寄托和希望。

二、中间及外层系统层面

在中间及外层系统层面上，增强家庭支持，协助戒毒康复人员再就业。

从家庭角度讲，社工应该深入了解戒毒康复人员的家庭情况，将阻力减小，将资源放大。此时，社工应该以第三方的姿态进行介入，充当"调和剂""润滑油"的角色。一方面，社工要引导家庭成员客观看待家庭现状，运用结构式家庭治疗、联合家庭治疗等方法，来化解戒毒康复人员家庭中的深层次矛盾，与家庭成员沟通，让他们重新认识到戒毒康复人员的吸毒经历与家庭最初的责任不到位有关，不能仅仅埋怨和冷落戒毒康复人员。另一方面，社工可以引导家庭成员陪伴戒毒康复人员按时进行尿检，签订社区康复协议，也可以邀请有妻子和儿女的戒毒康复人员参与亲子活动，通过一起完成任务的方式增进戒毒康复人员与家人之间的感情互动。鼓励戒毒康复人员敞开心扉，积极和家人谈心，并以实际行动改变自己的不良行为，修复家庭关系。

从再就业角度讲，社工作为资源链接者和整合者，一方面，可以协调街道劳动部门和安置企业的资源，为戒毒康复人员再就业提供机会和平台。对生活特别困难且未能及时就业的戒毒康复人员家庭，社工可以寻求政策支持，例如帮助其申请低保。同时，社工可以帮助戒毒康复人员搜集合适就业信息、免费的就业技能培训，关键是引导戒毒康复人员提高自主解决问题和就业谋生的能力。戒毒康复人员重新找工作可能会遭到用人单位的排斥，产生挫败感。社工可根据戒毒康复人员具体特点为他提供形象管理、模拟面试、礼仪指导等。针对戒毒康复人员害怕应聘时谈及自己的吸毒经历而被排斥的情况，社工可以协助其提前想好应对办法，以他们的消除焦虑和紧张。

三、宏观系统层面

宏观系统层面上，构建有利于戒毒康复人员康复的社区环境。

亲疏远近的社会关系，构成了中国传统社会结构，这是费孝通先生提出的"差序格局"概念。也就是说，社会关系就像水面上的涟漪一样，一圈圈地按照自己的距离远近来划分亲疏。

对戒毒康复人员的帮扶，也要利用广泛的社会支持网络。一方面，社工要充当宣传者的角色，让社区居民对戒毒康复人员有客观的认识，了解他们来之不易的改变，以及他们渴望被接纳又怕被排斥的痛苦，明白他们如果不能被社会接纳，可能会再一次复吸，会给社会造成的危害更大。只有排除社区环境障碍，戒毒康复人员才不会回到从前的吸毒圈里，回到正常的生活轨道上来。另一方面，社工可以与居委会协商，安排戒毒康复人员参与社区活动，让戒毒康复人员展示特长能力，增强社会参与意识，与社区居民互动交流，增强自我价值感，逐渐恢复社会功能。

从国家角度讲，政府应该针对戒毒康复人员回归社会、自主创业出台优惠政策，如简化办证程序等，也可以尝试建立戒毒康复人员再就业的合作试点工作，同时对于接纳戒毒康复人员的用人单位，给予一定奖励和减免政策的扶持。例如，佛山市三水康复苑是广东省禁毒委的试点单位，是由政府开办、司法行政部门承办的社会公益性机构，为戒毒康复人员回归适应社会，康复身心，自立谋生提供了一个"中转站"，这个新经验很值得学习借鉴。

第四节 方法及技巧

对前文提到的社会适应性理论戒毒康复中的四个维度以及生态系统理论的四个层面进行分析，对戒毒康复服务对象的社会回归干预方法和技巧主要有：

一、认知自己、接纳自我、戒除心瘾

在社会适应性理论中提出"自我关注"是影响个体社会适应性的个体因素之一。个体要提升社会适应性以回归社会，就要提升对自我的关注度并接纳自我，然后再进行更进一步的发展。在生态系统理论的微观系统中也提到，戒毒康复的服务对象通常对自己的认知都是较为消极和自我否定的，甚至会遗忘掉自己的优势，这会让戒毒康复人员的社会回归任务显得非常困难，甚至走上复吸道路。

（一）认知自己

戒毒康复人员因其身份的特殊性，尤其需要帮助他们理性地从目前自我的处境、状态为起点作分析，帮助其了解所处的状态，如身份管控、不自主的渴求感（成瘾的认知）、社会身份的不认同等，帮助他们先认知自己，再鼓励他们接纳这样的自己。

认知自己，也就是自己存在的察觉，即自己认识自己的一切。在这里，我们引入社会心理学"自我知觉"的概念，自我知觉即是个体对自己的认识，以自我为认识的对象，是指一个人通过对自己行为的观察而对自己的情感、情绪和内在特质等心理状态的认识。

1. 观察自己的行为

D. J. 贝姆于1972年提出自我知觉理论（self-perception theory）时说明，人们是通过观察自己的行为来获得自己的态度、情感和情绪。在戒毒康复人员进行观察自己来形成自我觉知的过程中，可能会对当时（尤其是回顾当初吸食毒品的时候）的事件或者心理变

化进行自我归因。此时，戒毒康复人员容易出现归因偏差的问题，导致他们陷入自我否定，进而产生焦虑、害怕、消沉等负面情绪和不良的行为反应。此时，社工要适当进行引导，使用归因治疗的基本方式。

归因治疗是通过引导服务对象消除对其不良归因产生的知觉，来控制和消除其不良情绪和行为反应的方法。归因疗法中包含真假归因疗法，服务对象对事件的解释归因是不正确的，不符合实际情况的，这时我们使用真归因疗法为服务对象进行引导，其流程一般包括：提供倾诉的机会，告诉他们事件在某种情况中是普遍产生的，分析他们的归因解释中不正确的地方，给出一种合理的解释。

在实际的服务中，有一些服务对象的归因是符合实际的客观存在的、不可更改的、无偏的，但同时又是对他是有害的，那么它就是一种恶性的、不良的归因。此时，不妨用一种不那么符合实际但却有益的归因来代替它，这就是假归因疗法。即使原因是客观存在的、不可更改的，但人们对它的知觉却是主观多变的，是可以更改的。

2. 通过内省认知自己

内省即个体探视自己的内心世界，并检视自己的想法、感受以及与动机有关的内在信息。通过内省认知自己，也就是通过检视自己内心深处的想法、感受以及回顾自己行为动机有关的内在信息来了解自己。在戒毒康复人员通过内省认知自己的时候，社工应当注意，内省认识自己时，人们通常是会使用起点到结果的因果论或者使用更易于表达的原因进行总结，所以此时社工应引导服务对象对自己的内心世界进行更细致的检视，帮助服务对象清晰正确地认识自己。

3. 他人评价与社会比较

查尔斯·霍顿·库利（Charles Horton Cooley）在1902年提出"镜中我"理论：每个人都是另一个人的一面镜子，反映着另一个过路者。他认为，人的行为很大程度上取决于对自我的认识，而这种认识主要是通过与他人的社会互动形成的，他人对自己的评价、态度，等等，是反映自我的一面"镜子"，个人通过这面"镜子"认识和把握自己。"镜中我"解释了认知自我是在与他人的联系中形成的，这种联系包括三方面：我们设想自己在他人面前的行为方式；在做出行为后，我们设想或理解他人对自己行为做出的评价；我们根据对他人的评价的想象来评价自己的行为，并据此做出下一步反应。在实际工作中，许多戒毒康复人员都使用他人评价自己来阐述一些事件，这虽然并不完全代表服他们完全认可这些评价，但实际上，对服务对象的自我认知及其后续的行为反应会产生或多或少的影响。

利昂·费斯廷格（Leon Festinger）于1954年提出了社会比较理论，他认为，人们非常想准确地认识、评估自己；为此，在缺乏明确的标准时，人们常与和自己相似的人比较。当个体的动机不同时，所采用的社会比较方式也不同。在缺乏直接的自然标准时，且当人们在特定的领域中对自己的能力不确定时，人们通过与他人比较来进行自我评价。在使用社会比较进行自我评价时，会因服务对象的意愿进行不同层面的比较，如服务对象与自己背景相似、水平相当的个体进行比较时，说明服务对象希望进行准确的自我评价；当服务对象将自己优秀的一面与他人比较，即进行下行比较时，说明服务对象希望在对比中提升自我认知，进行自我强化；当服务对象将自己与成功人士进行比较，即进行上行比较时，则说明服务对象希望自我进步，给自己压力。

戒毒康复人员因受到国家公安机关监督管制，留有案底，所以他们经常在进行社会比较时会与同龄人或者与自己差不多但没有被管制的人群进行比较，因为个体对比较的承受能力不同，一些服务对象可能会产生消极、自卑等自我评价[①]偏差。这时，社工应及时关注并适当引导，帮助他们接纳自己、建立信心。

（二）接纳自己

接纳自己，即自我接纳是自我意识的重要组成部分，指一个人能够无条件地接纳和了解自身的全部特征，也能够认可自身的存在以及正面价值，不盲目自卑和自傲，也不会因为他人的评价而动摇自身的价值感。接纳程度高的个体能够不卑不亢地面对自身的一切，从外表到内在，他们不会因为自身的短处而自卑，也不会因为自身的长处而骄傲。目前，研究证实，自我接纳与心理健康、自尊、认知、人际关系关系密切。跨文化研究也证实了不同文化背景下的人具有不同的自我接纳水平（张尔复，2017）。

1. 减少完美主义

不能接纳自己的人无法原谅自己的错误，不能接纳自己的缺点，这其实就与完美主义人格特征的外在表现有某种程度的相似性。

研究者通过对140名职业舞者进行研究，结果发现，无条件自我接纳和完美主义以及倦怠之间存在负相关。多重回归结果表明，无条件自我接纳在社会规定完美主义和倦怠之间起部分中介作用，在自我指向的完美主义和倦怠之间起完全的中介作用（Maria Jong，2012）。

完美主义人格与自我接纳是负相关的，要提高自我接纳水平，就需要减少完美主义思维。所以，在实际工作中，禁毒社工在与服务对象进行交流时，应该注意"留有余地"，在服务对象挑剔自身的问题时，应当将问题平淡化，以减少服务对象对自己的接纳时因不完美、不如自己期待而产生的不良情绪和自我认知偏见。

2. 避免负面的自我评价

自我评价是个体对自己的思想、愿望、行为和个性特点的判断和评价，也是自我意识的表现。自我评价的一般途径有：① 自我比较（过去与现在）；② 自己与他人比较（过去与现在）；③ 自我行为结果比较（期望与结果）；④ 自我与社会期望比较（需求）。正确地进行自我评价，一般可以通过两种渠道：直接的自我评价和间接的自我评价。上文中提到的归因、"镜中人"及社会比较等，都有可能对自我评估产生影响，而且个体的自我

---

① 自我评价（self-evaluation）自我意识的一种形式，是主体对自己思想、愿望、行为和个性特点的判断和评价。

评价可能是积极的，也可能是消极的。

因戒毒康复人员的特殊性，他们在进行自我知觉分析及自我评价时，经常会反思自己曾吸毒的动机、行为、情绪等，容易陷入负面的自我评价中，此时社工应当注意引导服务对象形成正面的、积极的自我评价。

3. 保持理性信念

本书中的理性主要指的是服务对象在进行事物判断的时候，以符合现实逻辑、可操作、非情绪化的原则进行行为选择的状态。

无论是由于情绪化还是因为服务对象的认知偏差，服务对象在做决定时容易因为冲动而做出不理智的行为。此时，社工要帮助服务对象进行及时的分析和反馈，在反馈中，社工要指出服务对象在做决定时的不理性之处，让服务对象了解自身应从什么地方开始改变。

4. 进行有益的社交活动

研究证明，社交焦虑与自我接纳之间呈现出显著的相关性，具有更高社交焦虑水平的个体具有更低的自我接纳水平。也就是说，社工帮助服务对象更多地参与社交活动，可以帮助服务对象减少社交焦虑，增加自我接纳水平（刘芳，李松，2007）。

戒毒康复人员有可能重新接触到原来吸食毒品时的"毒友"，所以在服务对象进行社交活动时，社工应该密切加以关注，鼓励服务对象参与到有益的社交活动中，避免再与"毒友"有所接触。

5. 增强家庭关系

家庭功能与正性情绪、神经质、自我接纳均呈显著相关，负性情绪与自我接纳和神经质呈显著相关；家庭功能通过神经质和自我接纳链式中介作用于正性情绪（李丽，牛志民，梅松丽，2016），即家庭关系水平与个体自我接纳水平有正向影响。

案例

> 阿A（化名）被责令社区戒毒，根据《禁毒法》规定，对戒毒未满3年的人员实行动态管控，阿A成为了动态管控中一员，因为这样，每次只要坐地铁、飞机、高铁刷身份证时，都会出现报警的状况，阿A很担心自己有过吸毒史的事被别人得知，也很害怕别人会用异样的眼光看待自己。阿A为了避免这样的情况出现，开始回避与朋友外出，甚至连坐地铁也开始害怕，不愿意出门。针对这种状况，禁毒社工开始介入服务，社工发现阿A自己对问题的认识度非常的高，而且改变的动力也很强烈，所以在介入过程中，当社工点破阿A为何害怕出门这一问题后，鼓励其可以从小事开始做起，比如可以尝试先坐地铁。慢慢地，阿A开始尝试去公共场所，慢慢接受了自己目前的处境。这个过程中禁毒社工通过使用"代币制"① 的方式去鼓

---

① 代币制方法，即用象征性钱币、奖状等标记物为奖励手段来强化良好行为的一种治疗方法。

励服务对象，让服务对象慢慢感受到走出自己的生活圈后产生的美好体验，禁毒社工最后将绘制的手册赠与阿 A，阿 A 非常感动，也很感谢社工的帮助。

本案例中，禁毒社工不断与服务对象建立关系，掌握其思想动态和行为，鼓励服务对象克服恐惧，接纳自身处境。当服务对象每做出一点进步，禁毒社工会为其制作一个手册，并对每个迈出的行动做标记。久而久之，当服务对象完全走出自己的生活圈时，禁毒社工将手册绘制完成后送给服务对象，以强化其不断努力的结果。

二、恢复和提升社会功能

恢复和提升社会功能主要从社会适应性"工作的有无""工作投入度""工作满意度""社会知识技能"及生态系统理论中观层面进行分析。在戒毒康复过程中，恢复和提升戒毒康复人员的社会功能是基石，是戒毒康复人员社会回归进程顺利完成的保障。

（一）就业就学

在戒毒康复人员开始回归社会时，就业成为了其最基本的生活保障。较小年纪的戒毒康复人员在正式就业前，需要完成就学的基本任务。稳定的就业、就学给戒毒康复人员提供了一个可以回归社会的基本角色和稳定目标。

（二）人际交往

人具有社会性，人际的交往是人的本能需求和反应。如果人际交往处于焦虑状态，会加大人的抑郁风险。由于戒毒康复人员身份的特殊性，在人际交往中可能会产生自卑、退缩等心理，在交际中可能会缺乏与人交际的能力。所以，社工在服务中，针对服务对象的不同，需要注意鼓励服务对象学习交际沟通方法，从小事做起，克服心中的交际自卑感，接纳自己，并走出自己既有的不完善的生活圈，主动与人交际，减少人际焦虑。

（三）家庭沟通

在本章中，我们一再说明家庭对戒毒康复人员社会回归的重要性，无论是从社会适应性中的"家庭参与度""家庭成员支持度""家庭成员信任度"，还是从生态系统理论的中观层面而言，家庭对戒毒康复人员的影响均处于首要的地位。

在服务过程中，禁毒社工要及时评估服务对象的家庭关系和家庭沟通情况，及时对家庭情况做出分析，适时采用家庭疗法为服务对象解决需求问题。

💬 **案例**

阿诚（化名），38 岁，已婚，因吸食冰毒而被责令社区戒毒。因为有吸毒史，导致他与父母的关系极度恶劣。但实际上，阿诚内心还是非常渴望父母的关心和支持，所以当禁毒社工问及其心愿的时候，其当即说出自己最大的愿望是与家人出去旅游。社工鼓励其与父母坦诚交流，说出自己内心最真实的想法，就这样阿诚走出了自己的第一步。接着阿诚在选择旅游景点的时候开始考虑父母年迈，去太远的地方会担心体力不支，社工表示阿诚的考虑是对的。社工在与其交谈中，综合服务对象家庭的实际情况后，给了阿诚一些建议，最后阿诚选择了市内的一个旅游景点，带着父母一起开启了一场旅行。

在本案例中，社工通过访谈了解到对象因为低自我效能感而导致的未能实现或不敢去实现的心愿，鼓励并协助其实现"心愿"（心愿涵盖家庭关系处理、亲子互动、就业等方面）的方式，使其获得个体成功的体验，在提升自我效能的同时改善了家庭关系。

（四）预防复吸

无论是稽延性戒断症状还是接触到从前吸毒时的人和事，都会加大戒毒康复人员的复吸概率。复吸代表着戒毒康复人员从生理脱毒流程到回归社会流程的功亏一篑，在社会回归流程中，禁毒社工要及时评估服务对象复吸的可能性，及时分析原因，预防服务对象再次陷入吸毒的违法行为中（关于防复吸的具体方法，可参看本书第六章、第八章）。

三、树立常态化的健康生活方式

常态化的健康生活方式保障了服务对象在脱离禁毒社工的服务后依然能够保持戒断操守，帮助服务对象梳理常态化的健康生活方式，有助于服务对象今后的生活健康化常态化。进行此类服务工作的方法有很多，如"理财意识""事务秩序""社会知识技能"中都包含一定方法。另外在社工的服务中，鼓励服务对象在解决自己的需求后服务社会，如能够帮助服务对象培养反馈社会的意识，也是培养健康生活方式的一种表现。

（一）培养兴趣爱好

一项让服务对象感兴趣的爱好，是培养健康生活方式的最好方法。兴趣爱好可以是自我层面的，也可以是社会层面的，自我层面的兴趣爱好如唱歌、摄影、绘画等，社会层面的兴趣爱好如进行志愿者活动等。

（二）生活救助

对一些较为贫困的戒毒康复人员，在一定程度上需要社工帮助联系贫困救助金、失业保障金、残疾人补贴金等。在这里，社工通常充当了资源链接者和整合者，联系有关部门，对服务对象实施生活救助。

（三）技能培训

掌握知识技能，对戒毒康复人员而言，是就业的前提。如果缺乏相应知识技能培训，服务对象就可能因无法自主生活而复吸,所以为准备回归社会的戒毒康复对象提供技能培训活动或技能培训资源十分迫切。

(四)反馈社会

戒毒康复人员在进行社会回归后,日常生活常态化、健康化的同时,社工可向其介绍一些反馈社会的公益活动,如作为"过来人"对市民进行毒品危害的讲解,以及用"过来人"的示范作用,鼓励戒毒康复者相信自己能戒掉吸毒。

总而言之,社会回归是戒毒康复的最终目标,社工需通过社会回归服务,使服务对象具备自主生活能力,从容应对生活困境。

第十章 社会融合服务

第一节 对象及需求

一、社会融合服务缘起

社会融合起源于迪尔凯姆的社会团结理论以及帕森斯和洛克伍德、哈贝马斯、吉登斯的社会整合理论。不同学者对社会融合的定义不同。

斯高特（Scott，1976）认为，社会融合（social integration）应分为情感融合和行为融合，帕克（Park，1928）和伯吉斯（Burgess，1921）将融合定义为"个体或群体互相渗透（interpenetration）、相互融合（fusion）的过程；在这个过程中，通过共享历史和经验，相互获得对方的记忆、情感、态度，最终整合于一个共同的文化生活之中"。之后，社会融入概念逐步取代社会融合概念，并成为欧美社会政策领域研究的主要议题。2003年欧盟在关于社会融合的联合报告中，对社会融合做出如下定义："社会融合是这样的一个过程，它确保具有风险和社会排斥的群体能够获得必要的机会和资源，通过这些资源和机会，他们能够全面参与经济、社会、文化生活，享受正常的生活，以及在他们居住的社会认为应该享受的正常社会福利。社会融合要确保他们有更多的参与生活和获得基本权利的决策机会。"我国学者也对社会融合做出了定义。任远（2006）认为，社会融合是个体和个体之间、不同群体之间、或不同文化之间互相配合、互相适应的过程，并以构筑良性和谐的社会为目标。杨聪敏（2010）认为，社会融合是指移民的原文化与流入地文化融合到一起，互相渗透，形成一种在某种程度上具有新意的社会文化体系。从以上的定义可以看出，"社会融合"这一概念所强调的是一种状态和目标，其宗旨是为百姓谋取福利和人人享有平等的权利，最终达到一种互相融合和平等的结合状态[1]。

社会融合与民主、平等、公平、包容、自由等诸多社会学核心概念相关联，是社会学的主要概念之一。社会融合是社会发展的关键目标之一，社会融合应当尊重多元文化，减少歧视和贫穷，促进包容性发展，促进机会平等、团结和个体的安全感，促进全民参与，保障公民的基本自由和人权[2]。禁毒社会工作中的社会融合服务可理解为，社会工作者运用专业知识和技能，帮扶戒毒康复人员，弥补政府公共服务的不足，整合社会资源，

---

[1] 陈成文，孙嘉悦. 社会融入：一个概念的社会学意义 [J]. 湖南师范大学社会科学学报，2012.

[2] 张帆. 社会融合的四个衡量维度 [J]. 理论与现代化，2015.

减少社会对戒毒康复人员的歧视、排斥，促进社会包容性发展，保障戒毒康复人员的基本自由和人权。根据以上概念，本书认为，戒毒康复人员社会融合的实现可以理解为其能够正常参与到社会、经济以及文化活动中，拥有合法权益，具有社区归属感，不受歧视。

二、社会融合服务对象

一般情况下，个人涉毒及戒毒的历程是这样的：从接触毒品开始，到尝试毒品，进而从吸毒未成瘾到成瘾，然后被强制或自愿戒瘾，再到康复，直至重新回归社会。在传统管理模式下，戒毒康复人员在社会所遭遇的歧视和排斥，来自社会多方的信任感等因素，会使戒毒康复人员觉得自己处于被社会所隔离的环境，会让他们觉得自己无处可去，甚至无家可归，这样的处境最容易导致的结果就是复吸。而社工提供的社会融合服务，是在戒毒康复人员回归社会后，政府部门、司法机关、医疗部门、社区、社工等多方帮扶，以一种主动接纳的姿态来对待戒毒康复人员，帮助他们厘清实际情况及实际需求，并帮助他们满足受到尊重及自我实现需求。在这个过程中，社会服务机构及社工发挥了不可替代的作用，努力为戒毒康复人员营造一个包容性的社会环境，减少社会排斥、歧视，实现戒毒康复人员与正常社会大众的融合，使其成为正常的社会成员，巩固其健康常态的生活信心，使其不再复吸。注重戒毒康复人员本身权益的保护和自我发展需要，也能够推进对戒毒康复人员的有效控制，防止复吸，减少吸毒人群圈子扩大现象的发生。

因此，本章中的"服务对象"分为两类。第一类服务对象是指被社会边缘化的戒毒康复人员群体，包含强制戒毒、社区戒毒、自愿戒毒、社区康复人员等群体。无论在发达国家还是发展中国家，戒毒康复人员群体由于某些限制（例如生理方面、行为方面等）而受到社会排斥，丧失了应有的社会资源，在一定范围内被边缘化、污名化，或被排斥、被疏离、被固化在社会底层，成为面临社会淘汰的"问题人"。针对此类人群的社会融合服务，前面第九章已经进行了较为系统的阐述。第二类服务对象是影响戒毒康复人员群体社会融合的家庭、社会大众、社区、政府政策、媒体等。为了避免社会问题，也为了公平地提供公共服务，传统的援助服务手段是通过物质帮助戒毒康复人员达到改变的目的。但这种外部干预的手段，并不能从根本上解决戒毒康复人员边缘化问题。应该从单纯的社会给予转变为激发戒毒康复人员的潜能，通过激励、增能赋权，使戒毒康复人员的生活充实起来，通过社工的一些专业理念及工作方法，影响社会大众对戒毒康复人员群体的固有印象，减少社会政策对戒毒康复人员群体的不公平现象，增强社会包容性，减少社会排斥及歧视，进而为戒毒康复人员群体的社会融合创造条件。

三、戒毒康复人员社会融合困境分析

（一）个人困境

1. 对自我认知的边缘化

自我认知是指个体对自身的认识，其包括个体对于自身的行为和心理状态的认识。戒毒康复人员由于存在"案底",导致各项社会活动受限,容易产生自卑心理,也影响到其对于外部社会的认知,认为自己不被外界接纳,拒绝参与到社会、经济以及文化活动中,不争取自己的合法权益,以消极态度看待社工提供的社会融合服务。由于不能顺利融入社会,难以获得社会其他群体的平等对待,会导致戒毒康复人员的自我认知出现边缘化倾向,在一段时间内难以走出这种影响,进而导致"破罐子破摔"的局面。

2. 社会归属感低

社会归属感是个体对于社会的一种认同感。个人只有对自己所处的社会产生认同感才能对社会作出自己的贡献。个体社会归属感的形成不仅仅需要个体从自身形成一种对于社会的认同,还需要社会能够平等对待个体。由于社会上存在对于戒毒康复人员在就业等方面的歧视,戒毒康复人员融入社会是比较艰难的,他们容易产生被社会抛弃的感觉,从而导致社会归属感较低。

(二) 家庭困境

1. 自我难以面对家人

作为社会的基本组成单位,家庭是个体寻求物质和情感支持最主要的地方。戒毒康复人员人际交往较为敏感,家庭成员间存在戒备心理,且缺乏主动与家人交流沟通的勇气与能力,面对家庭矛盾和家庭问题时主要采取消极回避的方式。尽管对家庭存在愧疚感,同时也希望自己的家庭能接纳自己,但现实的状况却是家人的不理解、不接纳,甚至歧视和孤立,拒绝给予起码的尊重、谅解和支持,很容易导致戒毒康复人员自我封闭,抗拒与社会接触,不利于戒毒康复人员的社会融合。

2. 家人难以接受

家庭是戒毒康复人员的主要依靠,但在现实生活中,戒毒康复人员的吸毒行为伤害了家人,家人难以接受他们,对他们充满不信任。家庭关系变得脆弱、不稳定,家庭失去了应有的功能。

(三) 社会困境

1. 关系层面的社会排斥

关系层面的社会排斥主要是戒毒康复人员社会关系的断裂,是由多方面原因导致的,而标签化是它的根本原因。"标签论"起源于社会学中的符号互动主义,偏重于社会问题的主观认定过程;标签论认为个人和群体之所以越轨是因为人们制定出了"规则"和"规范",而那些违反了这些"规则"和"规范"的行为便被认定为是"越轨行为",同时这些犯规的人还被贴上"越轨者"的标签。戒毒康复人员就被贴上了各种各样的标签,身边人如社区居民会拒绝甚至抗拒跟他们交往。这些强加在戒毒康复人员身上的标签对他们来说是一个沉重的负担,对他们生活会带来很多不利的影响,在工作、生活和日常的交往中,他们往往会被区别对待,从而产生一种自己不被家庭、不被社会所接纳的感觉。在这样的处境之下,戒毒康复人员就不得不寻求同类,因为在相似的圈子里,大家都一样被贴着标签,不会有不自在的感觉。

> **案例**
>
> 吴学敏曾是戒毒明星,在内蒙古自治区、全国吸毒人员中,曾是家喻户晓的名人。她开办"学敏戒毒热线",规劝吸毒人员戒毒。时隔近 10 年,当她再次被媒体关注时,却是因屡屡吸毒进了看守所,等待法律的宣判。面对由"戒毒明星"转变为复吸者的心境,吴学敏称,戒毒人员更需要社区的关爱,哪怕是一句问候、一点温暖。"要知道,戒毒人员之所以能坚持和毒品抗争,那是因为爱还在,希望还在,没了这些,也就没有了底线。"吴学敏说。
>
> (2009 年 12 月 14 日《民主与法制时报》人生栏目)

2. 政治层面的社会排斥

政治层面的社会排斥更多表现在人身自由、自身权利的被剥夺,人身自由受限主要体现在动态管控的限制。在我国,动态管控是一种用于监控特殊人群的手段,与身份证绑定。戒毒康复人员一旦被行政拘留或者强制隔离戒毒 1 次,就会进入国家动态管控系统,乘坐飞机、火车等交通工具以及入住酒店、银行办卡等需要用到身份证的时候,都会自动连接公安系统的报警装置,交由民警带走对其进行尿样检测。因此,已经进入动态管控系统的戒毒康复人员是没有人身自由可言的,并且动态管控暂无取消的规定,也就是说,动态管控是终身的。

3. 经济层面的社会排斥

经济层面的社会排斥主要体现在劳动力市场上的排斥,不能公平参与劳动力市场竞争。戒毒康复人员常因吸毒史而被企事业单位拒之门外,即使被录用了,一旦用人单位得知戒毒康复人员的吸毒经历,也往往借其他理由将其辞退。

4. 文化层面的社会排斥

文化层面的社会排斥最常见的表现形式在于"污名化"或者"标签化"。在我国,由于相关法律明确规定药物滥用是一种违法行为,且媒体往往对戒毒康复人员做出带有偏见或猎奇性质的报道,公众接受了这些负面的信息,并形成了自己的固化认识。附着在戒毒康复人员身上的"道德污名",使得人们容易认为凡是戒毒康复人员都是不道德的人,因而对戒毒康复人员采取"道德谴责"的姿态而不愿接纳他们,给他们贴上"越轨者"的标签,形成了对戒毒康复人员"标签的刻板效应"。这种标签的刻板效应表现在三个方面:第一,吸毒是一种罪恶的行为;第二,戒毒康复人员是坏人;第三,毒瘾无法戒掉。久而久之,戒毒康复人员自己也会接受社会所贴的这些"标签",认为自己是垃圾、社会的包袱,进而进入复吸的恶性循环。

第二节 理念、理论、干预策略及方法技巧

实践是理论的基础,社会融合是站在戒毒康复人员基本需求的角度,旨在为戒毒康复人员创造一个包容性的社会环境,获得社会支持,最终实现再社会化。本书也将以社会支持理论、再社会化理论、生态系统理论等为基础,从家庭、社区、社会角度分析社工干预策略及方法技巧。

一、家庭层面

家庭对戒毒康复人员的影响主要体现在家庭对戒毒康复人员的接纳态度及亲密度。家庭的不接纳或较差的亲密度会导致戒毒康复人员产生一种孤岛心态，吸毒导致其正常人际关系破裂的同时，在家庭中又受到亲人的疏远，对他们来说是个严重的打击，将会使他们重回复吸的恶性循环中。在家庭接纳基础上，如果能够做到帮助他们重新融入正常社会，建立起正常健康的生活方式，培养正常的生活习惯，同时多关心其就业以及婚姻问题，就会很好遏制复吸的发生。

（一）理论

生态系统理论强调要理解个人在家庭、团体、组织及社区中的社会生活功能，社会工作者应该从生活环境的不同层次系统之间的关联之处入手。一般认为，个人所生活的系统可以分为四个层次，即微观系统、中间系统、外层系统和宏观系统。微观系统指的是亲密关系中的人际关系形态和角色扮演；中间系统指的是两个以上的情境间发生的关联及其历程；外层系统指的是两个以上的关联情境，并在同一个间接的外在情境中发生关联；宏观系统指的是各个系统层次在一个更大的文化环境、民族团体中发生关联。不论求助者的需求表现在哪个层面上，其背后都与各个系统有着不可分割的联系。因此，要求社会工作者对上述所有相关系统予以关注。对于禁毒社会工作者来说，服务人群的问题纷繁多样，关注其相关系统，才能促进其很好地进行社会融合。而戒毒康复人员家庭层面的干预则涉及上述中的中介系统，也就是和谐的家庭关系，包括家庭的包容、家人的理解是服务对象社会融合过程中非常重要的部分。

（二）干预策略、方法及技巧

为了达到该目的，本书结合实际工作过程中，通过访谈、召开动员会等方式，收集服务对象因为低自我效能感而导致的未能实现或不敢去实现的心愿，鼓励并协助其实现"心愿"（心愿涵盖家庭关系处理、亲子互动、就业等方面），使其获得个体成功的体验，在提升自我效能的同时，改善家庭关系。社工也应深入了解戒毒康复人员的家庭情况，以"第三方"进行介入，充当"调和剂"的角色，引导家庭成员客观看待家庭现状，运用结构式家庭治疗等方法，化解戒毒康复人员家庭中深层次矛盾，与家庭成员沟通，让他们重新认识到戒毒康复人员的吸毒经历也与家庭最初责任不到位有关，不能仅仅是埋怨与冷漠，要积极修复家庭关系。

二、社区层面

社区是由若干社会群体在一个特定地域内所构成的相对独立的生活共同体。社区居民拥有对社区的认同感。社区居民不愿意去包容甚至接近戒毒康复人员，其首要原因是对戒毒康复人员的恐惧，"戒毒康复"已经成为了一种社会标签，自然而然地与"艾滋病""家破人亡""骨瘦如柴"联系在了一起。对戒毒康复人员避而远之成为常见的心态。其次是由于社会其他成员对戒毒康复人员的刻板印象，总认为戒毒康复人员是永远无法戒除毒瘾的，因而与戒毒康复人员保持距离。构建有利于戒毒康复人员康复的社区环境，能为戒毒康复人员提升归属感，遏制复吸行为的发生。

(一) 理念及理论

再社会化是指全面放弃原已习得的价值标准和行为规范，重新确立新的价值标准和行为规范。人在社会化过程中有时候会出现偏差和越轨，对越轨者的教化、纠正过程称为再社会化。吸毒是一种偏离和违背当今社会公认的价值与规范的行为，同时也是违法行为。通过进行强制戒毒或者强制隔离戒毒，基本可以实现在行为上使其改变吸毒这一偏差行为，但是由于治疗方式的单一性，戒毒康复人员在强制戒毒场所内与社会正常生活脱节，在摒弃吸毒这种社会病态行为的同时，难以靠自身力量重新确立正确符合社会规范的价值观和行为方式，而且与社会生活长时期的隔离，也容易造成戒毒康复人员的心理和精神疾病，因而在离开了强制隔离戒毒场所之后，很难摆脱心理毒瘾，同时也很难融入正常的社会生活。而社区康复，是让戒毒康复人员生活在自己熟悉的居住社区里，不脱离家庭生活，不脱离社会，专业禁毒社工、家属、家庭、学校等都是再社会化过程中的主体，通过各自不同的作用，帮助戒毒康复人员正常回归社会。

另外根据复原力理论的看法，其核心包含了三个部分：暴露在困境中，抵消困境影响的资源或者优势的出现，实现积极的适应结果。所以，复原力的本质是指当个体在逆境中能够克服困难，实现积极适应结果的能力①。个体的这种能力受到其自身和生活的环境系统的影响，个体生命历程中的不同阶段，该能力还会有不同的表现形式。在复原力理论视角下看戒毒康复人员的社会融合，他们由于自身及环境原因，未能很好地实现社会融合，这便是他们的困境。但复原力理论强调，个体具有在逆境中克服困难，实现积极适应的能力。戒毒康复人员作为一个完整的个体，我们要相信其具有这一能力，通过社会工作的介入，探索社区戒毒康复人员的优势与能力，促进其和环境的互动，帮助其实现社会融合，抵消困境。

(二) 干预策略

为了达到上述目的，一方面，社工要加强宣传，让社区居民对戒毒康复人员有客观的认识，排除社区环境障碍，帮助戒毒康复人员回到正常的生活轨道上来；另一方面，社工可与居委会协商，安排戒毒康复人员参与社区活动，增强社会参与意识，加强与社区居民的互动，逐渐恢复社会功能。

(三) 方法及技巧

1. "过来人" 社会服务

前文已经提到，戒毒康复人员在回归社会和融合过程中，不免会产生社会包容度低、公众歧视难以消除、个人发展的空间受到诸多的束缚等问题，为了减少问题的发生，有效

---

① 张琳. 精神康复患者社会融合的社会工作介入——以 N 市 G 社区患者为例 [D]. 浙江师范大学，2018.

促进戒毒康复人员进行再社会化,最终能顺利融入社会,社工可以开展"过来人"社会服务活动。

(1) 培训

大部分戒毒康复人员对毒品知识处于不自知状态或者仅仅对自己所吸食的毒品有部分了解,对毒品并不完全了解。因此,禁毒社工在介入过程中,在充分调动其积极性的同时,还可以挖掘成功戒断的康复人员("过来人"),全面对其提供毒品基础知识、成瘾机制分析、禁毒服务如何策划和执行等培训,提高其禁毒服务专业能力,为培养其亲社会行为,促进社会交往,降低社会大众的歧视奠定基础。

(2) 实战

将培训过的"过来人"运用到实际禁毒宣传教育中,可以利用"现身说法"的方式,通过分享"过来人"吸毒、戒毒过程中真真切切的痛苦感受,引导社会大众认识毒品及其危害,让禁毒教育更加贴近生活,也能提升其社会责任感和自我效能感。另外,也可以通过培育"过来人"成为反毒导师,向学校、社区、企业等提供专业禁毒教育培训,提高他们的社会参与度,进而更好地融入社会。

(3) 分享

通过前期的培训和实战,对"过来人"所做的服务开展反思总结会或者较为轻松的茶话会,促进戒毒康复人员分享自己在培训过程中优势及弥补不足,并着重对不足的地方提出有效的改善方法,通过这样的方式,不仅能保障提供更优质的禁毒服务,也有利于提高康复人员的社会交往能力及社会参与度,进而增强其社会责任感。

2. 营造社区融合氛围

(1) 开展社区宣传

举办"爱的鼓励,心的交流"讲座活动,邀请社区居民与戒毒康复人员一起,首先由禁毒社工向居民普及禁毒知识,掌握毒品基础知识与成瘾机制,增加社区居民对毒品知识的了解,其次再通过戒毒康复人员表达自己的心声,向居民传达自己一路走来的心路历程,消除社区居民对戒毒康复人员的误解,以期获得社区居民的理解与支持。同时,禁毒社工还可以制作宣传手册,将康复人员的正面信息印制于手册,发动社区居民从另一个视角去看待他们,发现他们的闪光点。

(2) 举办娱乐休闲活动

在初期阶段,可以尝试开展戒毒康复人员与禁毒志愿者禁毒骑行、摄影行动小组等娱乐休闲活动。通过此类活动,一方面发动禁毒志愿者的参与,以点带面,带动身边社区居民的参与;另一方面通过彼此合作的过程,增强相互的了解与支持,让人们充分认识到原来戒毒康复人员并没有想象的那么"糟糕"。

(3) 链接社区资源

为因吸毒导致贫困的低收入家庭提供就业支持,开展就业技能提升培训,促进就业和缓解贫困家庭的经济压力。

三、社会层面

戒毒康复人员社会融合过程中遇到的社会层面困境主要是社会排斥。社会工作是以利他主义为指导，以科学的知识为基础，运用科学方法助人的服务活动，以"助人自助"的原则，重视人与社会环境的协调适应，发挥人的社会功能，在社会排斥方面能起到"缓冲剂"的作用。而社会工作介入禁毒领域后，禁毒社会工作者以戒毒康复人员为服务对象，帮助戒毒康复人员增强自我发展的能力，减少社会排斥，为戒毒康复人员的社会融合贡献力量。

（一）理念及理论

"社会支持"理论兴起于20世纪70年代，是指人们感受到来自他人的关心和支持。一些心理学家对社会支持的定义提出自己的看法，整体来说有四大方面的看法。

① 亲密关系观：人与人之间的亲密关系是社会支持的实质。这一观点是从社会互动关系上理解社会支持，认为社会支持是人与人之间的亲密关系。同时，社会支持不仅仅是一种单向的关怀或帮助，它在多数情况下是一种社会交换，是人与人之间的一种社会互动关系。

② "帮助的复合结构"观：这一观点认为，社会支持是一种帮助的复合结构，帮助行为能够产生社会支持。

③ 社会资源观：社会支持是一种资源，是个人处理紧张事件问题的潜在资源，是通过个体与他人或群体间社会关系所互换的社会资源。

④ 社会支持系统观：社会支持需要深入考察，是一个系统的心理活动，它涉及人的行为、认知、情绪、精神等方方面面。社会支持网络理论在社会工作中的运用十分广泛，是一种有效的理论工具。现在一般将社会支持网络视作个人能够借以获得各种社会支持（如金钱、情感、友谊等）的社会网络，即以网络分析的方法对个人所获得的社会支持进行研究时，个人获得资源性的支持的网络框架，也是个人所属的相对稳定的社会关系网络。在帮扶戒毒康复人员的过程中，禁毒社工可以提供包括心理疏导在内的专业的帮助和支持，但是不能仅仅依靠禁毒社工的力量，同时需要依靠多方面的协同合作。政府部门、公安机关、医疗系统、社区、戒毒康复人员家属以及通过分析戒毒康复人员社会关系网络所发现的可利用的一切资源，他们所提供的物质或者精神方面的支持，对戒毒康复人员的社会融合共同起作用。

（二）干预策略

在社会层面，禁毒社工在为戒毒康复人员提供社会融合服务时，可以从社会环境、社会支持以及社会宣导三个方面进行介入。

1. 社会环境方面

禁毒社工在为戒毒康复人员提供社会融合服务时，应当立足于实际，着手于戒毒康复人员的真正需求，发挥应有作用。

社工作为政策倡导者，可以通过不同渠道反映戒毒康复人员的需求并倡导政策和制度的改变。发挥宣传作用，让社会对戒毒康复人员有客观的认识，明白如果社会不接纳戒毒康复人员，只会再一次将戒毒康复人员推向复吸之路，给社会造成更大危害。

社工作为支持者，发挥引导作用。引导戒毒康复人员参与到社会活动中来，通过自身努力改变社会对戒毒康复人员的看法。

社工作为协调者,发挥资源整合的作用。禁毒社工在禁毒办、各社区警长(治保主任)、美沙酮治疗中心、强制戒毒所等相关部门做好协调工作,形成良好的合作关系,使这些机构形成合力,为戒毒康复人员提供系统化的康复服务。

社工作为资源审批者,协助政府部门对有需要申请资源的求助者做出公正评估,使资源合理到户,服务对象得到公平分配。

2. 社会支持方面

在帮扶戒毒康复人员的时候,禁毒社工要善于整理和发现可利用的社会支持资源,发挥好资源争取者的作用,求助于政府有关部门、福利服务机构、志愿组织,甚至广大社会群众,帮戒毒康复人员争取所需要的资源,并将资源传递到戒毒康复人员手中,有针对性地对戒毒康复人员开展社会融合服务工作。禁毒社工也应当发挥好倡导者的作用,肯定戒毒康复人员合理行为,做好与学校、家庭等社会支持网络的沟通工作,为戒毒康复人员构建一个健康的社会支持网络,确保戒毒康复人员的再社会化趋向正轨。

3. 社会宣导方面

社工在宣传中改变公众对戒毒康复人员的片面认识,多向社会大众宣传戒毒康复人员的生理和心理特性,也可以让戒毒康复人员"现身说法",让社会大众对戒毒康复人员有直接的了解和认识,以消除社会对戒毒康复人员的偏见。

(三) 方法及技巧

1. 禁毒志愿者关爱服务

戒毒康复人员拥有违法者、病人和受害者三重身份,其中受害者身份不仅成为了禁毒社工工作的介入点,而且也体现出需要禁毒志愿者及其他社会各界人士的关爱(张静,刘传龙,2017)。在这个过程中禁毒志愿者主要以"同伴同行"的形式,跟他们一起做事、一起谈心,并借助社会服务活动,帮助他们树立自信心,早日戒掉"心魔"。

案例

深圳市龙岗区彩虹社会工作服务中心针对戒毒康复人员开展了"健康无毒"禁毒骑行接力项目,组织各街道禁毒社工、戒毒康复人员代表、禁毒志愿者组成骑行队伍,联合共享单车企业,在活动主要干道悬挂活动宣传标语,在骑行车辆标识禁毒宣传小旗帜,设置"无毒健康有我"接力棒,由其中一个街道首发向各个街道骑行接力,传递"无毒健康有我"接力棒。"禁毒社工+禁毒志愿者+戒毒康复人员"的骑行禁毒队伍,体现了禁毒工作小组与戒毒康复人员一路同行的过程。此项目还鼓励社会大众参与禁毒事业,同时动员戒毒康复人员通过持续运动的形式达到身体机能的康复,通过鼓励其参与禁毒骑行活动,建立其参与社会服务的信心,从而促进其社会融合。

2. 社会倡导

禁毒社工将倡导者的角色发挥好,能促进戒毒康复人员消除困境,快速融入社会。

社工通过开展社会宣导教育活动，促使大众理解戒毒康复人员，对戒毒康复人员形成正确认知，进一步理解他们的处境，从而消除歧视，同时整合各种专业力量提供多元化服务，以促进戒毒康复人员正常融入社会。

案例

阿华（化名），男，49岁，已婚，患有腰椎间盘突出，脊柱长期处于弯曲状态，他的3个孩子正在上学。他被责令社区戒毒前一直以开车为主要获取经济的来源，但自从被责令社区戒毒后，根据《禁毒法》规定社区戒毒（康复）人员需被吊销驾驶证，他唯一能做的工作没有了。因其脊椎严重弯曲的问题，很难再让他找到合适的工作，所以目前家里唯一的经济重担全部压在了妻子身上，家庭因此也陷入了困境。对此，社工开始介入，一方面社工做好服务对象的心理辅导工作；另一方面社工整合医院资源帮助他进行康复训练和医疗救助，协助其缓解困境，最后通过联系政府支持，向他提供就业援助。

3. 政策倡导

社会组织政策倡导对象可以分为政府部门与政府部门外的参与者，政府部门的倡议对象主要是立法部门、行政部门和司法部门，政府部门外的倡导对象则包括大众媒体与公众、利益团体等。因此，按照倡导对象加以区分，社会组织政策倡导策略可分为直接（内部）与间接（外部）策略。直接或内部倡导策略，指直接影响立法部门、行政部门和司法部门等的工作人员；而间接或外部倡导策略，指针对社会公众进行的倡导策略。然而，在禁毒工作中，禁毒社工使用怎样的策略进行倡导非常重要的。在促进戒毒康复人员正常享受经济、政治、文化权利方面上，禁毒社工的直接倡导策略包括信息策略、代表策略、法律策略、延缓策略和共赢策略，间接倡导策略包括媒体策略、信访策略、日常倡导策略和研究策略。

（1）信息策略

禁毒相关政策制定者不一定比禁毒社会组织的专业人员更了解某个有关议题的专业知识，因此在制定过程中可能会存在偏离实际的情况。禁毒社会工作者运用信息策略就是致力于将有效信息传达给政府部门，并试图影响决策者。此策略的关键在于要让政策制定者获取有效的信息。禁毒社会组织所扮演的角色就是促使信息获得相关部门的关注，且帮助政策制定者做更理性的政策。在禁毒政策制定过程中，禁毒社会组织可为政府部门提供政策草案，协助政府在制定政策的过程中掌握专业知识，使决策者在做政策时能符合实际需求；禁毒社会组织以其对议题切身的实务经验，或是组织针对服务群体进行调查，形成研究报告（如戒毒康复人员在社会融合过程中的困境与对策分析），专业地提供政策相关信息与建议。禁毒社会组织也可以通过参与听证会、座谈会，与政策制定者开展政策研讨，或者主动在媒体上发表言论，提供专业意见与建议。

（2）代表策略

代表策略的核心思想是通过寻找具有较强影响力的政治或社会精英人物（例如全国社会工作领军人物、地方社会工作领军人物）来进行政策倡导活动。这些精英人物就是禁毒社会组织政策倡导活动的代言人。禁毒社会组织精英人物如果能成为"两会"代表，或者能够在"两会"代表中寻求到支持者，其政策倡导活动成功的概率将极大提高。较之于禁毒社会组织自身或者普通公众的影响力而言，公众名人、意见领袖和社会精英往往具有更强的影响政府决策的能力。利用他们来进行政策倡导活动，通常会使政策倡导活动的广度、深度和效度都所提升。

(3) 法律策略

法律策略指禁毒社会组织依循司法系统与途径产生影响。该策略主要是通过诉讼的方式，使得法官在司法的过程中对政策的价值赋予不同的解释，从而影响公共政策的执行。禁毒社会组织也可以利用诉讼途径，为戒毒康复人员打官司提供一定的支援。例如在禁毒工作中，禁毒社工会遇到部分戒毒康复人员仅被一次行政拘留，就直接被责令社区戒毒的对象，该类诉讼活动实际是将个人或少数人面临的问题扩大成为社会问题，唤起大众和政府部门的重视。当然，由于司法部门并不是决策机关，司法策略在禁毒社会组织政策倡导中多作为后援策略，并且由于法律程序冗长，其主要用意常不在于最后的结果，而在于短时间里通过媒体散布决策者被诉讼的信息，从而对决策者造成压力，产生影响。

(4) 共赢策略

共赢策略意指禁毒社会组织和政府部门建立合作共赢的关系，通过合作活动对禁毒政策发挥影响作用。一方面，在禁毒政策规划活动中，禁毒社会组织可以与政府部门开展合作。政府部门进行禁毒政策规划时，为了参照各方学者、专业人士与社会精英的意见，会委托专家学者进行初步的草案研究，再邀请禁毒社会组织等代表进行研究讨论，决定政策草案。参与规划使得禁毒社会组织有机会在决策体制内向决策者表达立场、提出呼吁，从而影响政策制定；另一方面，禁毒社会组织可以加入禁毒公共产品和服务的产出过程，与政府部门协作提供禁毒公共产品和服务。由政府与禁毒社会组织共同合作提供禁毒公共服务，不仅有利于服务品质的提升，也符合党的十九大报告关于创新社会治理的精神。在此过程中，过去仅接受服务的公众和禁毒社会组织纳入禁毒公共服务的产出行列，从服务的接受者转变成服务的提供者。在合作过程中也能提升禁毒社会组织在政府决策中的影响力。

(5) 媒体策略

媒体是某个议题、新闻曝光的有力工具。禁毒社会组织运用媒体作为政策倡导的工具，主要目的在于媒体具有快速的信息承载、议题传播的特性，能将有利的信息迅速推向公共议程。换言之，掌握了媒体的特性并加以适当运用，能有效建构公共议题，对政府部门产生压力。政策议程是政策变迁的核心，而动员社会公众是其关键。政策倡导者，无论是个人或团体，皆希望政策议程是对其有利的政策响应，如此便可以定义议题并动员社会公众，进而影响政策制定者。政策倡导的主要目标便是影响禁毒政策，而禁毒社会组织政策倡导的首要步骤便是创造议题，并将其"注入"政策议程中。大众传播媒体不但是塑造民意的主要角色，而且也是使议题进入公共议程的主要仲裁者之一。所以一旦某个议题进入到公共议程，将会影响政府部门的正式决策。需要注意的是，运用媒介策略需要禁毒社会组织与媒体建立起良好的关系，宣传效果才能起到正面效应，否则媒体也会造成误导公众的负面影响。

(6) 信访策略

当禁毒社会组织感觉采取各种倡导策略后政府部门仍然无法了解其需求，可采用信访策略，凸显受争议的禁毒社会问题，并引起社会公众和政府部门的关注。信访策略主要是通过合法的途径通过上访的方式去表达诉求，以达成倡导目标。

(7) 日常倡导策略

日常倡导策略意指禁毒社工通过日常活动和服务等形式建立禁毒社工形象，传递社工理念，进而影响或改变社会公众的认知和行为，并改善议题扩散的效果，最终影响政策制定和执行。日常倡导策略主要包括举办各类宣导教育活动、提供各式服务、设立网站、发行禁毒报纸杂志或宣传品等形式。禁毒社工日常可举办演讲、座谈、研讨会、展览等活动，一方面借由活动传达禁毒倡导的理念，另一方面提升禁毒社工在公众中的知名度，达到议题倡导的效果；禁毒社工在提供咨询、教育培训等服务过程中，能够帮助公众对议题形成认识和认同，达到潜移默化的影响。

(8) 研究策略

通过对戒毒康复人员进行问卷调查、个案研究、禁毒专业论文发表等研究方法，使大众认识到戒毒康复人员的改变，从而更加理解戒毒康复人员的处境。另外，禁毒社会组织也可借此掌握戒毒康复人员的困境与出路，从而找到有利于戒毒康复人员的政策倡导方法。

附录一 禁毒社会工作三大手法应用及流程指引

一、禁毒个案工作

(一) 定义

禁毒社会工作者以吸毒人员、戒毒人员、戒毒康复人员、吸毒高风险人群或其家庭为服务对象,运用个别化的工作方式,提供戒毒治疗及康复服务,增强其解决困难和适应社会的能力,促进其与环境和谐发展的一种专业社会工作方法。

新开个案:未曾接受个案辅导而本年度申请获准接受个案辅导的个案。

重开个案:曾接受个案辅导并已结案,本年度再次申请获准重开个案。

(二) 接案原则

① 服务对象为吸毒人员、戒毒人员、戒毒康复人员、吸毒高风险人群或其家庭成员;
② 社工见到服务对象本人;
③ 服务对象存在服务需求或需解决的问题;
④ 三者同时具备即可开启个案。

(三) 个案工作操作流程

1. 接案阶段

社工初步了解服务对象的问题和需求,主要完成以下工作:

① 与服务对象面谈,介绍服务政策、服务宗旨、服务内容、服务进度等,介绍社会工作者的职责和服务方式;
② 了解服务对象的来源和接受服务的意愿,邀请服务对象参与服务并澄清其期望,了解服务对象问题和需求;
③ 初步判定服务对象问题和需要。服务对象的问题和需要不在服务范围的,予以转介;服务对象的问题和需要在服务范围的,确定接案;
④ 建立专业服务关系。填写"个案接案登记表",主要包括服务对象来源、基本资料、吸毒史、主要问题和需要等。

2. 预估阶段

社工对已建立专业关系的服务对象的问题和需求进行分析和诊断,主要完成以下工作：

① 继续收集服务对象资料，进行背景资料分析，必要时协调进行跨专业综合性评估；

② 与服务对象或其家属共同协商，确定解决问题的优先次序，填写"个案工作预估表"，主要包括背景资料分析、问题及需求评估结果等；

③ 如需转介，则填写"个案工作转介表"及相关资料跟进。

3. 计划阶段

完成预估后，社工与服务对象或其家属一起制订服务介入计划，主要完成以下工作：

① 确定服务目标、行动计划等，并明确社会工作者、服务对象及其家属的任务和角色；

② 填写"个案介入计划表"，主要包括个案介入理念、总目标、具体目标及计划等。

4. 介入阶段

确定服务计划后，社工应按照计划，促使服务对象发生积极的改变，主要完成以下工作：

① 根据不同的服务对象提供相应的服务内容：针对吸毒高危群体提供早期干预、宣传教育服务；针对吸毒人员和戒毒人员提供协助替代治疗、防复吸、生涯规划和就业指导、家庭支持、社区参与、社会支持网络建构、宣传教育等服务计划；

② 每次介入会谈之后，及时填写"个案会谈记录表"；

③ 分阶段目标达成时，填写"个案过程记录表"。

5. 评估阶段

介入阶段完成后，社工应对介入及其成果进行分析，主要完成以下工作：

① 采取问卷或访谈等方法收集和分析与服务相关的资料，包括评估服务对象的改变、目标的实现、服务对象满意度等，系统分析服务介入效果和目标达成情况；

② 填写《结案评估表》，主要包括服务计划具体目标达成情况、社会工作者的反思、跟踪服务计划等。

6. 结案阶段

评估阶段完成后，社工应进行工作总结，并帮助服务对象积极面对结案后遇到的问题，主要完成以下工作：

① 确定合适的结案时机，根据服务效果和服务对象的实际情况，予以结案或予以转介；

② 巩固服务对象及所处环境已改善的成果和已有的改善，增强服务对象独立解决问题的能力和信心，避免或妥善处理因结案产生的负面情绪；

③ 结束工作关系，填写《个案工作结案报告》，主要包括基本资料、服务过程简单描述、服务成效和结案原因等。

（四）个案工作操作流程图

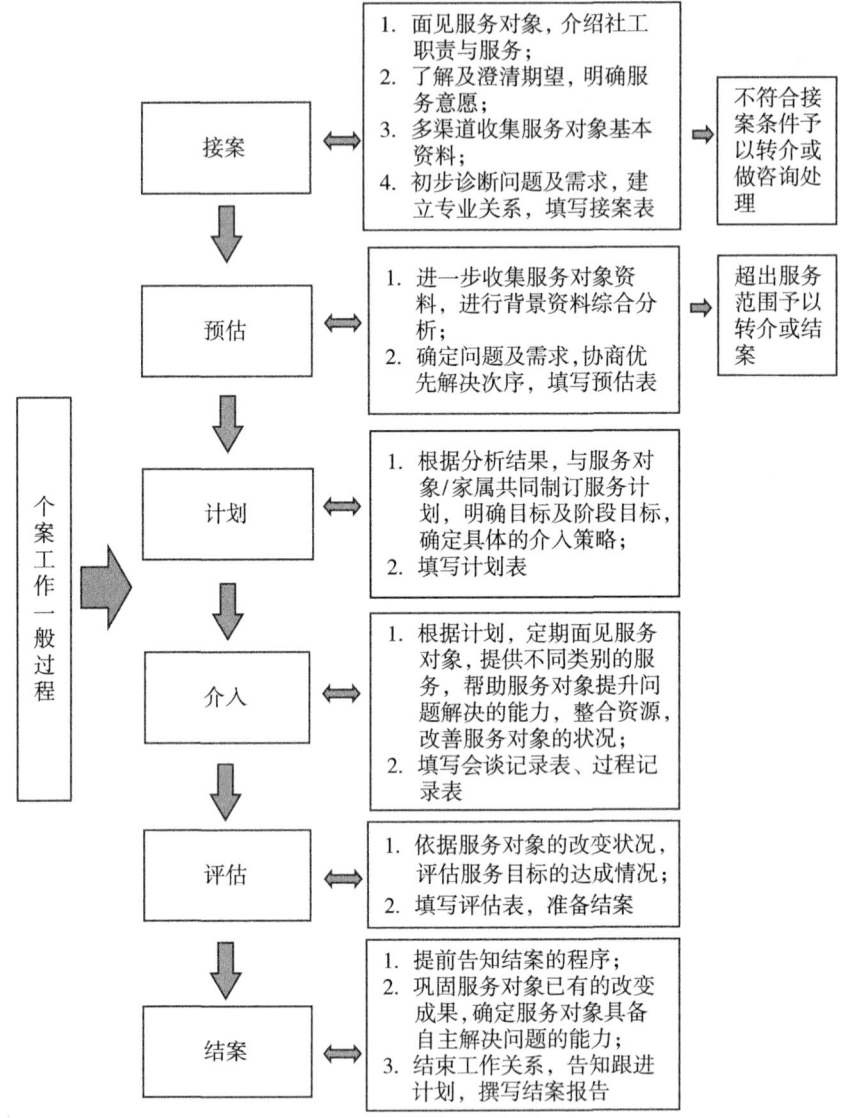

二、禁毒小组工作

（一）定义

禁毒社会工作者以具有共同需求或相近问题的群体为服务对象，通过小组活动过程及小组成员之间的互动和经验分享，帮助小组组员改善其社会功能，促进其转变和成长，以达到预防和解决有关社会问题的目标。

（二）小组要求

① 建议1个治疗性小组至少开展4节，即小组节数≥4，其他小组类别应至少开展5节，否则不计入小组指标。

② 每节小组开展的时限：45分钟≤每节小组时间≤120分钟。

③ 组员人数的范围为：3~16人（人数低于3人不计入小组指标，人数大于16人可考虑分成两个小组）。

（三）小组的分类

依据不同的标准，可将小组分为不同的种类，这里依据小组的目标及服务对象的实际需要，将小组分为以下几类：

① 治疗性小组：通过小组活动的过程，帮助小组组员了解自己的问题及其背后的社会原因，利用小组的环境和资源，完成心理和行为治疗，获得解决问题的能力，重建自身社会支持网络，从而改变其成瘾行为，重塑健康人格，开发其潜能，促使其成为健康健全的社会人。（如戒瘾小组）

② 支持性小组：一般是通过小组组员彼此之间提供的信息、经验、鼓励和感情上的支持，达到解决某一问题和成员改变的效果。（如美沙酮支持小组、戒瘾同行者小组等）

③ 成长性小组：旨在帮助组员了解、认识和探索自己，从而最大限度地启动和运用自己的内在资源及外在资源，充分发挥自己的潜能，解决所存在的问题，并促进个人正常健康地发展。（如"过来人"培育小组、就业技能培训小组、人际交往小组、禁毒志愿者成长小组等）

④ 教育性小组：针对在所人员或者社区戒毒康复人员提供毒品教育知识、防复吸训练技巧等，帮助服务对象从认知上进一步了解吸毒危害以及学习防复吸的方法等，使其学习新知识、新方法，或补充相关知识，促使成员改变其原来对于自己存在问题的不正确的看法及解决方式，从而实现小组组员的发展目标。（如毒品预防教育小组、美沙酮教育小组、防复吸小组等）

⑤ 兴趣类小组：吸戒毒人员往往因为吸毒行为而对其他社会事务和行为失去兴趣，在戒毒康复的过程中，需要帮助他们重新建立对其他事务的兴趣爱好，以使他们可以树立健康的生活习惯，从而得以摆脱毒品困扰。（如摄影小组、美食小组、羽毛球小组等）

（四）小组工作流程

1. 筹备期

社工确定小组的工作计划，主要完成以下工作：

① 开展需求调研，了解服务对象的基础信息、身体素质、兴趣爱好、人际交往等，开展小组测试，找出服务对象的共性问题和需求；

② 撰写小组计划书，确定小组目标，明确小组性质，拟定小组规模、活动节次、每节活动的内容、地点等；

③ 确定小组工作成员，考虑小组成员的年龄、性别、行为特征、戒毒场所等因素，招募与筛选小组成员；

④ 填写《小组计划书》，主要包括工作背景、服务理念、服务目标、流程安排、预算等。

2. 形成期

在完成小组筹备之后，社工开展小组活动，在小组初期，禁毒社会工作者应建构小组内部认同关系，主要完成以下工作：

① 协助小组成员认识彼此，澄清小组目标和小组成员目标，建立小组活动规范，签订小组契约；

② 初步建立社会工作者与小组成员之间的信任关系，协助小组成员初步建立小组凝聚力和归属感；

③ 填写"小组发展状况记录表"，主要包括小组出席人数、过程记录、阶段反思等。

3. 转折期

小组工作的形成期完成后，将进入转折期，社工应促进小组内部的良性竞争与和谐，主要完成以下工作：

① 关注特殊小组成员，处理防卫和抗拒情绪，协助小组成员深入了解与互动，处理小组成员之间的冲突，引导小组活动中问题的讨论及各类新知识的学习，进一步促进小组动力的形成；

② 针对不同的小组服务需求，提供早期干预、协助替代治疗、防复吸服务、生涯规划和就业指导、宣传教育等服务；

③ 填写"小组发展状况记录表"，主要包括小组出席人数、过程记录（特别事件介入）、阶段反思等。

4. 成熟期

小组工作的转折期完成后，将进入成熟期，社工应促进小组内部的结构稳定和良性成熟，主要完成以下工作：

① 维持小组成员的良好互动，协助小组成员从小组中形成新的认知并将认知和领悟转化为行动，鼓励小组成员尝试新的行为，协助小组成员解决问题，引导小组成员达成目标；

② 填写"小组发展状况记录表"，主要包括小组出席人数、过程记录、阶段反思等。

5. 结束期

小组工作的成熟期完成后，将进入结束期，社工应解散小组，并提供跟进服务，主要完成以下工作：

① 处理小组成员的离别情绪，防止出现退化行为和逃避态度；

② 通过模拟练习、树立信心、寻求支持、鼓励独立、跟进服务等方式协助小组成员巩固小组经验，并运用于实际生活中；

③ 回顾小组历程，总结小组工作经验，填写小组意见反馈表，解散小组；

④ 邀请组员填写"服务对象意见反馈表",依据组员反馈的意见,对小组进行客观评估;

⑤ 社工自评和协助人员或观察人员或督导的评估,来评估小组目标完成度及小组工作成效水平;

⑥ 撰写《小组评估总结报告》,填写小组工作总结,主要包括小组目标、筹备与实施阶段总结、小组的过程和成效评估等;

⑦ 解散小组后提供必要的跟进服务,如对存在其他需要的服务对象予以转介、帮助组员建立小组结束后的互助支持网络、探访有需要的服务对象等。

(五) 小组工作流程图

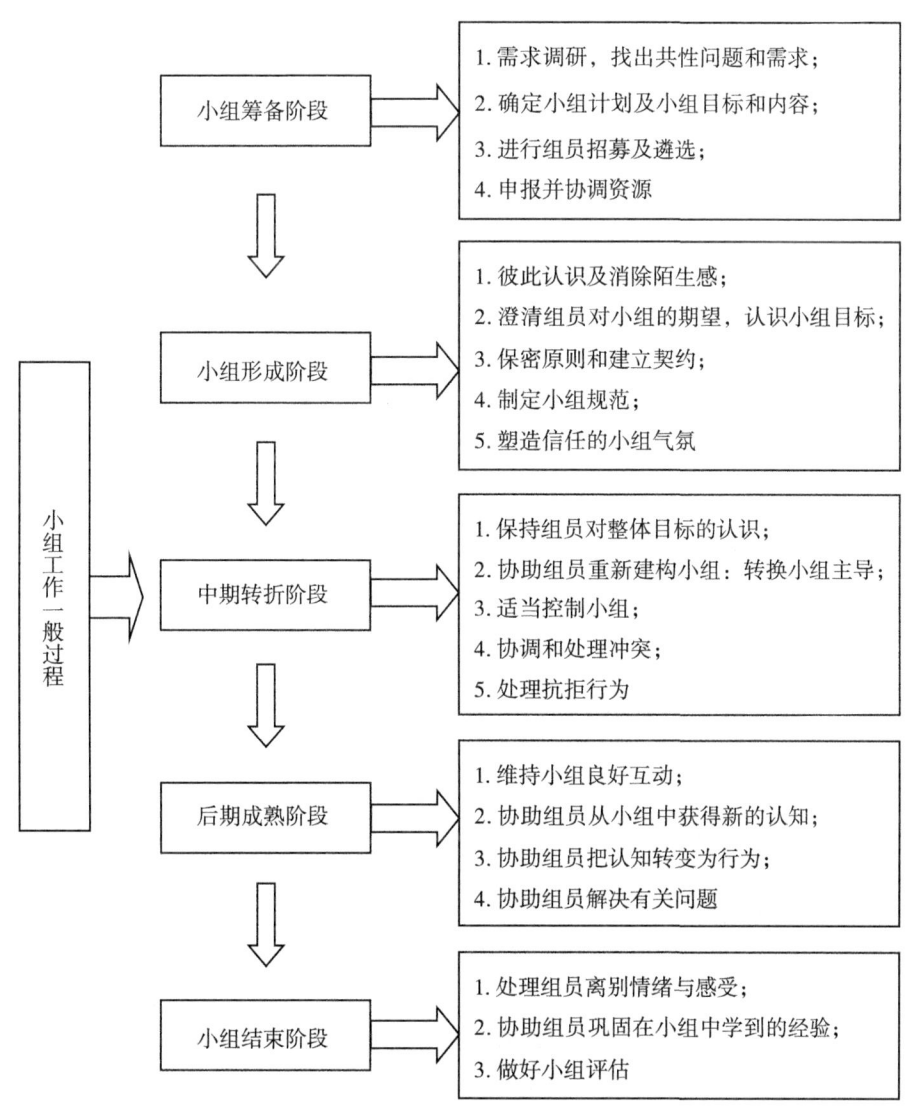

三、禁毒社区工作

(一) 定义

禁毒社区工作是指禁毒社会工作者以社区为平台，扩大社区参与，促进社区融合与社区发展，增强社区居民拒毒意识和能力，帮助吸毒人员、戒毒人员和戒毒康复人员成功戒毒康复并回归社会的一种专业社会工作方法。

(二) 社区工作流程

1. 需求评估阶段

社工应了解社区的基本情况，并进行问题分析，主要完成以下工作：

① 了解社区基本情况，界定社区毒品问题。在社区党组织和社区居民自治组织的指导和支持下，了解社区地理环境、经济状况、人口结构、文化特色等社区资源状况；

② 分析社区内小区、学校、工业区、公园、娱乐场所等不同场所、不同人员等特点，确定禁毒社区工作的场所、对象等。

2. 策划阶段

在完成需求评估的基础上，社工确定服务实施计划，主要完成以下工作：

① 制订本辖区内社区禁毒服务计划，明确界定社区服务的目标与任务，掌握服务对象的特点，评估机构和社会工作者能力，制订切实可行的服务计划；

② 编制工作进度表，根据服务目标与任务，计划服务场地、人员、财务等服务资源，明确各阶段工作任务和完成期限，合理安排每个阶段的服务内容，填写社区工作计划，主要包括社区背景、需求评估、服务策划和预算等。

3. 执行阶段

在确定服务计划后，禁毒社会工作者应有效、合理地执行服务计划，主要完成以下工作：

① 根据服务计划，针对社区居民提供早期干预、宣传教育、政策倡导等服务内容，针对吸毒人员、戒毒人员和戒毒康复人员提供社区参与、社会支持网络构建等服务，社工在执行各细项工作计划时，应当制订具体的社区活动计划；

② 妥善管理进度、资源、资金和服务质量；

③ 根据各环节的执行情况，弹性调整职责分工、服务计划等；

④ 填写社区工作记录，主要包括需求评估、服务策划过程、服务执行过程、服务评估等。

4. 评估与改进阶段

执行阶段完成后，禁毒社会工作者应对服务及其成果进行分析和改进，主要完成以下工作：

① 服务成效评估工作按《社会工作服务项目评估指南》规定执行；

② 填写社区工作记录、社区工作总结，主要包括活动目标、活动过程总结、活动评估和反思等。

(三) 社区活动要求

活动类型	量化指标	服务要求
大型社区活动	200人≤服务人数	由机构/社工服务单位主办、承办或协办的,以社工理念和方法开展的社区活动
中型社区活动	50人≤服务人数<200人	
小型社区活动	服务人数<50人	

(四) 社区活动流程图

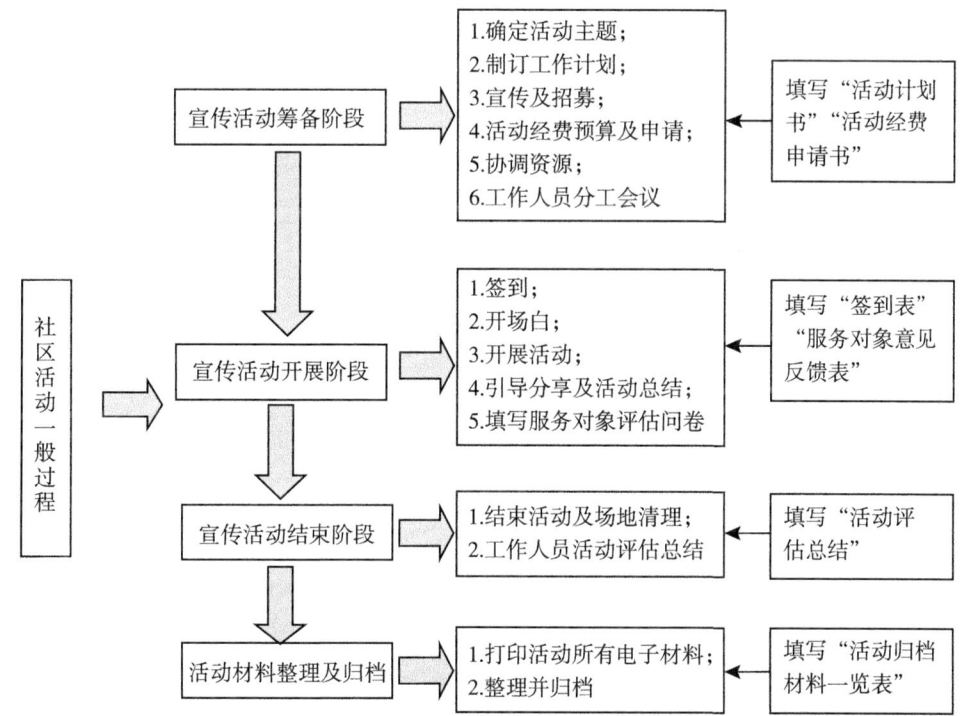

附录二 禁毒社会工作服务套表

一、个案工作套表

_____(项目组名称)

个 案 呈 交 记 录

案 主 姓 名：_____

档 案 编 号：_____

个案开展日期：_____

个案结束日期：_____

呈交档案名称	呈交档案日期	负责社工	审批意见	审批者	审批日期

个案存档清单

序号	档案资料名称	完成画"√"	资料
1	个案接案登记表		附件一
2	个案工作预估表		附件二
3	个案介入计划表		附件三
4	个案会谈记录表		附件四
5	个案过程记录表(选用)		附件五
6	结案评估表		附件六
7	个案工作结案报告		附件七
8	个案工作转介表(选用)		附件八
9	个案转介同意书(选用)		附件九
10	转介个案接案复函(选用)		附件十

个案结案后签名存档

社工签名:	日期:
项目主任签名:	日期:
社工督导签名:	日期:

附件一

个案接案登记表

档案编号：　　　　　　　　　　　　　　　　日期：　　年　月　日

1. 服务对象来源

☐服务对象主动求助
☐社会工作者发现
☐转介（☐转介表）

2. 基本资料

姓　　名		性　　别		身份证件号码	
民　　族		籍　　贯		户口所在地	
职　　业		宗教信仰		联系电话	
现居住地址					
教育程度	☐未受教育	☐小学	☐初中	☐高中或中专	☐大专及以上
婚姻状况	☐未婚	☐已婚	☐离异	☐再婚	☐丧偶
投保情况	☐社会保险	☐统筹医疗	☐商业保险	☐无	☐其他____
在深时间	☐≤1年	☐>1年且≤3年	☐>3年且≤5年	☐>5年且≤10年	☐>10年
家庭平均月收入（元）	☐0~1000	☐1001~3000	☐3001~5000	☐5001~7000	☐7001以上

3. 家庭成员

姓名	关系	性别	年龄	健康状况	职业	是否同住	联系方式

4. 吸毒史

目前吸毒情况	（种类、名称、频率、花费）
初次涉毒情况	（时间、地点、种类、原因）

续表

	戒毒方式	执行地点	执行时间/内容
戒毒经历	自愿戒毒		
	强制隔离戒毒		
	社区戒毒		
	自戒		
	替代/维持治疗		

5. 面临的问题和需要

6. 备注

(过往接受社会服务的经历，风险评估)

注：本表格所收集的资料只用作本机构提供相关服务之用，资料将会保密处理。

☐**我自愿接受社会工作者服务，以上信息由本人/亲属提供，真实可信。确认签字：**＿＿＿＿＿＿

☐服务对象/亲属已口头同意接受社会工作者提供服务，以上信息由服务对象本人/亲属提供。

社会工作者（签名）： 督导（签名）：

附件二

个案工作预估表

档案编号：　　　　　　　　　　　　　日期：　　年　　月　　日

1. 接案时呈现的问题

2. 背景资料分析

健康状况	身体普遍情况：□良好　□时好时坏　□差　□医生评估中 精神状态：□稳定　□困扰/混乱　□焦虑/紧张　□冷漠　□神志不清/昏迷 具体说明：
就业/学业状况	
家庭状况	（家庭结构图）
朋辈关系	
重要成长经历	
背景分析结果	积极因素： 消极因素：

3. 问题及需求评估

个人层面	□ 健康问题　　□ 心理问题　　□ 情绪问题 □ 药物成瘾　　□ 学习问题　　□ 婚恋问题
家庭层面	□ 家庭关系（□ 亲子关系；□ 夫妻关系；□ 隔代关系） □ 经济困难
社会层面	□ 职业就业　　□ 邻里关系　　□ 法律援助 □ 人际交往　　□ 社会包容

续表

问题及需求评估结果	（包含理论分析和优先次序）
4. 督导意见	

注：本表格所收集的资料只用作本机构提供相关服务之用，资料将会保密处理。

☐我同意分析结果和优先次序，以上信息由本人/亲属提供，真实可信。确认签字：_____

☐服务对象亲属已口头同意分析结果和优先次序，以上信息由服务对象本人/亲属提供。

社会工作者（签名）： 　　　　　　　　　督导（签名）：

附件三

个案介入计划表

档案编号：_____　　　　　　日期：　　年　　月　　日

1. 介入理念

_____

_____

2. 总目标

_____

_____

3. 具体目标及计划

服务目标		行动计划	计划时间	所需资源与支持
短期				
中期				
长期				

4. 预期困难/风险及预案

_____

_____

5. 评估方案

（含过程评估和成效评估计划及指标）

_____

6. 督导者意见

项目主任意见：

督导意见：

注：本表格所收集的资料只用作本机构提供相关服务之用，资料将会保密处理。

　　□我同意服务计划安排，愿意配合完成相应工作。确认签字：_____
　　□服务对象/亲属已口头同意服务计划安排，愿意配合完成相应工作。

　　社会工作者（签名）：　　　　　　　　　　督导（签名）：

附件四

个案会谈记录表①

档案编号：　　　　　　　　　　　　　　　　日期：　　年　月　日

日　　期		会谈地点	
会谈对象		社　　工	
起止时间：　　时　分至　　时　分，第　　次会谈			
会谈目标			

内容纪要

（记录内容包括 1. 对话概要；2. 非语言信息、案主情感、环境状况等）

总结及评估

跟进事项	

注：本表格所收集的资料只用作本机构提供相关服务之用，资料将会保密处理。

社会工作者（签名）：　　　　　　　　　督导（签名）：

---

① 此表格不仅限于个案会谈的记录，也可以用于咨询会谈的记录。

附件五

个案过程记录表①

档案编号： 　　　　　　　　　　　日期：　　年　月　日

1. 服务目标

2. 过程记录

(1) 阶段1：_____	日期：　　年　月　日—　　年　月　日
(含介入重点、回应的问题及需求、处理方式及应用技巧、协调资源、重要服务事项与内容、关键进展、评估方法等)	督导意见：

(2) 阶段2：_____	日期：　　年　月　日—　　年　月　日
(含介入重点、回应的问题及需求、处理方式及应用技巧、协调资源、重要服务事项与内容、关键进展、评估方法等)	督导意见：

(3) 阶段3：_____	日期：　　年　月　日—　　年　月　日
(含介入重点、回应的问题及需求、处理方式及应用技巧、协调资源、重要服务事项与内容、关键进展、评估方法等)	督导意见：

注：本表格所收集的资料只用作本机构提供相关服务之用，资料将会保密处理。

社会工作者（签名）：　　　　　　　　　督导（签名）：

---

① 此表格在常规个案中可不选用，如为典型个案或者成功案例，则需要借此表格进行过程记录和评估。

附件六

结案评估表

档案编号：_____　　　　　　　　日期：　　年　　月　　日

1. 基本资料

服务时间		服务地点	
服务对象		服务方法	
服务性质及次数	□面谈/咨询辅导_____次 □援助申请_____次 □媒体联系_____次		□电话联络_____次 □转介服务_____次 □其他：_____次
服务对象现状			

2. 目标达成情况

具体目标	达成情况	社工描述 （形式/内容/参加者表现及效果）

3. 整体目标达成情况描述

4. 社会工作者反思

（过程、效果与最终目标达成、专业角色发挥、遇到困境及解决办法等）

续表

5. 后续跟进计划

6. 服务对象意见

获得的帮助：
☐没有提供帮助 ☐提供有用资料 ☐生活适应 ☐行为矫正 ☐学习辅导
☐人际关系支持 ☐家庭关系调适 ☐健康服务 ☐经济援助 ☐情绪辅导
☐就业辅导 ☐转介服务 ☐其他：_____

是否达到预期：
☐比预期好得多 ☐比预期好 ☐和预期一样 ☐比预期差 ☐比预期差得多

意见和建议：

签名：_____

7. 督导意见

注：本表格所收集的资料只用作本机构提供相关服务之用，资料将会保密处理。

社会工作者（签名）： 督导（签名）：

附件七

个案工作结案报告

档案编号：_____　　　　　　　　　　日期：　　年　　月　　日

1. 基本资料

服务时间		服务地点	
服务对象		服务方法	
服务对象来源		转介原因（如有）	

2. 服务性质及简单描述

_____

_____

3. 提供的服务

_____

_____

_____

4. 服务成效

（含行为习惯、精神情感、生理健康、人际关系等改善或者提升的状况分析）

_____

5. 结案原因

☐目标达到　　☐不能提供所需服务
☐社会工作者认为不适宜继续，原因：_____．
☐服务对象不愿意继续接受服务，原因：_____．
☐情况有变（如服务对象迁居、死亡等），详述：_____．
☐其他：_____．

6. 服务对象知道服务结束并知道在有需要时如何获取服务

☐是　　　　☐否

7. 督导意见

_____

注：本表格所收集的资料只用作本机构提供相关服务之用，资料将会保密处理。

　　☐我同意结束社会工作者服务，愿意自行解决问题。确认签字：_____
　　☐服务对象/亲属已口头同意结束社工服务，愿意自行解决问题。

　　社会工作者（签名）：　　　　　　　　　　督导（签名）：

附件八

个案工作转介表①

转介机构：深圳市龙岗区彩虹社会工作服务中心

社工姓名：_____   电　　话：_____

电子邮箱：_____

个案编号：_____   个案开档日期：_____

个案转介发出日期：_____

案主/家属同意将其个案转介到_____

（　）是　　　　　　（　）否

转介同意书　（　）附上　　　　（　）没有附上

注：_____

A. 案主资料

姓名：_____   身份证号码：_____

性别：_____   年龄：_____

住址：_____联系电话：_____

B. 现正为案主提供服务的其他机构/单位

1. _____

2. _____

C. 其他家庭成员信息

姓名	性别/年龄	与案主关系	就读班别/职业	备注

D. 社工曾处理的问题

1. _____

2. _____

---

① 本表格为选用，仅在本机构社工将案主转介到其他服务机构时使用。

E. 社工评估

F. 转介原因及转介目的
1. _____
2. _____
3. _____

社工签名：_____　　督导签名：_____
日　　期：_____　　日　　期：_____

机构签章：_____
日　　期：_____

注：本表格所收集的资料只用作本机构提供转介服务之用，资料保密处理。

附件九

个案转介同意书①

本人_____完全明白及同意<u>深圳市龙岗区彩虹社会工作服务中心</u>将本人之服务转介到_____（社会服务机构/单位），目的在于_____。

案主签名：_____　　　社工签名：_____
日　　期：_____　　　日　　期：_____

督导签名：_____
日　　期：_____

你提供的资料，将会用作申请有关服务之用。你有权查阅及更正本机构所保存有关你的资料。如有任何疑问，包括要求查阅或更正资料，请联络有关社工或本机构负责人，电话 <u>0755-89919897</u>。

---

① 个案转介同意书需服务对象本人/家属确认签字，随个案转介表一同提交给服务转接的机构/单位。

附件十

转介个案接案复函①

一、案主姓名：_____ 转介日期：_____
二、转介社工：_____ 转介机构：_____
三、接案机构/单位：_____
四、接案跟进工作：
（ ）由以下日期开始提供个案服务：_____
（ ）只作咨询服务处理原因：_____
（ ）其他（注明）：_____
　　　备注：_____

社 工 签 名：_____
机 构 签 章：_____
电 子 邮 件：_____
日　　　　　期：_____

注：1. 此复函应于收到转介表后一个月内回复转介者；
　　2. 如作开档处理，请把副本存放在个案档案中；
　　3. 如作咨询服务处理，请把副本保存在单位《咨询服务记录》。

---

① 转介个案接案复函由服务转接的机构/单位签署之后发回给转介机构。

二、小组工作套表

_____（岗位/项目名称）
小组服务呈交记录

小 组 名 称：_____

小 组 编 号：_____

小组开展日期：_____、_____、_____、_____、_____

呈交档案名称	呈交档案日期	负责社工	审批意见	审批者	审批日期

小组存档清单

序号	档案资料名称	完成画"√"	资料
1	小组计划书		附件一
2	小组发展状况记录表		附件二
3	小组评估总结报告		附件三
4	小组协议（仅供参考）		附件四
5	小组报名表		附件五
6	小组签到表		附件六
7	活动礼品/纪念品签领表		附件七
8	服务对象意见反馈表		附件八
9	工作员联系名单及签到表		附件九
10	志愿者联系名单及签到表		附件十
11	小组通讯稿		附件十一
12	小组经费申请表		附件十二

小组完成后签名存档

社工签名：	日期：
项目主任签名：	日期：
督导签名：	日期：

附件一

_____（项目组名称）
_____小组计划书

一、名称：

二、编号：

三、理念①：

四、目的/目标：

五、小组类型②：

六、对象及名额：

七、日期及时间：

八、地点：

九、人手编配：

　　统筹人：_____　协助：_____

十、招募及宣传手法③：

十一、小组筹备

序号	事项	负责人/协助者	完成时间	备注

---

① 撰写说明：理念部分包括开展原因、需求分析、操作分析及小组内容简介四部分，让读者通过此部分基本了解小组各情况。开展原因为开展本次小组的原因，可利用社工观察、服务对象实际需求、社区和社会环境、有关数据等描述呈现出来的需求、状况，以及社工介入的需要；需求分析为分析需求的形成背后的原因，可运用心理社会理论协助分析；操作分析为小组如何操作以回应需求，可运用心理社会理论协助分析；小组内容简介为简单说明小组目的、内容、形式、社工手法等。

② 小组类型：参见服务标准的分类方式。

③ 撰写说明：宣传手法可分为4类：单向宣传媒体，如张贴海报等；互动网络媒体，如QQ、微信、Email、网站等；亲身体验，如现场示范、作品展示等；人传人，如让服务对象告知朋友等。

十二、流程安排

第一节

本节主题：_____ 本节目标：_____

日 期		时 间		负责人		地点	
时间段	内容			分工/职责		所需物资	

第二节

本节主题：_____ 本节目标：_____

日 期		时 间		负责人		地点	
时间段	内容			分工/职责		所需物资	

第三节

本节主题：_____ 本节目标：_____

日 期		时 间		负责人		地点	
时间段	内容			分工/职责		所需物资	

第四节

本节主题：＿＿＿＿＿＿＿＿＿＿＿＿ 本节目标：＿＿＿＿＿＿＿＿＿＿＿＿

日期		时间		负责人		地点	
时间段	内容			分工/职责		所需物资	

第五节

本节主题：＿＿＿＿＿＿＿＿＿＿＿＿ 本节目标：＿＿＿＿＿＿＿＿＿＿＿＿

日期		时间		负责人		地点	
时间段	内容			分工/职责		所需物资	

十三、评估方法

	小组目标	评估指标	评估方法
成效评估	1.		
	2.		
	3.		
	……		

续表

过程评估①	评估内容	评估方法
	场地、时间、工作员表现、活动内容、满意度(>80%满意)等	活动反馈表
	筹备工作、内容/形式之合适度、人手分工、参加者表现等	社工观察
产 出	参与人数	报名表
	出席率	签到表

十四、预计困难及解决方法②

预计困难	解决方法
1.	1.
2.	2.
3.	3.
4.	4.
5.	5.

十五、物资及预算

序号	物资名称	规格	单价	数量	金额	负责人	备注 (可重点说明整合资源情况)
1							
2							
3							
4							
……							
合计	_____元						

---

① 评估内容及方法可以根据实际情况增加、删减及修改。
② 撰写说明：预计困难可从以下几方面来评估：设计的内容是否能达到目标、能否顺利完成；参与人员的兴趣、参与度、支持配合；活动负责人自身组织协调、寻找资源的能力；人手分工、协作；物资筹备；经费；客观环境因素，如天气、场地等。

附件二

小组发展状况记录表

第____节

基本信息	本节主题		日期及时间	
	地　　点		出席人数	

过程纪要	过程纪要①、成员互动情况②、特别事件及社工介入手法（如有）

阶段评估	本节目标达成情况	
	反思	

下节跟进③	

社工签名：_____　　　项目主任签名：_____
日　　期：_____　　　日　　　　期：_____

---

① 分前期、中期、后期的记录过程。
② 组员沟通模式、小组气氛、小组凝聚力、领导模式、决策方式、冲突处理、次小组等。
③ 撰写说明：根据上述流程概要、小组互动情况、特别事件的介入、目标的反思与建议部分需要提升的地方，寻找对策，提出跟进建议。

附件三

小组评估总结报告

基本信息	名　　称						
	对　　象						
	日期/时间						
	人手编配						
	地　　点						
	组员人数						
	出席人数	第1节	第2节	第3节	第4节	第5节	总人次	出席率

（基本信息表格）

	评估细项	实施情况	建议
过程评估	筹备工作		
	内容/形式之合适度及参加者表现		
	人手编配及工作人员表现		
	活动整体满意度		
	愿意再次参加活动的百分比		
	跟进工作及建议		

	小组目标	目标达成情况及如何达成
总结评估	1.	
	2.	
	3.	
	整体目标达成情况（%）	

小组反思	

项目主任/督导意见：

社工签名：_____　　　项目主任签名：_____
日　　期：_____　　　日　　　　期：_____

附件四

小组协议（仅作参考）

1. 组员之间应该相互尊重。
2. 组员应该按时参加小组，不迟到和早退。
3. 组员若有特殊情况不能参加小组时，应提前给工作人员请假。
4. 组员应该对在小组中分享的各组员的情况保密。不可告诉小组以外的人。
5. 组员有责任积极地参与小组的讨论和发言，组员亦有义务耐心地倾听他人的发言。
6. 组员之间如有不同意见，可以自由抒发，但是不能用攻击性的语言。
7. 组员有责任尽自己的力量帮助其他的组员。

我同意此协议！举手通过！

附件五

小组报名表

小组名称：　　　　　　　　　　　　　　　报名负责人：

序号	姓名	性别	住址/所属社区/单位	联系电话	报名日期	备注

附件六

小组签到表

小组名称： 签到负责人：

序号	姓名	第 节		第 节	第 节	第 节	第 节	备注
		日期						
		时间						
1								
2								
3								
4								
5								
6								
7								
8								
9								
10								
11								
12								
13								
14								
15								
人数小计								合计：___人

附件七

活动礼品/纪念品签领表

活动名称：　　　　　　　　　　　　　　　　　签领负责人：

序号	物资名称	签领日期	签领人	备注

附件八

服务对象意见反馈表①

这份问卷的目的是收集您对社工及本中心服务的意见,以改善社工及中心的服务。请选择最能代表您意见的答案。您的意见将会被保密,而您给予的意见并不会影响您现时或将来所接受的服务。现诚意邀请您填写问卷,完成后请交给有关工作人员。多谢合作!

小组名称:_____ 小组编号:_____

请勾出以下最能代表您意见的答案

A. 对该项活动的评价

序号	内容	非常不满意			非常满意	
		1	2	3	4	5
1	我对小组的场地安排感到满意					
2	我对小组的时间安排感到满意					
3	我对小组的内容安排感到满意					
4	我对工作者的表现感到满意					
5	我对小组整体感到满意					
参加本次小组后,我觉得:						
6	(根据目标填写)					
7	(根据目标填写)					
8	(根据目标填写)					
我对整体服务的看法:						
9	我满意小组的总体安排					
10	我愿意再次参与类似小组					

B. 您对小组的其他意见或建议是:
_____
_____

参加者姓名(可选填):_____

日期:_____

---

① 撰写说明:内容可根据实际情况进行增加或删除,"填写活动目标"部分是根据活动目标而填写的。此反馈表一般在活动中期或结束时使用。

附件九

＿＿＿＿＿＿小组工作员联系名单及签到表

负责人：＿＿＿＿＿＿　　　　日期：＿＿＿＿＿＿　　　　地点：＿＿＿＿＿＿

序号	姓名	性别	职务	负责事项	手机号	QQ/微信	签到
1							
2							
3							
4							
5							
6							
7							
8							
9							
10							
11							
12							
13							
14							
15							
	合计人数						

附件十

＿＿＿＿＿＿小组志愿者联系名单及签到表

负责社工：＿＿＿＿＿　　　　日期：＿＿＿＿＿　　　　地点：＿＿＿＿＿

序号	姓名	联系方式	活动职责	签到时间	签退时间	备注
1						
2						
3						
4						
5						
6						
7						
8						
9						
10						
11						
12						
13						
14						
15						
16						

附件十一

小组通讯稿

小组名称			
时　间			
通讯稿正文			
参与人员			

照片 1~2 张

附件十二

_____（项目组名称）

_____项目_____小组经费申请书

亲爱的_____（审批人）：

你好！我是_____项目组_____（具体岗位）社工_____，我计划于____年____月____日（日期）_____—_____（时间）于_____（地点）开展_____小组（计划书详见附件）。特向机构申请以下小组物资及经费：

经费预算表

序号	物资名称	规格	单价	数量	金额	负责人	备注（可重点说明整合资源情况）
1							
2							
3							
合计						/	/

备注：年度计划<u>内/外</u>，本次服务经费预算为_____元。

本次活动将预计向机构申请经费_____元，其他物资经费由_____单位提供。特此申请，望给予支持。

申请人：_____

____年____月____日

三、社区活动套表

_____（岗位/项目名称）
活动呈交记录

活动 名 称：_____
活 动 编 号：_____
活动开展日期：_____

呈交档案名称	呈交档案日期	负责社工	审批意见	审批者	审批日期

活动存档清单

序号	档案资料名称	完成画 "√"	资料
1	活动计划书		附件一
2	活动评估总结报告		附件二
3	活动报名表		附件三
4	活动签到表		附件四
5	签领表		附件五
6	活动参加者意见反馈表		附件六
7	活动工作员联系名单及签到表		附件七
8	活动志愿者联系名单及签到表		附件八
9	活动通讯稿		附件九
10	经费申请书		附件十

活动完成后签名存档

社工签名：	日期：
项目主任签名：	日期：
督导签名：	日期：

附件一

<u>　　　　　　　　　　</u>（项目组名称）
<u>　　　　　　</u>活动计划书

一、名称：

二、编号：

三、理念①：

四、目的/目标：

五、活动类型②：

六、对象及名额：

七、日期及时间：

八、活动地点：

九、人手编配：

统筹人：<u>　　　　</u> 协助：<u>　　　　</u>

十、招募及宣传手法③：

十一、筹备工作

序号	事项	负责人/协助者	完成时间	备注

---

① 撰写说明：理念部分包括开展原因、需求分析、操作分析及活动内容简介四部分，让读者通过此部分就能基本了解活动各情况。开展原因为开展本次小组的原因，可利用社工观察、服务对象实际需求、社区和社会环境、有关数据等描述呈现出来的需求、状况，以及社工介入的需要；需求分析为分析需求的形成背后的原因，可运用心理社会理论协助分析；操作分析为活动如何操作以回应需求，可运用心理社会理论协助分析；活动内容简介为简单说明活动目的、内容、形式、社工手法等。一般社区活动包括开展本次活动的原因和活动内容简介即可。

② 活动类型：参见服务标准的分类方式。

③ 撰写说明：宣传手法可分为4类：单向宣传媒体，如张贴海报等；互动网络媒体，如QQ、微信、Email、网站等；亲身体验，如现场示范、作品展示等；人传人，如让服务对象告知朋友等。

十二、流程安排

序号	时间	内容	负责人/协助者	备注
1				
2				
3				
4				

十三、评估方法

	活动目标	评估指标	评估方法
成效评估	1.		
	2.		
	3.		
	4.		
	5.		
过程评估①	评估内容		评估方法
	场地、时间、工作员表现、活动内容、满意度(>80%满意)等		活动反馈表
	筹备工作、内容/形式之合适度、人手分工、参加者表现等		社工观察
产出	参与人数		报名表
	出席率		签到表

---

① 评估内容及方法可以根据实际情况增加、删减及修改。

十四、预计困难及解决方法①

预计困难	解决方法
1.	1.
2.	2.
3.	3.
4.	4.
5.	5.
6.	6.
7.	7.
8.	8.

十五、物资及预算

序号	物资名称	规格	单价	数量	金额	负责人	备注（可重点说明整合资源情况）
1							
2							
3							
4							
5							
6							
7							
8							
合计	_____元						

---

① 撰写说明：预计困难可从几方面来评估；设计的内容是否能达到目标、能否顺利完成；参与人员的兴趣、参与度、支持配合；活动负责人自身组织协调、寻找资源的能力；人手分工、协作；物资筹备；经费；客观环境因素，如天气、场地等。

附件二

活动评估总结报告

<table>
<tr><td rowspan="3">基本信息</td><td>名　　称</td><td></td><td>对　　象</td><td></td></tr>
<tr><td>日期/时间</td><td></td><td>人手编配</td><td></td></tr>
<tr><td>地　　点</td><td></td><td>出席人数</td><td></td></tr>
<tr><td>过程记录</td><td colspan="4"></td></tr>
<tr><td rowspan="7">过程评估</td><td>评估细项</td><td colspan="2">实施情况</td><td>建议</td></tr>
<tr><td>筹备工作</td><td colspan="2"></td><td></td></tr>
<tr><td>内容/形式之合适度及参加者表现</td><td colspan="2"></td><td></td></tr>
<tr><td>人手编配及工作人员表现</td><td colspan="2"></td><td></td></tr>
<tr><td>活动整体满意度</td><td colspan="2"></td><td></td></tr>
<tr><td>愿意再次参加活动的百分比</td><td colspan="2"></td><td></td></tr>
<tr><td>跟进工作及建议</td><td colspan="2"></td><td></td></tr>
<tr><td rowspan="5">总结评估</td><td>活动目标</td><td colspan="3">目标达成情况及如何达成</td></tr>
<tr><td>1.</td><td colspan="3"></td></tr>
<tr><td>2.</td><td colspan="3"></td></tr>
<tr><td>3.</td><td colspan="3"></td></tr>
<tr><td>整体目标达成情况（%）</td><td colspan="3"></td></tr>
<tr><td>活动反思</td><td colspan="4"></td></tr>
</table>

项目主任意见：

社工签名：_____　　　项目主任签名：_____
日　　期：_____　　　日　　期：_____

附件三

活动报名表

活动名称： 报名负责人：

序号	姓名	性别	住址/所属社区/单位	联系电话	报名日期	备注

附件四

活动签到表

活动名称：　　　　　　　　　　　　　　　　　　签到负责人：

序号	姓名	性别	住址/所属社区/单位	电话	备注

附件五

活动礼品/纪念品签领表

活动名称：　　　　　　　　　　　　　　　　签领负责人：

序号	物资名称	签领日期	签领人	备注

附件六

活动参加者意见反馈表[1]

这份问卷的目的是收集您对社工及其服务的意见,以改善社工的服务。请选择最能代表您意见的答案。您的意见将会被保密,而您给予的意见并不会影响您现时或将来所接受的服务。现诚意邀请您抽空填写问卷,完成后请交给有关工作人员。多谢合作!

活动名称:＿＿＿＿＿＿＿＿＿＿＿＿＿＿   活动编号:＿＿＿＿＿＿＿＿＿＿＿＿

请勾出以下最能代表您意见的答案

A. 对该项活动的评价

序号	内容	非常不满意 1	2	3	4	非常满意 5
1	我对活动的场地安排感到满意					
2	我对活动的时间安排感到满意					
3	我对活动的内容安排感到满意					
4	我对工作员的表现感到满意					

参加本次活动后,我觉得:

5	(填写活动目标)					
6	(填写活动目标)					
7	(填写活动目标)					

我对整体服务的看法:

8	我满意活动的总体安排					
9	我愿意再次参与类似活动					

B. 您对活动的其他意见或建议是:

＿＿＿＿＿＿＿＿＿＿＿＿＿＿＿＿＿＿＿＿＿＿＿＿＿＿＿＿＿＿＿＿＿＿＿＿＿＿

＿＿＿＿＿＿＿＿＿＿＿＿＿＿＿＿＿＿＿＿＿＿＿＿＿＿＿＿＿＿＿＿＿＿＿＿＿＿

＿＿＿＿＿＿＿＿＿＿＿＿＿＿＿＿＿＿＿＿＿＿＿＿＿＿＿＿＿＿＿＿＿＿＿＿＿＿

参加者姓名(可选填):＿＿＿＿＿＿＿

日期:＿＿＿＿＿＿＿

---

[1] 撰写说明:内容可根据实际情况进行增加或删除,"填写活动目标"部分乃根据活动目标而填写。此反馈表一般在活动中期或结束时使用。

附件七

活动工作员联系名单及签到表

序号	姓名	性别	职务	负责事项	手机号	QQ/微信	签到
	合计人数						

附件八

活动义工联系名单及签到表

序号	姓名	性别	负责事项	手机号	注册号	QQ/微信	签到
		合计人数					

附件九

活动通讯稿

活动名称			
时　　间			
通讯稿正文			
参与人员			

照片 1~2 张

附件十

_____（项目组名称）
_____项目_____活动经费申请书

亲爱的_____（审批人）：

你好！我是_____项目组_____（具体岗位）社工_____，我计划于____年____月____日（日期）_____—_____（时间）于_____（地点）开展_____主题_____活动（方案详见附件），本次活动是_____月第_____次活动。特向机构申请以下活动物资及经费：

经费预算表

序号	物资名称	规格	单价	数量	金额	负责人	备注 （可重点说明 整合资源情况）
1							
2							
3							
合计						/	/

注：年度计划内/外，本次服务经费预算为_____元。

本次活动将预计向机构申请经费_____元，其他物资经费由_____单位提供。
特此申请，望给予支持。

申请人：_____
_____年____月____日

参 考 文 献

[1] 潘泽泉. 禁毒社会工作基础知识 [M]. 北京：中国社会出版社，2016.
[2] 李晓凤. 禁毒社会工作的"精细化"标准研究——以珠江三角洲地区为例 [M]. 北京：中国社会出版社，2017.
[3] 施红辉，李荣文. 毒品成瘾矫治概论 [M]. 北京：科学出版社，2009.
[4] 赵敏，张瑞敏. 戒毒社会工作基础 [M]. 北京：军事医学科学出版社，2010.
[5] Quay J. Kurt Hahn. Inspirational, Visionary, Outdoor and Experiential Educator [J]. Journal of Outdoor and Environmental Education, 2012, 16 (1)：51-52.
[6] 王增珍. 成瘾行为心理治疗操作指南与案例 [M]. 北京：人民卫生出版社，2012.
[7] 曾文远. 论社区戒毒的基本理念 [J]. 广西警官高等专科学校学报，2011，4：16-20.
[8] 宋红源. 十年磨一剑：彩虹社工的禁毒之路 [J]. 大社会，2019，9：44-45.
[9] 侯荣庭. 生态系统理论视野下的社区戒毒 [J]. 山西师范大学学报（社会科学版），2011，S4：37-39.
[10] 高培英，潘绥铭. 信任重建与社区再融入：社区戒毒长效机制研究 [J]. 山西师范大学学报（社会科学版），2014，3：59-64.
[11] 范志海，吕伟，金余喜. 社区戒毒康复模式的初步探索——以上海禁毒社会工作为例 [J]. 中国药物依赖性杂志，2009，2：152-154.
[12] 赵雪莲. 社区戒毒的困境与政府购买禁毒社工服务的路径探索——以四川省为例 [J]. 中国药物依赖性杂志，2016，6：566-570.
[13] 罗伟雄，黄蓝. 促进社会融合的社会关爱"生态系统" [J]. 学习月刊，2011，12：16-18.
[14] 周维杰. 关系替代与社会康复：社区戒毒对象的社会支持研究——以上海市B区社会工作服务为例 [D]. 华东理工大学，2017.
[15] 徐猛. 生命教育视域下的戒毒人员教育矫治模式探析 [J]. 中国药物依赖性杂志，2017，3：239-242，244.
[16] 林少真. 制度排斥与社会接纳：吸毒人员回归社会的困境与出路 [J]. 贵州社会科学，2015，5：48-52.
[17] 张琳. 精神康复患者社会融合的社会工作介入——以N市G社区患者为例 [D]. 浙江师范大学，2018.
[18] 祝建兵. 社会组织政策倡导策略的分类与选择 [J]. 中共福建省委党校学报，2018,

2：3-6.
[19] 杨宁. 社会工作介入刑满释放人员社会融入问题研究[D]. 长春工业大学，2014.
[20] 张静，刘传龙. 社会排斥与社会融合：药物滥用人员回归社会困境与对策分析[C]. 香港：香港社会服务联会，2017：261-264.
[21] 郭利莲. 社会生态系统理论视角下戒毒人员回归社会的思考[J]. 法制与社会，2017，21：172-173.
[22] 李晓凤，张强，马瑞民. 吸毒人员的现状及禁毒社会工作介入探究——以珠江三角洲地区为例[J]. 社会工作，2014，6：108-115.
[23] 赵佩瑛. 药物滥用者的社会排斥研究[D]. 复旦大学，2010.
[24] 杨良. 中国社区戒毒和社区康复模式理论与实践[J] 中国药物滥用防治杂志，2014，20(3)：125-143.
[25] William R. Mille. 动机式访谈法：帮助人们改变[M]. 上海：华东理工大学出版社，2013.
[26] [美]维吉尼亚·萨提亚，约翰·贝曼，简·格伯，玛利亚·葛茉莉. 萨提亚家庭治疗模式[M]. 北京：世界图书出版公司，2007.
[27] 许若兰. 论认知行为疗法的理论研究及应用[J]. 成都理工大学学报，2016，4：63-66.
[28] 马滔，岳光辉. 宗教戒毒模式研究[J]. 人民法治，2018，22：28-33.
[29] 朱建军. 我是谁：心理咨询与意象对话技术[M]. 北京：中国城市出版社，2001.
[30] 张健. 谈谈戒毒中的心理治疗[J]. 青少年犯罪研究，1999，5：28-30.
[31] 吴兴民，杨振魁. 戒毒的心理对策[J]. 铁道警官高等专科学校学报，2001，11(47).
[32] 宋红源，张会营. 社工实务中如何"尊重隐私"[J]. 中国社会工作，2014，198：30-31.
[33] 邹林航. 竹影拂阶尘不起，月光入潭水无痕——无痕催眠戒毒疗法介绍[J]. 健康必读，2011，6：435-438.
[34] 傅荣. 暗示心理学研究在中国[J]. 赣南师范学院学报，1995，2(1)：75-77.
[35] 李晓凤. 禁毒社会工作实务与案例[M]. 北京：中国社会出版社，2016.
[36] 刘静林. 禁毒社会工作理论及方法[M]. 北京：中国社会出版社，2016.
[37] 蒯景怡，谢宇野. 把复吸者看成反复发作的肠胃炎病人，无论验毒或戒毒，香港都尽力保障吸毒者权利[N]. 南方都市报，2013-9-10(SA36).
[38] 宋红源. 有效的禁毒教育有"套路"[N]. 中国禁毒报，2020-02-14(6).
[39] 李丽，牛志民，梅松丽. 男性服刑人员神经质和自我接纳在家庭功能与情绪间的中介作用[J]. 中华行为医学与脑科学杂志，2016，42(1)：175-178.
[40] 深圳市龙岗区彩虹社会工作服务中心. 彩虹社工服务标准化组织体系[M]. 北京：中国华侨出版社，2015.